三國史中的權謀與角逐

亂世崛起，三國英豪！

從內亂到統一，英雄與奸臣的時代

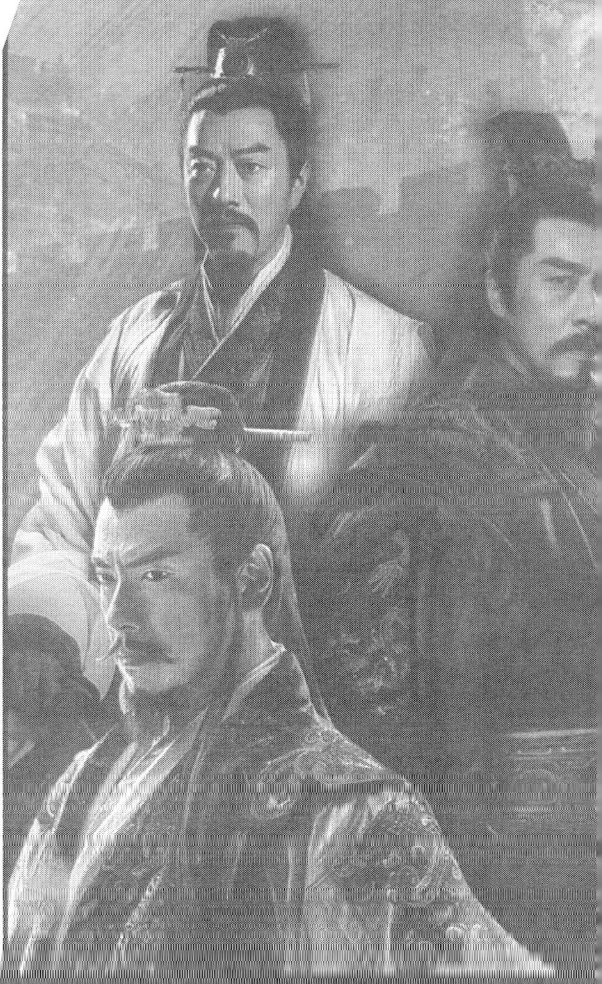

李浩白 著

三國多少事，都付笑談中

董卓、袁紹、曹操、荀彧、劉備、

關羽、孫權、司馬懿、司馬昭……

東漢末年群雄並起，豪傑輩出

且看這些英雄如何撐起這充滿野心的三國時代！

目錄

序言　旁敲側擊掘真知，融會貫通鑄汗青

第一篇　大幕拉開

第一章　三國裡董卓為什麼那麼厲害……013
第二章　西涼武人集團：東漢末年大亂的揭幕者……027
第三章　王允不「允」：志大才疏的救時宰相……047
第四章　汝南袁氏：「化家為國」的野望……051
第五章　中原名門世族的崛起：左右歷史走向的強暗流……075

第二篇　代漢之爭

第六章　誰是真正的「代漢者」……101
第七章　曹家父子之謀……111

第八章　曹操為什麼不做開國皇帝……123
第九章　「天下之定，彧之功也」——儒聖荀彧……153

第三篇　英雄莫問出處

第十章　劉備創業史……169
第十一章　陳登：以武立業的名士先驅者……185
第十二章　承父兄之業的東吳之主孫權……191
第十三章　三國時期的官場選任特點……215

第四篇　三分歸晉

第十四章　揭司馬懿為什麼會是最後的贏家……233
第十五章　開啟西晉的司馬家族……259
第十六章　魏晉嬗代背後的『制度之爭』……289
第十七章　壽春之役：三國歸一的前奏曲……303
第十八章　文立：由蜀入晉之「第一智臣」……323

序言　旁敲側擊掘真知，融會貫通鑄汗青

漢末三國歷史，是中華優秀傳統文化之林中一座龐大的「寶庫」。在文藝創作方面，有羅貫中的《三國演義》通俗小說及多部影視大劇廣為宣揚，而致東亞民眾耳熟能詳；在史實典籍方面，亦有《後漢書》、《三國志》、《晉書》等鉅著交相輝映，令人得其精華之涵澤而深以為益。

我於十八年前確定寫作《司馬懿吃三國》、《三國終結者司馬昭》兩部貫穿整個漢末三國時期近百年的長篇歷史小說，從那時候起便與魏晉三國的歷史研究工作結下了不解之緣。因為，再優秀的歷史小說，也必須有豐富而準確的史料以為骨幹支撐，否則寫出來只會謬誤橫生、貽笑大方。

當時，我直接便從史學原典入手，就以《後漢書》、《三國志》、《晉書》、《資治通鑑》這四本書為基礎性資料。然後，再找到田餘慶老師的《秦漢魏晉史探微》、《東晉門閥制度》，王夫之大師的《讀通鑑論》，陳寅恪先生的《魏晉南北朝史講演錄》，錢穆大師的《國史大綱》、《秦漢史》、《中國歷代政治得失》以及多位當現代史學專家的三國論文集為參考書，借為龜鑑，邊研邊寫。同時，我在網路上還加入20餘個三國迷討論群，隨時從中汲取三國史的最新研究新知識，並將自己的心得體悟放到討論群與網友們切磋交流，取長補短。

記得我在《司馬懿吃三國》小說初稿中曾把時人的坐具寫成了「紅木椅」，立即被網友們指出了謬誤：那時的坐具是榻和席，椅子要到唐宋之際才會出現。我又寫到書中的人物角色吃番薯，其實這也錯了：番薯是從明代由西方傳入中國的。我還把荊州刺史的官階寫成了「三品大員」，後來才知道刺史一職在三國時期的別稱是「州牧」，其官秩為二千石，而不是用品級來劃分的。這些細節方面的錘鍊，促使我在探史洞幽之際愈發嚴謹求實，絲毫不敢虛妄。

而且，在寫司馬懿、司馬昭系列歷史小說的同時，我也漸漸對三國歷史中雲遮霧罩的各種問題產生出了不少隨想和啟發，也探索出點點滴滴的新穎見解來。在這樣的背景下，我整整做了四大本的心得筆記。而這些記錄下來的隨筆感悟，便成了我今天這本書的雛形和藍本。

寫這些史籍心得見解之時，我牢牢堅持了三個原則：別人寫透寫爛了的題材，無論多麼熱門，我絕不會跟風再寫；別人窺而不深或探而不入的重要論題，我可以寫得更深更新；自出心裁而又有據可證的題材，我便緊抓不放、深耕細作。例如「西涼武人集團」，這個歷史名詞被不少史學家提起，但此前卻並沒有一個史學家將它的來龍去脈寫深寫透。我自己就在史書中多方查詢資料、整理線索，終於把這個題材盡量寫了個明白透澈。又如「中原名門世族集團」，陳寅恪和田餘慶二人只是一筆帶過，其他史學家也對此語焉不詳。但我便抓住「黨錮之士」、「汝南袁氏」、「弘農楊氏」、潁川系世族集團等關鍵角色，一路縱深追蹤，直到還原了他們的歷史面貌與命運走向。

在這三個原則之上，我反覆咀嚼消化各種史料，多次修改自己的歷史論文。以我的創作經驗而論，我覺得寫歷史小說其實更加容易一些，因為它可以允許「自圓其說」的適度虛構。但寫歷史論文不行。它必須要百分之百的求真求實，它必須要邏輯嚴密、持之有據，而不能無的放矢、憑空捏造。這本書，我總共創作了兩年左右的時間，凝聚了我大量的腦汁和心血。在完稿之日，我甚至將自己的歷史論文寫作經驗總結成了一首小詩：「覓史探幽溯本源，每句曾意輒細評。絲絲入扣巧推理，尋章摘句來證明。」

我個人認為，要寫好一部史學著作，我們應該做好三個角色：一是歷史資料的「採礦者」，二是歷史推演的「福爾摩斯」，三是歷史敘述的「還原師」。

首先，如何做好歷史資料的「採礦者」呢？我們知道，歷史的真相永遠是「碎片化」、「多面化」、「多維度」的，絕對的真實幾乎是不存在的。它散落在冠冕堂皇的正史中，也隱寓在光怪陸離的野史裡。我們就應該從各種資料中，把大大小小的歷史真相之「碎片」盡可能地找全、拼好。實際上，像陳壽、范曄、房玄齡、司馬光等這些古代歷史學家是非常聰明睿智的，他們在史書中既有旁敲側擊的「曲筆」，又有蜻蜓點水的「簡筆」，用以規避某些不可抗之因素。然而儘管如此，他們也不曾刻意編造或扭曲真相，而是把真相寫得很簡略、很含蓄、很巧妙，留待有識之士的用心發掘。這就需要我們煉成一雙「火眼金睛」去洞察和剖析。我們要特別注意尋覓史籍之中的那些反常之處與蹊蹺之處。越是蹊蹺越是不合常理的史料，無論它多麼新奇多麼礙眼，就越是值得我們大挖深挖的「金礦」，就越是能夠幫我們找到真知灼見的「鑰匙」。

其次，如何做好歷史推演的「福爾摩斯」呢？在找到一串串「吉光片羽」式的歷史真相資料後，我們應該學會由此及彼、舉一反三的聯動推理，力求抓準真相的主幹。在這裡，我願現身說法，舉出一個我在深研三國歷史過程中嚴謹推論的例子來加以說明。我研究曹魏開國之初的政治權力格局版圖時，發現除了潁川系世族集團獨占鰲頭之外，青州系、兗州系、河北系、關中系等各大世族集團也各自據有「一席之地」。然而，唯獨荊州系世族集團卻似乎「整體缺席」了。在《三國志》的正傳記載中，荊州系世族名士代表有兩位：一是魏國首任尚書令桓階，他是荊州長沙郡人氏；二是韓暨，他是荊州南陽郡人氏。桓階晚年深得曹丕寵信，又身居「百官總領」尚書令之高位，顯然為荊州系世族集團之首腦而無疑。但他逝世之後，竟被陳群、司馬懿兩個豫州系的世族首領分別「瓜分」了尚書臺。以桓階之權勢威望，竟然至死也未能安插一個荊州系的名士進入尚書臺擔任要職。這是何等弔詭的一幕？即使是與桓階同出荊州系一脈而唯一冒出頭來的韓暨也是一直到魏文帝曹丕黃初七年才勉強做到了太常之官的虛職，而且直至臨終仍只是太中大夫，官秩始終停留在二千石。荊州系世族集團在魏國政壇居然遭到如此冷遇，實為大大的反常。

後來，我忽然翻閱到了東漢建安末年那一場牽涉數千人的「魏諷之亂」一案時，方才有所啟發。在《三國志》、《資治通鑑》裡明文記載了魏諷之案所牽涉到的部分人員：張繡之子張泉、文欽、劉廙兄弟、宋忠之子、王粲之二子。觀閱這份名單，除去文欽之外，我們可以看出一個「共同點」：劉廙兄弟、宋忠之子、王粲之二子及張泉（張繡、張泉之籍貫本為涼州，但他們都曾在劉表治下的荊州駐居過）等人都具有原劉表旗下荊州系世族集團的門戶背景，他們都是以降臣身分入魏從仕的。在建安十三年降曹前後，他們都和劉備集團有過或多或少的交往和連繫。例如宋忠，在劉琮決定降曹後才被派往劉備處說明情況，後為劉備大度地釋放而去。「（劉）琮令官屬宋忠詣（劉）備宣旨。時曹操已在宛，備乃大驚駭，謂忠曰：『卿諸人作事如此，不早相語，今禍至方告我，不亦太劇乎！』引刀向忠曰：『今斷卿頭，不足以解忿，亦恥丈夫臨別復殺卿輩！』遣忠去。」（摘自《三國志．蜀書．先主傳》）宋忠受此寬待，他的兒子自然難免亦對劉備集團有所好感。王粲之子的心態也可能如此。而建安二十四年秋季關羽自江陵發兵北伐曹操之際，他們遂同時追隨魏諷在鄴城掀起反曹之暗戰。這樣的巧合，只能證明這些原屬於劉表旗下的荊州系世族們不甘魏室之冷遇或歧視，與關羽暗中通氣、遙相呼應、合力抗曹，確是歷史的真相。而留守鄴城的曹丕則一手鎮壓了這場「魏諷之亂」，並以此作為自己立嗣之爭的政治資本，贏得了曹操的青睞。正是由於「魏諷之亂」是曹丕親力親為的欽案，所以後來才會牽連到魏國內部幾乎所有出身於荊州系的官員，士人被打壓和冷遇。故爾，以桓階之圓融練達、位高權重，也無力為荊州系世族集團的政治前途「解凍」。

這個結論，便是我以「福爾摩斯」式的歷史推演法而得出的。至於怎樣展開環環相扣的推演，我所舉的這個例子應該便是「活標本」。

第三，如何做好歷史敘述的「還原師」呢？我個人認為，把歷史的真相深入淺出、明白曉暢地擺到讀者的面前，其實很不容易。在這方面，田餘慶先生、王夫之大師是做得極好的：他們的文章清澈如水、開闊似川，脈脈深流，娓娓道來，引人入勝而欲罷不能。反面的典型卻是黃仁宇的《萬曆十五年》，用西洋的語法描寫東方的典史，枯澀生硬，故作高深，強不知以為知，令人看了頭痛。例如中國的官僚體系有「陰陽臉」之分，這幾乎是中國歷史潛規則之共識，又何須他來大書特書、不亦樂乎？了無新意，只是刻意賣弄一些空洞、僵化的詞句來繞暈讀者罷了。我們正確的筆法，應當如朱光潛先生所言：「思想條理必須清楚，情致必須真切，境界必須新鮮，文字必須表現得恰到好處，謹嚴而生動，簡樸不致枯澀，高華不至浮雜。」又如王夫之大師所言：「文章之用，以顯道義之殊途，宣生人之情理，簡則難喻，重則增疑。故工文之士，必務推湯宛折，暢快宣通，而後可以上動君聽，下感民悅。於是遊逸其心於四維上下，古今鉅細，隨觸而引伸，一如其不容已之藏，乃為當世之所不能捨。」唯有如此，我們才能盡量還原真實的歷史，讓讀者在「曲徑通幽、山重水複」的文字美景中流連忘返。

歷史的探索是永無止境的。我們要學會在自己的頭腦中展開「虛擬辯論賽」，不斷地尋找反方的證據、證言來考驗自己作為正方立論、敘述的正確性與真實性，要讓自己的推論在千錘百鍊之後依然能夠站得住腳。唯有經得起懷疑、經得起反駁、經得起拷問，我們的知識才是正確而扎實的。

第一篇　大幕拉開

第一章　三國裡董卓為什麼那麼厲害

董卓：一位被「黑化」了的末代周公

狼戾賊忍，暴虐不仁，自書契以來，殆未之有也。

東漢末年，皇權衰弱，宦官作亂，外戚生事，而地方割據勢力也在平定「黃巾之禍」後得到了極大的膨脹。一個舊時代，已經到了岌岌可危的大轉折關頭。

正是在這樣混亂而複雜的時勢背景之下，漢末第一梟雄——董卓，帶著他背後的西涼武人集團，似颶風般應運登場了。他和他的部下，在歷史的大舞臺上，演出了一幕幕鐵與火、血與矛的大劇，令人眼花撩亂。而且，他們當時的所作所為，確實是很深刻地影響了整個歷史的未來走向。

董卓自竊權柄，至於隕斃，計其日月，未盈三週，而禍崇山岳，毒流四海。其殘賊之性，實豺狼不若。「書契未有」，斯言為當。

一般而言，史學界對董卓的評價大多傾向於負面。陳壽在《三國志》裡就是這樣貶斥董卓的：

「狼戾賊忍，暴虐不仁。」裴松之也稱：「其殘賊之性，實豺狼不若。」依他們的說法，董卓之禍國殃民，甚至超過了當年的「竊漢大盜」王莽。

不過，史學界也有摒除唯道德論而中立評價董卓的。范曄在《後漢書·董卓列傳》裡如此稱他：「董卓初以虓闞為情，因遭崩剝之勢，故得蹈藉彝倫，毀裂畿服。」認為董卓優待名士大夫，並且也未有謀朝篡位之明顯舉動，不應該被一棒子打死。

> 董卓初以虓闞為情，因遭崩剝之勢，故得蹈藉彝倫，毀裂畿服。夫以刳肝斫趾之性，則群生不足以厭其快，然猶折意縉紳，遲疑陵奪，尚有盜竊之道焉。

在這兩種觀點之外，筆者以為：董卓其實是漢末被抹黑得最嚴重的一個「治國之權臣」。他的帶兵入京，也是被大將軍何進、太傅袁隗叔姪招來協助「清君側、誅閹宦、正朝綱」的。入京之後，他亦曾煞費苦心地平衡各方勢力，盡力撥亂反正，想為漢室再續一股氣勁的。可是，在名門世族集團和關東諸侯的歧視下，他身為邊將而入主中樞、他粗通文墨而執掌人權，就成了他的「原罪」——從此，他便被「黑化」成了一個人人得而誅之的「亂臣賊子」。

具體說來，名士大夫們和關東諸侯對董卓的抨擊，主要展現在這四個方面：一是他鴆殺少帝劉辯，草率行事，廢帝立威；二是他獨斷專權，壓制各方異己勢力；三是他倒行逆施，盜墓鑄錢，惡政多多；四是他縱兵施暴，對西涼武人集團約束不力。

針對施加在董卓身上的四大「罪狀」，我們結合史書記載，來逐條剖析其中的真偽虛實，力爭還董卓一個比較客觀的評價。

第一，在廢帝立威這個問題上，董卓以一臣之力而改易天下之共主，挑戰了儒家正統的禮法秩序，確實稱得上是犯上作亂。他本是西涼邊疆的一個外臣，既無顧命輔政之責，又無三公樞機論道之職，一入洛陽便直接依仗武力強行廢掉少帝，自然令朝中的名門世族集團望而生畏、聞而生忌。他連天子都敢廢黜，那麼，再罷掉這些三公九卿又豈在話下？如此一來，那些名士大夫當然是人人自危。董卓身處紛紜複雜的樞機之地，行事卻是這般簡單粗暴，自然是不妥的。這一點無須諱言。

《三國志．魏書．董卓傳》注引《獻帝紀》裡記載：「董卓與帝（劉辯）語，語不可了。乃更與陳留王（劉協）語，問禍亂由起；王答，自初至終，無所遺失。卓大喜，乃有廢立意。」

然而，從廢帝立新這件事情本身的是非曲直出發，去評論董卓是對是錯，我們卻可發現：董卓其實真的是做到了「廢昏立明」，他改立新帝劉協，確實符合漢室正統的整體利益。再加上立劉協為太子，本就是漢靈帝的遺願。董卓執行這一大事，也是有法統依據的。儘管董卓實際上是借自己與漢靈帝之母董太后同姓的緣故，極為牽強地冒充董氏外戚的身分，來輔佐與董太后一脈淵源深厚的劉協的。

返轉過來，我們也可以試想：如果董卓真的懷有篡逆之心，他必定會和後世的大權臣司馬昭選立曹奐一般，用一個平庸無能的少帝作為自己的傀儡。這樣做，更有利於他獨攬大權啊！當時，何進兄弟已死，何太后不足為患，少帝劉辯又是庸人之材，董卓完全可以對他們威逼利誘而操縱之。但實際上，他並未依此而為。恰恰相反，他選立了比少帝劉辯更聰明更睿智的陳留王劉協為新君，認認真真當起了輔政之臣。而劉協以他的聰睿之資，在風起雲湧的亂世中為東漢王朝再行續命了二十多年，已是公認的合格之主。這不正好證明董卓當年的「廢昏立明」並沒有做錯嗎？

第二，在獨斷專權、打壓異己這個問題上，董卓亦是另有殊詞的。縱觀史書，董卓只有在兩件大事上「獨斷專行」過：一是廢帝立新；二是遷都長安。廢帝立新的是非功過，我們已經在上邊分析了，這裡不再贅言。遷都長安，是董卓感到關東諸侯的軍事壓力急遽增大，不得已而退回關中背靠隴涼以對抗之。那個時候的京都洛陽，已被關東聯軍三面包抄：東邊，曹操已經帶兵殺到了成皋；北邊，袁紹大軍直逼河內，先鋒王匡已進駐河陽；南邊，袁術和孫堅也打到了魯陽。在這三面受敵的情形下，董卓決定遷都避危，從軍事謀略角度而言，並無多大的謬誤。可以說，他當時的「獨斷專行」，其實是正確的。只不過名門世族集團捨不得在洛陽的既得利益，所以對董卓進行多方抹黑罷了。

除了這兩件大事之外，董卓在用人行政的具體事務上都是竭誠與列位名士大夫友善合作的。《後漢書．王允列傳》裡寫道：

時董卓尚留洛陽，朝政大小，悉委之於王允。允矯情屈意，每相承附，卓亦推心，不生乖疑。

甚至董卓想在用人提拔上插手施為，也因名士大夫們的強烈反對而罷休。《後漢書．王允列傳》裡記載：

趙戩字叔茂，長陵人，性質正多謀。初平中，為尚書，典選舉。董卓數欲有所私授，戩輒堅拒絕聽，言色強厲。卓怒，召將殺之，眾人悚慄，而戩辭貌自若。卓悔，謝釋之。

所以，《後漢書·董卓列傳》裡又稱：

（董）卓所親愛，並不處顯職，但將校而已。

試想，連用人選舉這樣的核心事務，董卓都不得不俯從於名士大夫之公議，他平日裡又能如何「獨斷專權」得起來？

即使是在與董卓本人切身利益相關的重大問題上，他亦從來不是一意孤行的。《後漢書·獻帝紀》裡寫道：

（董）卓既為太師，復欲稱尚父，以問蔡邕。邕曰：「昔武王受命，太公為師，輔佐周室，以伐無道，是以天下尊之，稱為尚父。今公之功德誠為巍巍，宜須關東悉定，車駕東還，然後議之。」乃止。京師地震，卓又問邕。邕對曰：「地動陰盛，大臣逾制之所致也。公乘青蓋車，遠近以為非宜。」卓從之，更乘金華皂蓋車也。

後世的曹操在晉位魏公之前，也是裝模作樣地諮詢過荀彧的意見。荀彧公開表示反對後，曹操又豈有雅量而容之？還不是明催暗逼，不得魏公而不止？他的「獨斷專行」，可是遠遠勝過董卓了。

第三，在倒行逆施、惡政多多這個問題上，董卓也是不甘「背鍋」的。《後漢書·王允列傳》裡寫了，董卓將「朝政大小，悉委之於王允」。那麼，名士大夫集團的首領——司徒王允，就是董卓的政務代行者。董卓高踞垂拱，極少插手干預過朝廷的具體事務，他又何來的「倒行逆施」？至於「盜墓取財」，他也是拿來充實國庫以為軍用罷了。這種事情，後世的曹操不也幹過？曹操還專門設立了

「摸金校尉」這個職位來做吶！

其實，在治國方略上，董卓也是極力向名門世族靠攏的，極力做到以儒為本、以禮法治民的。《三國志．魏書》裡寫：

（董）卓使司隸校尉劉囂籍吏民有為子不孝，為臣不忠，為吏不清，為弟不順，有應此者皆身誅，財物沒官。

我們再來看出身儒家的晉武帝司馬炎開國施政，也是同樣下令：

令諸郡中正以六條舉淹滯：一曰忠恪匪躬，二曰孝敬盡禮，三曰友於兄弟，四曰潔身勞謙，五曰信義可復，六曰學以爲己。

這不正與董卓之所為有異曲同工之妙嗎？為何世人對晉武帝此舉便大加讚賞，而對董卓同樣之所為則視而不見？

第四，在縱兵施暴、流毒四方這個問題上，董卓確實是責無旁貸的。這也是他最為人詬病的地方。《三國志．魏書．董卓傳》裡寫道（董卓）曾派兵劫掠陽城，「斷其男子頭，駕其車牛，載其婦女財物」，「入開陽城門，焚燒其頭，以婦女與甲兵為婢妾。至於奸亂宮人公主」。

（董卓）嘗遣軍到陽城，時適二月社，民各在其社下，悉就斷其男子頭，駕其車牛，載其婦女財物，以所斷頭繫車轅軸，連軫而還洛，雲攻賊大獲，稱萬歲。入開陽城門，焚燒其頭，以婦女與甲兵為婢妾。至於奸亂宮人公主。

西涼武人集團因粗獷悍猛而致軍紀紊亂，這個責任自然該由董卓來擔負。但平心而論，他雖束下不嚴、擾民不安，但還能將亂軍的危害控制在有限的範圍之內，不至於釀成大規模的暴亂。待他遇刺身亡之後，王允不能收撫西涼武人集團，那時候才真是悍將四起、軍卒橫行、綱紀大亂、民不聊生了！

綜上所述，董卓之四大「罪狀」，有三項難以成立，有一項確有其事。整體而言，他畢竟還是功過相參的。至於朝野上下對他的種種抹黑，不過是他和他背後的西涼武人集團在徹底覆沒後喪失了歷史的「話語權」所致。

歸根到底，董卓作為一個依靠軍功和武力起家的「政治暴發戶」，始終是被漢末占據主流階層的名門世族們所歧視和排斥的。他們認可的是曹操、司馬懿、諸葛亮那樣文武雙全的菁英，而絕非董卓這樣的「異類」。

然而，當後來的關東諸侯中袁紹、袁術等出身名門世族的軍閥紛紛割據自立之際，當後來的曹操挾天子而代漢立魏之際，當後來的司馬懿父子積威勢而亡魏成晉之際，人們會不會想起這個一心想以「周公」、「尚父」之政治面貌而首登皇權中心的大梟雄董卓？

他獨居高位卻並不攬權於私，他身負罵名卻並無篡逆之實，比起後世的魏武帝曹操、晉文帝司馬昭來，他臨死前的職務也仍是大漢朝的最後一任太師。即使是另一位著名的權臣桓溫，在嚥氣之時還念念不忘向朝廷索求九錫之殊遇吶！孰忠孰奸，豈非不言自明？

西元 192 年 5 月，東漢初平三年四月，董卓死了，壓制各路野心家、陰謀家的最後一座「大山」崩倒了，東漢王朝從此真正墜入了萬劫不復的深淵。

董卓的個性行事及對後世的政治影響

清代名臣曾國藩曾在給自己兄弟的家書中這樣評價董卓：「其智力橫絕一世。」在這樣一位理學大師的心目中，他至少認為董卓是一個才能超群的強者。

確實，董卓身為一代梟雄，以其鮮明的個性特色和行事風格，在東漢末年波瀾壯闊的歷史畫卷上留下了重重的一筆異彩，令後人尋味不已。

《後漢書．董卓列傳》裡描寫他的個性為「粗猛有謀」。這實在是一個自相矛盾的評語——既然是「粗猛」了，又怎會談得上「有謀」呢？難道在他那張「黑臉張飛」似的面孔下，竟還隱藏著滿腔諸葛亮一般聰慧縝密的心思？

而《三國志．魏書．董卓傳》就對董卓的性格描繪得更為中和一些：「少好俠，嘗遊羌中，盡與諸豪帥相結。」

由此可見，「粗猛」、「好俠」這兩個詞語構成了董卓的個性底色。顯然，他這種個性的形成與他的家庭背景大有關係：他的父親是一個縣尉，專管捕盜治安之事，多與三教九流交遊。而他從小隨父親耳濡目染，自然也和那位著名的「亭長」劉邦一樣養成了豪俠之氣。而且這種豪俠之氣，還展現在他的日常行為上：

> 後歸耕於野，而豪帥有來從之者，卓與俱還，殺耕牛與相宴樂。諸豪帥感其意，歸相斂，得雜畜千餘頭以贈卓。

董卓以心換心，以俠舉而獲大利，自然更加堅定了他對自己這種「千金散盡還復來」之個性行事風格的堅持和固化。這一切，在他以後的人生歷程之中打下了深深的烙印。

漢桓帝末年，董卓以六郡良家子的身分參軍入仕，很快就做到了軍司馬一職。他隨西涼名將張奐出征立下了戰功，朝廷獎賞了他九千匹布絹。他卻十分大方，「乃悉分與吏兵，無所留」。而且，還引用了一段兵書典籍《黃石公三略》裡的名言為自己大做宣傳：「得而勿有，立而勿取；為者則己，有者則士。」《後漢書》詮釋道：「為功者雖己，共有者乃士。」可見，董卓並非不通文墨之士，還能借鑑兵書將策來指導自己的一言一行。所以，他的「將星」之路必定會走得十分順暢。

也許，那個時候的董卓，心中最高的志向也不過是像樊噲、灌嬰一樣以勇作戰、以功揚名，成就一番登壇封侯的事業。

在動盪不休、戰火紛飛的東漢末年，董卓的一身武藝和將略，得到了最佳的「用武之地」。短短十餘年間，他以羽林郎為起點，由軍司馬、郎中、西域戊己校尉，并州刺史、東中郎將一路做到東漢的前將軍。後世的關羽，那個所謂的「武聖」，在蜀漢的最高職務也就是「前將軍」。這些成就和殊榮，都是董卓依仗著自己實打實的軍功一步一步奮鬥而來的。

面對董卓在西涼一域漸漸坐大成勢，朝廷越來越不放心了。《後漢書》裡寫：「朝廷不能制，頗以為慮。」於是，漢靈帝開始「出招」了：以明遷暗降之法，徵召董卓入京擔任少府卿。少府卿可是一個專管錢糧財貨的「肥差」。素來以吝嗇聞名的漢靈帝能夠拿出這樣一個「肥得流油」的職位來「釣」走董卓，也真算是下了一番血本。

然而，此刻的董卓卻已是「胸中有謀」了。他深知「魚不可脫於淵」，在亂世之中，唯有兵權才是有效的立身之本。他萬一傻傻地去了京城，那可就「人為刀俎，我為魚肉」了。少府卿這個職位的「油水」再多，自己手頭無兵無勢，分分鐘便會遭人毒手！

於是，面對這巨大的誘惑，董卓硬是一口拒絕了，還上書宣稱自己是被治下的胡兵、義從們強行攔住了車駕而無法赴京。

但漢靈帝已經將他視為尾大不掉的割據之患，在臨終前再下璽書，調董卓為并州牧，並將所有兵權轉付與忠臣皇甫嵩。這一次董卓仍然是大耍無賴，帶著自己的大隊兵馬開到河內郡境內便停駐下來，靜觀朝中的時局之變。同時，他的胞弟董旻也以奉車都尉之職潛伏在京師之中，和他隨時互通聲氣。

果然，他的機會來了：

及（靈）帝崩，大將軍何進、司隸校尉袁紹謀誅閹官，而太后不許，乃私呼（董）卓將兵入朝，以脅太后。（摘自《後漢書．董卓列傳》）

董卓這時如狐捕兔，抓住了這個機會，火速入京，與董旻遙相呼應，趁亂奪得權柄，以武力為後盾而成為當朝第一權臣。

在這個過程中，我們要注意這一點：董卓初時進京平亂，所帶的兵馬只有三千人。他這三千兵馬，原本就是拿來「清君側、誅閹宦」的。如果他當時有謀逆篡位之心，根本就不會只帶領三千兵馬，而應該換成三萬兵馬！

到了京城之後，董卓施展種種手段，造聲勢、除丁原、控禁軍，來了個「反客為主」，以一介邊將之身而驟登首輔之位，確實是占儘先機、高人一籌。

他的突然崛起，完全出乎名門世家出身的袁隗、袁紹、袁術、楊彪、王允等中樞之臣的意料。對這樣一個「異類」的發跡，他們豈肯甘居其下？於是，這些名士豪傑兵分兩路，各出其招予以應對：袁紹、袁術等遁往關東，到處遊說，組織十八路聯軍前來公開討伐董卓；袁隗、楊彪、王允等則在京都沉潛下來，韜光養晦，隱忍伺機，施展陰謀詭計暗中狙擊董卓。

董卓也毫不示弱，做了兩手準備：一方面，調動自己麾下的西涼勁旅，全力阻擊關東聯軍；另一方面，在後方以嚴刑重典立威，藉此震懾朝廷內外潛在的政敵。他雖然「粗猛」成性，但此時此刻確實還是「有謀」的。

不過，董卓的對敵手法，依然偏重於生硬粗暴，缺乏必要的柔韌和靈活。

（董）卓豫施帳幔飲，誘降北地反者數百人，於坐中先斷其舌，或斬手足，或鑿眼，或鑊煮之，未死，偃轉杯案間，會者皆戰慄亡失匕箸，而卓飲食自若。（摘自《三國志·魏書·董卓傳》）

可惜，他實在低估了名士大夫們的心理承受能力。他越是這樣簡單粗暴地威脅他們，其效果就越是適得其反。

《後漢書．蓋勳列傳》裡記載：

時河南尹朱儁為（董）卓陳軍事，卓折儁曰：「我百戰百勝，決之於心，卿勿妄說，且污我刀。」（蓋）勳曰：「昔武丁之明，猶求箴諫，況如卿者，而欲杜人之口乎？」卓曰：「戲之耳。」勳曰：「不聞怒言可以為戲？」卓乃謝儁。

以董卓粗猛剛毅之性，遇上蓋勳這樣理直氣壯的名士大夫，他也只能折節而應之。

其實，在董卓之前，另有梟雄王莽是透過博學好文、沽名釣譽、廣攬士心而奪權成功的。他本是董卓的一面龜鑑。但董卓顯然沒有從他身上汲取經驗，仍以「粗猛」之風一意孤行。所以，他到死也只拉攏到了蔡邕等少數名士大夫的理解和有限的支持。從這一點來說，董卓的失敗可謂早已注定。

當後來董卓退守長安，大築「萬年塢」，積穀為三十年之儲而自保時，他已是銳氣潛消而意趨保守，不再有開山闢地之魄力和吞吐四海的氣象了。

對梟雄而言，失志則必亡。果然，沒多久，董卓中了王允的「內應連環計」，一時粗疏之下，被義子呂布刺殺於道旁。他的功業，也隨之煙消雲散。

董卓死了。但他以一介邊將而雄踞高位、奪權成功的經驗，無論是正面的勝利還是反面的教訓，都被後世紛紜而起的各路梟雄們借鑑。

他「挾天子以攬大權」的手法，完全被曹操、司馬昭照搬照抄了過去。

他「以武力為立身致勝之本」的理念，也在曹操、司馬懿父子身上得到了淋漓盡致的展現。

他以廢帝立新而示威四方，更是被司馬師學得有模有樣。

同時，他乏計謀以防身、無學識以廣交的缺點，也被曹操、司馬懿等人所揚棄。故而，曹操才會喜文樂賦、筆耕不輟，並嚴格要求其子曹丕、曹植等人以文武雙全為根基。他這麼做，是不想再步董卓之覆轍，極力讓沛郡曹氏融入名門世族集團的「文化圈」，以共同的文化紐帶形成固定的利益紐帶。而司馬懿父子更是以鴻儒而自居，牢牢執掌禮法大旗，拚命追求成為天下名門世家的領頭人，為自己一族獨攬朝綱而夯實政治基礎。

可以這麼說，死去的董卓成了一面永恆的鏡子。三國時期幾乎所有的梟雄，都從他身上汲取到了或多或少的一些東西。

當然，對這一點，幾乎所有的梟雄又都是祕而不宣、只做不說的。

第二章　西涼武人集團：東漢末年大亂的揭幕者

在中國的歷朝歷代中，東漢王朝比較奇特：像北宋、南宋甚至明朝都是亡於國力衰弱，擋不住外夷，壓不平內亂。而東漢王朝直到滅亡的前夕，還能內平黃巾之亂，外除羌戎之患，武功彪炳，難與爭鋒。但它終是亡了。它並不是亡於敵國民變，溯本究源，居然是被它內部的各大割據勢力瓜分而亡的。

在這各大割據勢力當中，西涼武人集團是起家最早、實力最強的先行者。是他們點燃了東漢王朝走向崩潰的導火線。但在風雲際會之下，長江後浪推前浪，一山更比一山高——他們並未成為這場亂世的終結者和最大獲利者。

從某種角度來看，西涼武人集團本是東漢的「國之藩屏」：他們是伴隨著東漢王朝的徵羌之役而逐漸成長壯大的。這就如同西方世界的一則寓言：一位屠龍者在不斷斬殺惡龍的過程中，最終卻變成了那條最大的「惡龍」。

「涼州三明」時期的成形階段

涼州羌亂，一直是困擾東漢王朝中後期的嚴重邊患。漢安帝年間，東漢朝廷本想徵發內附的羌人遠屯西域，沒料到羌人們行至半途卻紛紛起來叛變反抗。羌人一亂而難以平息，竟與洛陽朝廷纏鬥了百餘年。這期間，漢廷調遣了重兵良將進行了多次鎮壓。後世晉宣帝司馬懿的高祖司馬鈞就曾經擔任過以平羌為己任的征西將軍，親率勁旅出擊，結果由於與友軍配合不力，初獲小勝而終遭大敗，他自己也在獄中自刎以謝罪了。

羌亂既是如此難以底定，朝廷便不惜拿出高官厚祿來號召天下士民入伍平羌。持節雍涼、立功西疆，成為當時東漢熱血男兒的最大追求。後世的魏武帝曹操在那篇理明詞暢的《讓縣自明本志令》中就寫道：

意遂更欲為國家討賊立功，慾望封侯作征西將軍，然後題墓道言「漢故征西將軍曹侯之墓」，此其志也。

看到了嗎？這位權傾朝野的大梟雄，當年也只是想在西涼找到「用武之地」，然後討羌立功而拜將封侯！

東漢朝廷為了平定羌亂，初時都是從關東地域選將調兵赴西征討，例如鄧騭、司馬鈞、龐參等，然而均不能徹底蕩定。這其中有三個原因：一是涼州當地官員「太守、令、長，畏惡軍事，皆以素非此土之人，痛不著身」，既不擅用兵，又敷衍塞責；二是當時的朝廷對涼州本地的豪強勢力存有一定的防範心理，不願起用他們；三是涼州羌人確實戰力不俗。郎中虞詡就很有遠見地指出，若有不軌之士「驅氐羌以為前鋒，席捲而東，雖賁、育為卒，太公為將，猶不能當」（摘自《後漢紀》）。

直到漢順帝永和六年，羌人進圍關中三輔之地，征西將軍馬賢率軍作戰，竟與其子俱敗歿於戰場。此事大大震動了東漢朝廷。朝廷開始改弦易轍，啟動了「以涼制涼」的滅寇方略。在這樣的時代背景下，皇甫規、張奐、段熲三位涼州籍的名將終於脫穎而出，為西涼武人集團的形成奠定了堅實基礎。皇甫規的表字為「威明」，張奐的表字為「然明」，段熲的表字為「紀明」，他們三人的表字中都有一個「明」字，所以被朝士們稱呼為「涼州三明」。

段熲是最先被漢廷起用主持徵羌事宜的。他在漢桓帝延熹二年（西元159年）就帶領「湟中義從」與本部兵馬共一萬二千騎，擊敗了燒當、燒何、當煎等八股叛羌。但他在延熹四年（西元161年）冬征討隴西叛羌時，因涼州刺史郭閎故意拖延，導致旗下的「湟中義從」叛亂而散。段熲反被郭閎誣告去職，而後羌亂愈熾。

這時，皇甫規以泰山郡太守之身，因自己「素悉羌事，志自奮效」（摘自《後漢書》），遂上書請纓出戰。朝廷只得任他為中郎將，持節監關西兵，先是一戰而破叛羌之膽，後又施行懷柔招降之策。在軟硬兼施之下，短短數年間，皇甫規在西涼一帶竟招降了二十餘萬叛羌，然後得勝回朝。

不料他前腳剛走，叛羌又起，他便力薦同州好友張奐出任武威郡太守而鎮撫之。張奐正身潔己，不受諸羌之賄，威化大行，政績躍居諸郡之冠，涼州人民甚至為他立了生人祠。

延熹九年（西元166年），東羌與鮮卑聯合作亂，涼州又生動盪。張奐升為護匈奴中郎將，以九卿秩督幽、并、涼三州，鮮卑一聽到這個消息就逃去了塞外，不敢助羌作亂。

永康元年（西元167年），張奐率本部司馬董卓、尹端等大破東羌，斬其酋豪，俘虜一萬餘人，從此幽、并、涼三州清定。而他的部下董卓也嶄露頭角，漸漸接替了他的職位。

在漢靈帝建寧元年（西元168年），段熲也再次被朝廷起用，復為破羌將軍，與戊己校尉董卓等人東西呼應，大興重兵，搜山清野，歷經大大小小一百八十次戰役，把為患西疆多年的叛羌之患徹底壓平，共斬三萬八千餘首級，繳得牛、馬、羊、騾、驢、駱駝合計四十二萬七千餘頭，大獲全勝。

就這樣，在「涼州三明」的共同帶動下，一個在與叛羌的長期血戰中鍛鍊成長起來的西涼武人集團終於浮出水面，初顯崢嶸。筆者認為，這個西涼武人集團的勢力來源有三：一是朝廷在當地徵募的涼州壯士。例如董卓，他就是「以六郡良家子為羽林郎」，後來「胡嘗出抄，多虜民人，涼州刺史成就闢董卓為從事，使領兵騎討捕」（摘自《三國志．魏書．董卓傳》）。二是河湟之間各族應徵而來的「義從」。他們實際上是朝廷用以鎮壓羌亂的外族僱傭兵。三是「涼州三明」及其他漢將在討滅羌亂後招降過來的那些胡兵羌眾。

這個西涼武士集團還呈現出了三大特徵：它身經百戰，所以威震四方；它兵精馬壯，所以鮮有敗績；它彪悍成風，所以桀驁難馴。而且，有著「私家兵」化的嚴重傾向。

但是，在皇甫規、張奐、段熲三人的帶領、支配下，西涼武人集團於這一階段尚還忠於漢室、遵紀守法。皇甫規、張奐、段熲三人原本就是由漢朝察舉制度遴選出來的菁英：皇甫規「以《詩》、《易》教授，門徒三百餘人」（摘自《後漢書．皇甫規傳》）；張奐「少遊三輔，師事太尉朱寵，學《歐陽尚書》……舉賢良，對策第一，擢拜議郎」（摘自《後漢書．張奐傳》）；段熲「少便習弓馬，尚遊俠，輕財賄，長乃折節好古學」（摘自《後漢書．段熲傳》）。他們的儒生化形態已經非常明顯，不然漢廷也不會這麼放心地把「以涼制涼」的重任交付給他們。

反過來，「涼州三明」以文吏而為武將，其儒雅明道之風也不可避免地薰陶了旗下的西涼武人集團。例如皇甫規，他就影響了姪兒皇甫嵩「少有文武志介，好《詩》、《書》」。又如張奐，他拒納羌人之賄賂，廉潔持重，風化一郡，令人生敬。他的軍司馬董卓出於傾慕之心向他贈送了一百匹布絹，也被他嚴詞拒絕。後來，董卓能夠對清流名士折節禮敬，其實就是在他這裡受到了影響。

然而，在時局的大震盪中，皇甫規、張奐、段熲三人都因為被捲入朝中黨爭而先後退出了歷史舞臺。宦官集團甚至還利用皇詔欺矇了張奐、段熲作為政治助力與清流名士們對抗。「涼州三明」是隨波逐流的，是被動應付的，還不能自覺地成為左右政局的主導者。他們雖然背靠實力強大的西涼武人集團，卻從未有過恃強而驕之態，更談不上借用身後的西涼武人集團為自己謀權奪利了。

他們是西涼武人集團當中最為可敬的第一代首領。

「涼州三明」謝幕之後，他們在西涼武人集團中留下的權力真空很快就被董卓、皇甫嵩等後起之秀填補了。而這些後起之秀們的政治取向，就未必如老一輩首領那般「食古不化」了。

他們將帶著西涼武人集團趾高氣揚地邁入歷史舞臺的中心，「求變、求新、求進」，更上一層樓，再闖一片天！

「關隴雙高」時期的顛峰階段

東漢王朝臨近末世之時，確實是多災多難：好不容易剛剛平定了西涼羌亂，聲勢浩大的「黃巾之亂」又爆發了。隨著這場席捲半箇中原的大動亂，西涼武人集團在第二代核心人物皇甫嵩、董卓的帶領下，登上了比從前更為廣闊的時代大舞臺，將其巨大的影響力從邊疆之域投放到了王朝腹地。

皇甫嵩是皇甫規的姪兒，是皇甫一系西涼勢力的天然接班人。董卓則是張奐一手栽培出來的，是張奐一系西涼勢力的實際繼承者。《三國志．魏書．董卓傳》記載：「并州刺史段熲薦（董）卓公府，司徒袁隗闢為掾。」說明董卓與段熲一脈亦是淵源頗深。

他倆能謀善戰，都是西涼武人集團新一代的掌舵者。皇甫嵩的名字「嵩」裡具有「高」之寓意，而董卓的名字「卓」字也具有「高」之寓意。皇甫嵩的家鄉涼州安定郡和董卓的家鄉涼州隴西郡之間只隔著一個天水郡的距離。所以，筆者稱他倆為「關隴雙高」。但他倆在政治取向上卻是完全不同的，也代表著西涼武人集團裡的兩股分流，各自有其命運和軌跡。

「黃巾之亂」驟起，《後漢書．皇甫嵩列傳》裡記載：

> （靈帝）召群臣會議。（皇甫）嵩以為宜解黨禁，益出中藏錢、西園廄馬，以班軍士。（靈）帝從之。

一向剛愎自用的漢靈帝竟能聽取皇甫嵩的建議，恐怕是出於借重皇甫嵩身後的西涼武人集團之勢力以平賊定亂而不得不賞他「金面」的。這一事件，代表了西涼武人集團已有改寫朝廷「話語權」的重大實力。

在後面平定「黃巾之亂」中，皇甫嵩和董卓各顯身手，各立其功，各揚其名。他倆麾下的西涼武士精於騎射、長於戈矛，驍猛出眾，哪裡是少經沙場的黃巾軍等所能硬抗的？漢廷主要就是憑藉西涼武人集團和中原應募義軍這兩股力量而最終蕩平黃巾亂軍的。在此之中，皇甫嵩以其兵謀之長，甚至獲得了比董卓更大的戰功。是他用計攻破了「黃巾軍」首領張梁、張寶，「首獲十餘萬人，築京觀於城南」。他的功動名望，達到了當世諸將之巔峰。

可以說，在具體的軍事才能上，「關隴雙高」之中的皇甫嵩確是遠遠超過了董卓。然而，在政治野心、招攬人心等其他方面，董卓就遠遠勝過了皇甫嵩。從後面二人各自的人生歷程可以看出，皇甫嵩始終只是良將之材，而董卓則是真正的雄霸之器。

黃巾之亂掃平之後，皇甫嵩、董卓和他倆身後的西涼武人集團從此為天下士民所矚目，堪稱一股幾乎可以左右朝局的強大勢力。

第一個預判出西涼武人集團之重大價值的，是西涼首席謀士閻忠。雖然他僅居縣令之卑職，但目光之遠大、謀略之宏偉，在當時全天下的名士能臣之中也是鮮有人及的。他逕自找到皇甫嵩，毛遂自薦，遊說他「建非常之功，移神器於己家」。《後漢書・皇甫嵩列傳》對這一幕做了精彩描述。

（皇甫）嵩既破黃巾，威震天下，而朝政日亂，海內虛困。故信都令漢陽閻忠幹說嵩曰：「難得而易失者，時也；時至不旋踵者，幾也。故聖人順時以動，智者因幾以發。今將軍遭難得之運，蹈易駭之機，而踐運不撫，臨機不發，將何以保大名乎？」

嵩曰：「何謂也？」

忠曰：「天道無親，百姓與能。今將軍受鉞於暮春，收功於末冬。兵動若神，謀不再計，摧強易於折枯，消堅甚於湯雪，旬月之間，神兵電掃，封屍刻石，南向以報，威德震本朝，風聲馳海外，雖湯武之舉，未有高將軍者也。今身建不賞之功，體兼高人之德，而北面庸主，何以求安乎？」

嵩曰：「夙夜在公，心不忘忠，何故不安？」

忠曰：「不然。昔韓信不忍一餐之遇，而棄三分之業，利劍已揣其喉，方發悔毒之嘆者，機失而謀乖也。今主上勢弱於劉、項，將軍權重於淮陰，指麾足以振風雲，叱吒可以興雷電。崇恩以綏先附，振武以臨後服，徵冀方之士，動七州之眾，羽檄先馳於前，大軍響振於後，蹈流漳河，飲馬孟津，誅閹官之罪，除群凶之積，雖僮兒可使奮拳以致力，女子可使褰裳以用命，況厲熊羆之卒，因迅風之勢哉！功業已就，天下已順，然後請呼上帝，示以天命，混齊六合，南面稱制，移寶器於將興，推亡漢於已墜，實神機之至會，風發之良時也。夫既朽不雕，衰世難佐。若欲輔難佐之朝，雕朽敗之木，是猶逆坂走丸，迎風縱棹，豈云易哉？且今豎宦群居，同惡如市，上命不行，權歸近習，昏主之下，難以久居，不賞之功，讒人側目，如不早圖，後悔無及。」

嵩懼曰：「非常之謀，不施於有常之勢。創圖大功，豈庸才所致。黃巾細孽，敵非秦、項，新結易散，難以濟業。且人未忘主，天不祐逆。若虛造不冀之功，不速朝夕之禍，孰與委忠本朝，守其臣節。雖云多讒，不過放廢，猶有令名，死且不朽。反常之論，所不敢聞。」忠知計不用，因亡去。

皇甫嵩深受其叔父皇甫規的影響，個性行事偏重於清流名士之風，而少有剛猛雄勁之氣，不貪權勢，「不居不伐」，所以他不可能聽從閻忠之謀而坐擁西涼武人集團犯上作亂。禮法和名教，成為他內心深處的「雷池」。

閻忠的進言，其實也不是孤立的。他代表了西涼武人集團裡正在膨脹的一股恃強而驕、敢為大事的激進派勢力。但這股勢力要想「行非常之事，建非常之功」，還需要另覓他人為「操盤手」。

當時，洞察出西涼武人集團所潛藏之巨大實力的，並非閻忠一人。

漢靈帝中平二年（西元185年），羌人北宮伯玉、邊章、韓遂等在三輔一帶興兵作亂。朝廷以司空張溫為車騎將軍，假節，率破虜將軍董卓、蕩寇將軍周慎，共諸郡兵馬十餘萬前去征討。

張溫臨行之前，其友人張玄前來遊說，也勸張溫挾董卓及西涼武人集團而「行非常之事」。《後漢書‧張玄列傳》裡這樣寫道：

（張）玄自田廬被褐帶索，要說（張）溫曰：「天下寇賊雲起，豈不以黃門常侍無道故乎？聞中貴人、公卿以下當出祖道於平樂觀，明公總天下威重，握六師之要，若於中坐酒酣，鳴金鼓，整行陣，召軍正執有罪者誅之，引兵還屯都亭，以次剪除中官，解天下之倒懸，報海內之怨毒，然後顯用隱逸忠正之士，則邊章之徒宛轉股掌之上矣。」

溫聞大震，不能對，良久謂玄曰：「處虛，非不悅子之言，顧吾不能行，如何！」

玄乃嘆曰：「事行則為福，不行則為賊。今與公長辭矣。」即仰藥欲飲之。

溫前執其手曰：「子忠於我，我不能用，是吾罪也，子何為當然！且出口入耳之言，誰今知之！」玄遂去，隱居魯陽山中。

張溫的拒絕是有道理的，他出身於關東南陽人氏，僅以一紙詔書而任董卓及西涼軍團之主帥，怎麼可能將他們收為己用？西涼武人集團已有「私家軍」的徵兆，任何外來將帥都未必駕馭得了。

不過，連身在蜀郡的術士張玄都看出了西涼武人集團「奇貨可居」，那些朝廷的中樞之臣顯然也會逐漸反應過來，對這樣一股強大勢力不得不妥為制衡。

漢靈帝在末年時，就對西涼武人集團深以為慮。如果西涼武人集團掌握在皇甫嵩這樣的忠臣良將手裡還好說，萬一他們被別有用心之人操縱了呢？

他的憂慮不是憑空而來的。西涼武人集團現階段確實落到了「別有用心之人」的手裡，而這個「別有用心之人」正是董卓。

董卓在協助張溫平定邊章、韓遂之亂時，於用兵方略上自作主張、我行我素，對主將張溫頗有不恭。而張溫是代表洛陽朝廷來統領西涼武人集團的。董卓不把他放在眼裡，就等於是把朝廷也不放在眼裡了。所以，漢靈帝和東漢朝廷不得不對董卓暗生疑忌。

當然，我們從後邊的史實來看，董卓其實是和時任大將軍的國舅何進、太傅袁隗叔姪等在同一陣營的。何進、袁紹還召他帶兵進京就剷除宦官一事向何太后施壓。那麼，與他敵對的，自然是以張讓、段圭為首的宦官集團勢力。於是，宦官們想透過漢靈帝之手把董卓和他的西涼武人集團抽離出來，亦是符合歷史之邏輯的。故而，在那樣的時勢下，只有宦官集團是支持漢靈帝對付董卓的主要力量。但也正是宦官集團，他們缺乏足夠的軍事實力，又怎能硬鬥得過董卓和西涼武人集團？

果然，朝廷頒下一道聖旨，要調董卓入京擔任少府卿。少府卿專管錢糧財物，是一個非常重要的官職，對普通官僚的吸引力亦是非常之大。然而，董卓卻硬是一口拒絕了。他上書答覆時明面上的理由是「所將湟中義從及秦胡兵皆詣臣曰：『牢直不畢，稟賜斷絕，妻子飢凍。』牽挽臣車，使不得行。羌胡敝腸狗態，臣不能禁，輒將順安慰」（摘自《後漢書．董卓列傳》）。但這些言語背後深層次的寓意是：西涼武人集團離不開他，如果他被強行調走，西涼武人集團便會生事作亂，其後果朝廷務必三思。當然，他這個理由也是有前例可據的。當年段熲就是有幾次突然遭到臨陣調換，而致部下的「湟中義從」叛而生亂。

他這暗含威脅的答覆，顯然激怒了漢靈帝和朝廷中的反董人士。漢靈帝再次親筆寫下璽書，強徵董卓調防并州的同時，使出了一招「殺手鐧」：由同為涼州籍的皇甫嵩來接收董卓旗下的西涼武人集團！你不是擔心你調離後西涼武夫們會生事作亂嗎？好，朕「以涼制涼」，用皇甫嵩這樣不亞於你的「西州豪傑」，應該能夠鎮得住那些西涼武夫了吧？

縱觀漢末歷史，可以說只有漢靈帝這一次的璽書算是真正抓住了制服西涼武人集團的關鍵。只有皇甫嵩的威望才能與董卓旗鼓相當，所以只有他才是制衡董卓的最佳人選。換了誰去，幾乎都很難。如果這道璽書能夠徹底貫徹下去，西涼武人集團就根本不會得到威脅皇權、擾亂中原的機會。

可惜，那個時候的漢靈帝已是風燭殘年，朝中也正面臨著外戚、世族和宦官三方勢力的決戰時刻，「山雨欲來風滿樓」，朝廷對地方實力派的約束力大不如前。而沒有武力作為後盾的詔書，幾乎就等同於一張廢紙。加之董卓從自己布設在洛陽的「內線」（他的胞弟董旻此時在禁軍中擔任奉車都尉之職）那裡肯定也清楚地知道了京中形勢，所以他再一次抗旨不從，拒絕將自己部下的西涼人馬轉交給皇甫嵩，反而強調自己到哪裡也離不開西涼人馬，要帶著他們一造成并州上任。

董卓這一次和朝廷「攤牌」式的舉動，本已大大違犯了律法，身為此次事件的第三位當事方皇甫嵩竟未主動響應璽書而不追逼董卓，這是很令人費解的。筆者認為，皇甫嵩應該沒能等來漢靈帝的下一道詔命，可能那個時候漢靈帝已經死了。而新執政的大將軍何進、太傅袁隗叔姪又與董卓關係不錯，不會追究董卓的責任，所以皇甫嵩又一次失去了全面掌控西涼武人集團的機會。他的錯失良機，其實便等同於東漢王朝的錯失良機。

此時此刻的董卓，亦未必有閻忠所遊說的那樣「行非常之事，立非常之功」之野心，但他和一切唯皇命是從的皇甫嵩不同，他一直堅持要將西涼武人集團這樣的「國之利器」牢牢掌握在自己手裡，退則可自保雍涼，進則可逐鹿中原。他也預料到：在朝廷中樞外戚、世族和宦官三股勢力的激烈交戰之中，他和他背後的西涼武人集團可謂舉足輕重，左投則左勝，右投則右勝。甚至，他還更想進一步：坐收漁翁之利，獨攬天下大權。於是，他在赴任并州牧時，帶了五千親兵同行，走走停停，「忽駐河東，以觀其變」。

他的這些想法和做法，確實是「忠而近乎愚」的皇甫嵩從來也不敢有的。董卓始終不甘成為別人的附庸，他要憑藉西涼武人集團的勢力開創一番大事業。

後來東漢政局的發展完全如他所料，何進把張讓、段圭等宦官逼得太緊，宦官們不甘束手就擒，反將何進誘殺。袁紹、袁術等人以替何進復仇為名，「勒兵捕宦者，無少長皆殺之」；張讓、段圭等挾少帝劉辯、陳留王劉協逃出宮外，被盧植、閔貢追殺而亡。就在這時，董卓率三千兵馬伺機而動，乘夜在半途截住少帝、陳留王，趁外戚、世族與宦官鬥得兩敗俱傷之際，他一舉奪取了何進兄弟所領的部曲，又收買呂布殺掉了執金吾丁原而吞併其部眾，干法乾淨俐落，反客為主，成了洛陽城中兵權最大的強者。

袁隗、袁紹、袁術、楊彪、王允等名士大夫雖然心有不甘，但董卓身後的西涼勁旅陸續開進京城，他們被壓制得死死的，一時也發作不得。

董卓在西涼武人集團的強力支持下，大刀闊斧地施行新政：一是廢帝立新；二是肅清外戚、宦官兩大派系的殘餘勢力；三是徹底廢除黨錮之令，對「幽滯之士」多所顯拔，潁川鴻儒荀爽便是被他徵召入朝而位列三公的；四是以禮法為本，以嚴刑重典治國理政。同時，董卓亦藉此由太尉、相國而至太師，權傾朝野，不可一世。而當年與他同出涼州的皇甫嵩從此亦是屈居於下，對他折腰稱服。

他的位高權重、他的威震四方，象征西涼武人集團終於從地方性割據勢力躍升為全天下權力最大的當政集團。

然而，西涼武人集團固然兵強馬壯，但在文治內政上卻並不擅長。饒是董卓大權在握，也不得不與名門世族集團共治天下，將政事權力、人事權力與他們共享。

名門世族集團藉機在關東綢繆布局，讓袁紹出任渤海太守、韓馥出任冀州刺史、劉岱出任兗州刺史、孔伷出任豫州刺史等，各興義兵，組成討董聯軍，反戈一擊。

董卓只得見招拆招，先殺了汝南袁氏一族的首領人物、袁紹的叔父袁隗以震懾天下，然後調遣徐榮、李傕、呂布等部下大將東進而敵之。《資治通鑑》裡記載名士鄭泰評論董卓、西涼武人集團：「關西頃遭羌寇，婦女皆能挾弓而鬥；天下所畏者，無若並、涼之人與羌胡義從，而明公（指董卓）擁之以為爪牙，譬猶驅虎兕以赴犬羊、鼓烈風以掃枯葉，誰敢御之？」果然，關東聯軍與西涼武人集團交戰之下，敗多勝少，連袁紹都起了作壁上觀之念。若非孫堅、曹操之拚死力戰，關東聯軍說不定早被西涼武人集團打散了。

後來，董卓見戰局陷入膠著，自以為關中、隴西、涼州等地才是自己的發跡之處，是西涼武人集團的根本之地，便力排眾議，遷都長安，以待後圖。

到了長安之後，他以女婿牛輔屯安邑，以東中郎將董越屯澠池，以中郎將段煨屯華陰，李傕、郭汜、張濟等將領布防各縣要塞，封住了關東聯軍的西進之路。董卓終於感到自己安全了。

其實，這個時候的董卓還是一直想與名門世族集團好好合作，共治天下的。他對王允、蔡邕、楊彪、荀爽、鄭泰等名士極盡籠絡優容之能事。為了防止名門世族集團滋生嫌隙，董卓甚至只是把西涼武人集團內的中層人員全部安插到將校之職上，一個也沒有出任公卿之位。即使是被西涼著名謀士閻忠盛讚為「（張）良、（陳）平之奇」的賈詡，亦僅被董卓封為討虜校尉，留在牛輔身邊輔佐他。

筆者在此設想：倘若董卓能夠不拘一格將賈詡提升為自己的長史在身邊出謀劃策，他後來還會陷入王允、呂布聯手布下的「內應連環計」而遇刺身亡嗎？可惜，歷史沒有假設。董卓和他的西涼武人集團雖然稱霸一時，卻不能成為未來歷史大舞臺上的主角。那個主角，是屬於目前方興未艾、蓬勃而起的名門世族集團的。

一般而言，攀到巔峰之後，面臨的便是急轉直下的懸崖峭壁。董卓在長安城尚立足未穩，剛剛勸降了馬騰和韓遂，正準備著謀劃突擊關東聯軍，就死在了呂布猝然刺來的那一記長戟之下！

西涼武人集團驟然遇到了前所未有的重大危機：主帥暴斃，群龍無首，近三十萬西涼兒郎頓感昏天黑地，他們究竟是戰是降、何去何從，一切都很茫然。

「亂國三凶」時期的衰亡階段

東漢初平三年（西元192年）四月，朝中擁漢派的首領王允聯合呂布刺死了一直壓在他們頭上作威作福的「權相」董卓，終於直起腰桿來揚眉吐氣了。

在王允的想像中，俗話說得好：「蛇無頭不行。」董卓一死，以前令人生畏的西涼武人集團從此就會分崩離析，直至煙消雲散。《後漢書》裡寫他：「（董）卓既殲滅，自謂無復患難。」

這種極度輕敵的錯誤思想，使王允代表東漢朝廷在善後事宜的處置上顯得忽左忽右、雜亂無章。其間，還是有明智之士向王允指出：「涼州人素憚袁氏而畏關東。今若一旦解兵，則必人人自危。可以皇甫義真（指皇甫嵩）為將軍，就領其眾，因使留陝以安撫之，而徐與關東通謀，以觀其變。」

董卓的強大，不是在他一個人的聰明才智有多麼卓越非凡，而在於他身後的西涼武人集團實力強大。在此時此刻之下，西涼武人集團這頭「巨獸」，或許也只有與董卓並列「關隴雙高」的皇甫嵩鎮壓得住。

然而，器宇偏狹的王允可能是害怕皇甫嵩在收服西涼武人集團之後而不可制衡，又或是不相信皇甫嵩的赤膽忠心，竟然拒絕讓皇甫嵩出任西涼武人集團的主帥。

這時，因董卓身亡，西涼武人集團根據政治取向的不同也分裂成了兩派：一是董承、段煨、徐榮等人為首的擁漢派。其中董承的女兒進宮成了漢獻帝的貴人，而楊彪、趙溫等名士曾經公開保奏：「段煨不反，臣等敢以死保。」（摘自《資治通鑑》）董、段、徐等人在董卓死後歸降了漢室，並保持了對漢室應有的禮敬。二是以牛輔、李傕、郭汜、張濟等人為首的獨立派，他們暫時既不降漢，也不反漢，而是在觀察東漢小朝廷對他們的態度來決定行止。

假如這時王允能夠盡快拿出「首惡既除，協從不問」的態度來安撫西涼武人集團中的獨立派成員，也許還能穩住大局。但他在頒發這道「特赦令」時，卻拖拖拉拉、含含糊糊、搖搖擺擺，反而造成「朝廷欲盡誅涼州人氏」這一政治謠言似雪球般越滾越大，弄得西涼武人集團骨幹成員們人人自危。

自董卓的女婿牛輔遭人刺殺之後，他麾下的李傕、郭汜、張濟等西涼猛將當時都已惶惶無主，準備各自解散而逃歸鄉里。不料，這時，西涼武人集團當中唯一的「（張）良、（陳）平之奇」賈詡卻越眾而出，慨然勸言道：

聞長安中議欲盡誅涼州人，而諸君棄眾單行，即一亭長能束君矣。不如率眾而西，所在收兵，

以攻長安，為董公報仇，幸而事濟，奉國家以徵天下，若不濟，走未後也。（摘自《三國志》）

李傕、郭汜、張濟等三人聞言稱善，從而行之，以替董卓報仇為名，一路殺回長安。王允派來了徐榮、胡軫等在半途截擊，雙方一戰之下，徐榮兵敗身死，而胡軫則投降了李傕等人。

收編胡軫之後，李傕、郭汜、張濟等繼續揮戈西進，從此再無阻力。他們沿途收納西涼殘部，待得逼近長安城之下時，已然擁眾十餘萬。

名門世族集團當時唯一依靠的就只有呂布和他旗下的并州軍。經過十日左右的拉鋸戰，呂布終究沒能守住長安城——李傕、郭汜、張濟等破關而入，縱兵屠城，「略長安老少，殺之悉盡，死者狼籍」（摘自《三國志》）。呂布倉皇東逃，而王允也被李傕等人逼而殺之。東漢小朝廷再次落入西涼武人集團的掌控之中。素負盛名的皇甫嵩被李傕等人送了一頂「太尉」的虛銜後便不可逆轉地淡出了政壇。李傕、郭汜、張濟等人開始嶄露頭角。

李傕自封為車騎將軍、池陽侯，領司隸校尉、假節；郭汜自封為後將軍、美陽侯。他二人留在長安專擅朝政。而張濟自封為驃騎將軍、平陽侯，外出屯兵於京郊的弘農郡，震懾外敵。筆者認為他們三人就是西涼武人集團的第三代首領人物，與「涼州三明」、「關隴雙高」相對應，可以稱為「亂國三凶」。他們之所以被冠以「凶」名，是因為他們三人在掌權成功後於國於民毫無建設性的舉措，只有破壞性的暴行。

這三人對名門世族集團是又恨又懼：他們因董卓遇刺事件而不敢再親近名門世族集團，代之而為的是嚴防密備；但西涼武人集團中長於文治庶務的得力人才又太少太少，故他們不得不對名門世族集團加以利用和驅使。而要驅使他們，李傕、郭汜只能依靠武力為後盾。控制皇權，成為他們的第一要務。至於安民理國等文治庶務，幾乎全被「亂國三凶」漠然置之。

漢獻帝幸得有董承居中調護，加之賈詡在幕後的暗助，他終於保住了天子之位。

而李傕、郭汜也沒有董卓那樣的魄力再來一次「廢帝立新」。況且，他們也不敢廢了漢獻帝這位在西涼武人集團扶持下御極登基的天子來自毀長安小朝廷的合法性與正統性。於是，漢室和西涼武人集團暫時恢復了微妙而脆弱的平衡關係。

西涼武人集團核心層這種「三頭之鷹」的掌權模式注定是長久不了的。他們在對外無力擴張的情況下，把破壞性蔓延到了內部：李傕、郭汜二人很快陷入了「窩裡鬥」。導火線是李傕點燃的：他認為董卓先前的部曲領袖樊稠和郭汜結成了同黨來排擠自己，便先行下手除掉了樊稠。郭汜也不甘雌伏，奮力還擊。在混戰中，李傕劫走了漢獻帝，並把各官署的公物全部扣留。而郭汜則扣押了多位公卿為人質，讓李傕那邊成了「空殼朝廷」。雙方連鬥數月，死者萬數。這一場亂戰，連素有「當世張良、陳平」之譽的賈詡也無法從中化解，唯有徒嘆奈何。

後來，在黃巾軍餘部「白波軍」首領楊奉、韓暹的外力介入下，漢獻帝帶領公卿大夫們東奔洛陽以求安。太尉楊彪、黃門侍郎鍾繇、將軍董承等護送以從。

在這亂局之中，鍾繇和曹操首席謀士、同出潁川系世族的荀彧暗通聲氣，再經名門世族集團達成共識，決定由關東那位白領兗州牧的庶族首領曹操為漢室東遷的「接盤俠」。鍾繇順勢勸說漢獻帝授予曹操「建德將軍」之職位而留為後圖。曹操亦立即響應，親率勁旅赴洛陽迎接漢獻帝。

漢獻帝和殘餘的漢室公卿們費盡周折，終於逃出李傕、郭汜、張濟等人的掌握，安全抵達了洛陽。在那裡，曹操、荀彧等人早已恭候。他們的兵力當時在群雄林立的關東諸侯內只能算是中等而已，卻代表著一股生機勃勃的新興勢力取代了西涼武人集團而開始實施真正的「挾天子以定四海」之大略。

曹操先是趕走了楊奉、韓暹，將東漢小朝廷從四面受敵的洛陽遷到了自己掌控下的許縣，改元為「建安」，然後以謁者僕射裴茂率西涼軍中的擁漢派段煨等征討李傕、郭汜等亂漢派。其間，郭汜被部將伍習刺死於郿縣，餘眾為李傕所吞併。張濟因缺糧而外出抄掠，在南陽穰城為劉表部卒所殺。而沒過多久，李傕也被裴茂、段煨等所破，死於戰中，三族俱夷，傳首許都，被漢獻帝下令在城頭懸示十日。

至此，西涼武人集團中的亂漢派勢力徹底覆滅，再無餘徒。

不過，西涼武人集團內剩餘下來的擁漢派也未能久存。段煨很快被曹操解除兵權，以大鴻臚、光祿大夫等虛職而閒置之，於建安十四年（西元209年）壽終正寢。董承則在建安四年（西元199年）欲奉「衣帶詔」而狙殺曹操，謀洩被斬，其女董貴人亦隨之身死，漢獻帝不能有救。

西涼武人集團還有最後一人徹底投靠了曹操，並以其足智多謀而被曹操倚為智囊，他就是賈詡。賈詡是西涼武人集團諸雄之中結局最好的：他一直做到了曹魏帝國的太尉之職，位冠百僚，並受封為壽鄉侯，享壽七十七歲，在他的第一位主君董卓死後於世間又活了三十一年。

這三十一年裡，他看盡了被西涼武人集團搞亂的漢末時局如何在曹操、荀彧、劉備、諸葛亮、孫權等人手中撥亂反正，漸趨澄定，並進入三國爭霸之新時代的。而這一切，都是當年董卓他們雄糾糾地第一次闖進洛陽城大張旗鼓之時完全始料而未及的。

第三章　王允不「允」：志大才疏的救時宰相

董卓的猝然隕落，是完全出乎天下士民之預料的。他坐擁二十萬西涼勁卒，麾下又有徐榮、李傕、張濟等一大堆猛將，關東十餘路諸侯組成的聯軍也難以匹敵。

然而，一夕之間，他便被呂布一戟刺於車下，成了漢末政壇上最大的一顆「流星」！

促成這一事件發生的「幕後推手」，正是當朝司徒兼尚書令王允。王允出身并州豪門，「世仕州郡為冠蓋」，又得名士郭林宗之「王佐才」的佳評，是漢末傑出的名士大夫。

他本是漢末朝中名門世族集團的政治代言人，在少帝劉辯期間，他和袁紹、袁術聯手，以河南尹之權調遣部尉閔貢逼死了張讓、剷除了宦黨。那時的王允，意氣風發，殺伐果斷，確然顯出王佐之逸才。

後來董卓入京掌權，王允自是不甘屈居於這邊將梟雄之下，但己方又力不如人，只得「矯情屈意」，表面上偽奉董卓為尊，暗伺其隙而圖之。在這韜光養晦的「演技」方面，後世的著名「影帝」司馬懿也要以他為楷模。他在董卓面前表現得太恭順太誠敬，「每相承附」，唯唯諾諾，令雄猜成性的董卓也「不生乖疑」，將「朝政大小，悉委之於（王）允」。如此的深謀潛伏之術，司馬懿之流亦當引為比肩。

其實，隱忍伺機而暗殺董卓，此前曾有許多名士菁英做過：曹操以獻刀之名刺殺過，失敗了；鄭泰和荀攸也暗中綢繆過，被發覺了，終無所成，甚至何顒還被董卓繫獄憂懼而死！董卓為人「粗猛」而又「有謀」，並不是那麼容易對付的。

最後，這樁震天動地的大事，只有王允做成了：他施展連環計，潛結董卓的心腹大將呂布為內應，終於乘董卓不備之際以迅雷不及掩耳之勢刺殺了他。大漢的至高權柄，終於又從邊將梟雄那裡回到了以王允為首的名門世族集團手中。

這一經典案例，在數十年後被吳國的孫峻完全複製了過來。那一年，孫峻在少帝孫亮的支持下，以顧命次輔佐大臣的身分，刺殺了顧命首輔大臣諸葛恪，然後緊緊抓住軍權，從而穩固了自己的權位，鎮住了吳國的政局。他的「暗殺式斬首行動」算是完全成功，並取得了長遠實效的。

返而觀之，當年王允對董卓的這一場暗殺呢？王允暗殺董卓成功之後的狀況又如何了呢？

王允在對董卓一擊得手之後，竟被勝利衝昏了頭腦，不再有當初的精明縝密了。《後漢書》是這樣描寫他的：

（董）卓既殲滅，自謂無復患難。及在際會，每乏溫潤之色，杖正持重，不循權宜之計，是以群下不甚附之。

他若真正具有救時匡難之才，就應該明白殺死董卓僅僅是撥亂反正、重塑漢室皇權的第一步。接下來，還有幾件大事要做到位，才能使漢室真正轉危為安：一是安撫住「群龍無首」的西涼武人集團，令其無株連之憂，同時將它納入漢室的直屬部隊；二是以歸附漢室的西涼武人集團為依託，震懾關東各路軍閥，消除袁紹、袁術等人的不逞之志，還天下一個安寧；三是重塑東漢政局的勢力平衡，以名門世族集團為主體來捍衛漢室。

而實際上，王允在第一招應對上就搞砸了。要安撫住「群龍無首」的西涼武人集團，他切實而具體的方法只能是與皇甫嵩、徐榮、董承、段煨等西涼武人集團中的「擁漢派」精誠合作、共赴時艱。可惜，他對涼州人氏的極端疏離心理，使他拒絕做出這一關鍵性的布置措施，對董卓的餘黨「不赦不理、不撫不問」，任由西涼武人集團在人人自危的狀態中走向激烈的對抗和「反噬」。從這一點上講，王允的政治成熟度實在遠遠不及後世崛起的司馬懿。司馬懿以狙擊突襲的手段除掉了曹爽兄弟，卻能及時對曹爽集團的中下級成員示以寬宏大度，重用魯芝、楊綜等骨幹分子以安定其餘曹氏部曲之異心，於是把一場驚天動地的政變做得是無風無波而又毫無後患，確實要比王允高明得太多了。

由此可見，王允雖取名為「允」，但施政行事哪有「平允」、「衡準」、「公允」之器量？諺語有「愛屋及烏」之說，他反過來卻是「恨烏及屋」，不分青紅皂白，連皇甫嵩這樣的耿耿忠臣，只因出身涼州也被他閒置不用！他這一偏狹孤陋之舉，可謂誤人誤國、遺禍無窮！

從此，亂兵四起、烽火熊熊，王允刺殺董卓後換來的短暫和平局面，也就化為了「曇花一現」。

同時，濫殺名士蔡邕，更是坐實了他「偏狹孤陋」的病根。南朝人十殷藝在《小說》裡寫道：

初，司徒王允數與蔡邕會議，允詞常屈，由是銜邕。及允誅董卓，並收邕，眾人爭之，不能得。

蔡邕，一介文士而已，就有董卓私遇之嘆，況已知罪求饒，貶之即可，何足掛齒？也許，王允誅殺蔡邕，是向天下士民公開示威：你看，連董卓都不敢招惹的名士鴻儒，我王允都敢一刀砍下！今後朝中，誰不服我？

但他終是大大的失策了：後世的曹操殺孔融以立威，反而使自己失去了包括潁川荀氏在內的不少名門世族之支持；司馬昭殺嵇康以樹權，更是給自己「樂善好士」的金字招牌抹了個污黑！更何況此時此刻的王允手中權柄之集中和強大，尚還遠遠不如曹操、司馬昭？！他濫殺蔡邕，只能引起同僚們的側目而視與割席斷袍。

當時，太尉馬日磾向王允求救蔡邕而不得，退而嘆曰：

王公其無後乎！善人，國之紀也；製作，國之典也；滅紀廢典，其能久乎？

他一語成讖，不到兩個月，王允便身死於西涼亂兵之手。

著名史學家王夫之在《讀通鑑論》中曾言：

（王允）智盡於密謀，而量不足以包英雄而馴擾之，加以驕逸，而忘無窮之隱禍，其周章失紀而死於逆臣，不能免矣。

這段犀利之語，堪稱王允畢生作為之定評。

第四章　汝南袁氏：「化家為國」的野望

據聞天下各地之袁氏宗祠的堂聯上，通常都鐫刻著這樣八個字：「臥雪清操，揚風惠政」。可見，千百年來，袁姓一族對他們的先祖、東漢名相袁安當年「節高臥雪對梅花」的高尚事蹟一直是心馳神往、奉為圭臬的，甚至還將這一事蹟融入了整個宗族代代相傳的佳話之中。

在真實的歷史上，袁安留下的可不僅僅是「臥雪清操」的美譽，他以德行而舉孝廉、以風骨而立朝堂，開創了東漢一朝「四世公輔」之大族——汝南郡袁氏，終至成為中原名門世族集團的「執牛耳者」。他和他的子孫們曾經顯赫之極，甚至距離龍床御座也僅有一步之遙。可惜，在群雄競起的三國時期，汝南袁氏這艘百年巨船到底還是擱淺了，沒能順應時代的潮流而成功「晉級」，並就此衰亡下去。

但不可置疑的是：汝南袁氏曾經是中原名門世族集團上升期的開拓者和先驅者，他們領頭剷除了中原名門世族集團的大敵——宦官集團，為沛郡曹氏、潁川荀氏、江東孫氏等後起之秀逐鹿天下而掃清了障礙、奠定了基礎。只可惜，袁氏宗族人才儲備終究不夠全面而完善，既無曹操一流的能征善戰之輩，又無司馬懿一流的文武雙全之士，始終沒能成為中原名門世族集團的主導者和集大成者。

即使如此，筆者認為：探溯東漢汝南袁氏直至前三國時期百餘年的潮起潮落之歷程，於後世依然不乏借為龜鑑之意義。

袁安時期之固本培基

《後漢書》記載，汝南袁氏一族在兩漢時期是以學術傳家為政的。其先祖袁良精習《孟氏易》之學，深通易理之術，於西漢平帝時官居太子舍人，又於東漢光武帝時出任成武縣令。這是正史裡對袁良的簡介。

在宋代歐陽脩編撰整理的《集古錄》中，有一篇名為《漢故國三老袁君碑》的碑文拓本，因其碑主為袁良，所以又稱為《袁良碑文》，應該是袁氏後人為袁良所立的。在這篇碑文中寫道：袁良後來還做到了將作大匠、廣陵郡太守等二千石官秩的職位，並曾因討平清水賊張路等而威震徐州。由此可見，正是袁良此人，為其後世子孫奠定了名門世族的堅實起點。

他的孫子袁安自幼家學深厚，個性為「嚴重有威，見敬於鄉里」。他「節高臥雪對梅花」之故事來源於《後漢書》所注引的《汝南先賢傳》。

時大雪，積地丈餘。洛陽令身出案行，見人家皆除雪出，有乞食者。至袁安門，無有行路。謂安已死，令人除雪入戶，見安僵臥。問何以不出。安曰：「大雪人皆餓，不宜干人。」令以為賢，舉為孝廉。

袁安因孝廉出任陰平縣長、任城縣令，直至做到楚郡太守一職。在楚郡太守一職上，他做了一件「大有陰德」的好事，為世人所稱道。華嶠《漢後書》記載：

（袁安）明帝時為楚郡太守，治楚王獄，所申理者四百餘家，皆蒙全濟，（袁）安遂為名臣。

袁安能抗上明法、以寬雪冤，確實是鐵骨錚錚。漢明帝嘉其風骨，提拔他為河南尹。撫理京師之際，袁安表現卓異，甚有寬和得眾之譽。《後漢書‧袁安列傳》記載：

（袁安）政號嚴明，然未曾以臧罪鞠人。常稱曰：「凡學仕者，高則望宰相，下則希牧守。錮人於聖世，尹所不忍為也。」聞之者皆感激自勵。在職十年，京師肅然，名重朝廷。

顯然，漢明帝、漢章帝兩代明君對袁安可謂深為器重。漢章帝元和三年（西元86年），袁安升為司空；一年之後，袁安再進為司徒，終於做到了位極人臣。

當了司徒之後的袁安，其立身行事之風漸有改變。《資治通鑑》記載：

壬戌，詔以瑞物仍集，改元章和。是時，京師四方屢有嘉瑞，前後數百千，言事者咸以為美。而太尉掾平陵何敞獨惡之，謂宋由、袁安曰：「夫瑞應依德而至，災異緣政而生。今異鳥翔於殿屋，怪草生於庭際，不可不察！」由、安懼不敢答。

此時的袁安，已然擁有了兩張可以改換自如的政治面孔：臨民治下之時，他顯有「清直」之容；奉上奏對之際，他又是「圓融」之貌。以「清直」而收名譽，以「圓融」而保權位，成了袁安立足政爭的慣用方略，並為他的後人所繼承。

漢和帝即位，竇太后臨朝，以車騎將軍竇憲為首的竇氏外戚集團日漸坐大。竇憲為謀奪大權，意圖遠征匈奴而立威天下。這時，袁安和其他三公、九卿一道上奏反對他。

匈奴不犯邊塞，而無故勞師遠涉，損費國用，徼功萬里，非社稷之計。（摘自《後漢書·袁安列傳》）

袁安此刻是站在漢室皇權這一邊的，對膨脹異化的外戚勢力予以制衡。依附皇權、抗擊外戚是袁安在三公位上所作所為的政治主旋律。《後漢書·袁安列傳》寫道：

（袁）安以天子幼弱，外戚擅權，每朝會進見，及與公卿言國家事，未嘗不噫嗚流涕。自天子及大臣皆恃賴之。

他的付出，終於得到了回報。他透過這些維護皇權的舉動，贏得了朝廷從上到下的一片美譽，既累積了人脈、人氣，又累積了政治資本。果然，他去世之後，漢和帝親政掌權，一舉肅清竇氏外戚集團，同時追念他的功勞，將他的兒子袁賞徵召為郎官。

袁安的一生，德才兼備，進退自如，為汝南袁氏夯實了雄厚根基。而他的後代，繼承著他的政治資本和人脈背景，與時俱進，將會大有所為。

袁京、袁敞時期之「清濁分流」

袁安死後，其後嗣中成就最大的是袁京、袁敞二子。

袁京對家傳的孟喜系易學十分精通，親做解釋文章達三十萬字。他由侍中之官而出任蜀郡太守，後又效仿嚴子陵養志自高。明初大儒方孝孺就寫過一篇《高士袁京贊》的詩：

緊袁之山，富春並峻；緊袁之水，嚴瀨比清；嚴袁兩公，東漢齊名。

袁京雖然在官位上不及其父袁安，但他的家教卻十分到位：長子袁彭享光祿勳之高位而清廉自持，「粗袍糠食」。次子袁湯「少傳家學，諸儒稱其節」，多歷顯位。他倆在東漢政界和光同塵，並無過激之行立身。

而袁敞一脈就不同了。袁敞「廉勁不阿權貴」，貴為漢安帝時的司空。他和他的父親袁安一樣以漢室皇權維護者而自命，極力反對鄧氏外戚集團專權，最終被迫自殺。

他的兒子袁盱以袁敞為楷模：

時大將軍梁冀擅朝，內外莫不阿附，唯（袁）盱與廷尉邯鄲義正身自守。（摘自《後漢書·袁敞傳》）

不過，袁敞被鄧太后外戚集團迫害致死，給了汝南袁氏一族極大的震動。他的姪兒袁湯使於晚年之際走上了一條與其父祖兩輩完全不同的從政之路。汝南袁氏這一代由他領頭而起，不再以皇權為唯一之依恃，也不再固守「忠君廉政」之空名，而爭取在外戚集團、宦官集團之間「多方下注、左右逢迎」。

袁湯父子時期之綢繆布局

袁湯在漢桓帝繼嗣即位之際可謂驟升而起。《後漢書・袁湯傳》記載：

（袁湯）桓帝初為司空，以豫議定策封安國亭侯，食邑五百戶。累遷司徒、太尉。

他於漢桓帝本初元年（西元 146 年）由太僕升為司空，又於漢桓帝建和三年（西元 149 年）為太尉，直到漢桓帝永興元年（西元 153 年）退位，整整當了為期八年的三公之官。從史簡中溯本探源，袁湯的崛起歷程，其實自有其明確的脈絡可尋。

在《資治通鑑》的記載中能夠看出，當時幼帝漢質帝暴斃，關於擁立誰為新君的問題，朝中百官分為兩派。以大將軍梁冀為首的外戚集團傾向於擁立蠡吾侯劉志，太尉李固、司徒胡廣等士大夫集團傾向於擁立清河王劉蒜。而袁安當時以太僕之職參與立嗣廷議大會，游移其間，見風使舵，最終投向了梁冀，支持擁立劉志為新君，即為漢桓帝。所以，他隨後便升任司空，權重一時。

袁湯在政治投機大獲成功而嘗到甜頭後，決定以當時朝中權勢最大的梁氏外戚集團為後臺，力保袁氏一族長盛不衰。他的長子袁成在他的指示之下，出任左中郎將，與梁冀打得火熱，關係甚密。《後漢書·袁紹傳》注引《英雄記》寫道：

（袁）成字文開，與梁冀結好，言無不從，京師諺曰：「事不諧，問文開。」

而且，袁成身任將校之職，也代表著汝南袁氏對軍界勢力漸有染指。《資治通鑑》記載，袁湯的次子、袁成的弟弟袁逢在漢靈帝光和元年（西元178年）出任司空之前的最後一個職位亦是禁軍序列的屯騎校尉。看來，袁成早卒之後，袁逢繼續接替他進入軍界任職，是為了袁氏家族在軍界始終擁有一定的話語權而以備萬一。

另外，袁湯對另一個兒子袁隗的安排也是煞費苦心。袁隗代表袁氏一族在文官界摸爬滾打，一直在大鴻臚等卿官職位上深耕細作。

然而，袁湯終究老了，年過八旬，雖然位居三公，擁有開府辟召之實權，但他亦只能庇蔭兒子們八九年的時間。他退位之後，袁逢、袁隗還能抱著梁氏外戚集團這根「大柱」多久呢？

而且，他們洞察到漢桓帝所代表的皇權遲早會與梁氏外戚集團一決雌雄。梁冀一族專橫跋扈、胡作非為、民心盡失，是不可能鬥得過漢室皇權的。那麼，梁氏外戚集團一旦覆滅之後，汝南袁氏又將以何為靠山呢？

恰在此時，外人中誰也不會料到，袁氏一族在內廷禁省之中內安插的另一個「暗棋」便開始發揮妙用了。這個「暗棋」就是漢桓帝身邊的中常侍、宦官集團的首領之一——袁赦。同時，他的身分也是袁氏宗族中肩負復興使命的庶子。《後漢書·袁隗傳》寫得很清楚：

時中常侍袁赦，（袁）隗之宗也，用事於中。以逢、隗世宰相家，唯崇以為外援。故袁氏貴寵於世，富奢甚，不與它公族同。

汝南袁氏的這一步「暗棋」其實已經突破了東漢士人集團內部的政治底線：宦官集團本是士人集團的公敵，人人得而遠之。而袁氏一族竟能與之聯成一氣內外呼應，也確實是苦心孤詣，令人深為不齒之餘又不得不佩服他們的深謀遠慮。

就這樣，袁隗、袁逢二人在梁氏外戚集團垮掉之後又攀上了日漸強大的宦官集團之「高枝」，終於化險為夷。在漢桓帝延熹二年（西元159年）之秋梁氏外戚集團被一網打盡之時，素與梁家交好的袁隗、袁逢兄弟居然全身而退、毫髮無傷，這便是袁赦隱在幕後的暗助之功了。

但是，袁隗、袁逢、袁赦等人企圖在漢桓帝一朝獨攬大權，則難以實現。在日漸隆盛的士大夫階層中，朝廷中樞有弘農郡楊氏一族、西涼武將派等勢力集團，外方州郡有潁川荀氏、潁川陳氏、太原王氏等新興清流名門，各個派系勢力縱橫交錯，袁隗、袁逢並不能力壓群雄、一枝獨秀。而漢桓帝時期宦官集團勢力龐大，袁赦只是其中一名「要員」而已，根本沒有達到徐璜、左綰、具瑗、唐衡等那些大權閹的地位，也號令不了大多數宦官為己所用。加之漢桓帝亦非昏弱之主，袁隗、袁逢也操縱不了他。

所以，在漢桓帝御政期間，袁隗、袁逢兄弟不斷地騰挪運轉，仍只是做到了中二千石官秩的九卿之職，沒有獨立的人事辟召之權，自然難以鋪設人脈。他倆的資歷也不夠擔任三公，只能是養望待機。

不過，他倆在養望待機的同時，卻並未停止利用內廷袁赦替本族謀取私利。身為宦官集團首腦之一的袁赦，可以「擅操王命，父子兄弟並據州郡，一書出門，高獲千金」（摘自《後漢書．董卓列傳》），確實是袁隗兄弟在朝中路路亨通、中飽私囊的「王牌」。

說直白一些，他倆可以透過袁赦來賣官牟利，而他倆所充當的就是袁赦的「政治掮客」之角色。其實在先前，袁氏家族內部皆由身為「三公」的袁安、袁湯利用自己的開府辟召之權來賣官牟利的，而現在是換成了由袁赦所握的禁省之權來順勢而為罷了。《三國志．魏書．袁紹傳》注引《魏書》道：

自（袁）安以下，皆博愛容眾，無所揀擇；賓客入其門，無賢愚皆得所欲，為天下所歸。

這段話其實就非常隱晦地指出了袁氏一族擅長於利用職權賣官鬻爵。試想：這句「無賢愚皆得所欲」，實是大有深意——賢者尚可由袁氏以「任人唯賢」為託詞，那愚者「得其所欲」又如何解釋呢？歸根到底是透過「權錢交易」而達成罷了。原來，汝南袁氏一族的人脈、人氣，在歷朝歷代便是這樣維持的。這亦是汝南袁氏所謂「門生故吏遍於天下」的真相。

袁隗、袁逢兄弟始終擁有滿滿的自信，只要積足了資歷和人望之後，他倆像父親一樣身登「三公」只是順理成章。到了那時候，他倆便可以大展宏圖、更上層樓了！

袁隗兄弟於靈帝朝之「翻雲覆雨」

漢末建寧元年（西元168年），解瀆亭侯劉宏入繼大統，登基為漢靈帝。

當時，清流名士集團的首領是太傅陳蕃，外戚集團的首領是竇武。陳蕃和竇武決定聯手「清君側、除閹宦」，把整個宦官集團一掃而盡。

但袁氏一族所有的骨幹分子卻按兵不動，隱在幕後作壁上觀。

陳蕃、竇武行事不密，走漏風聲，反為宦官集團所乘，終於一敗塗地。宦官集團徹底占據了上風，並掀起第二次「黨錮之禍」，追殺張儉、李膺、范滂等清流名士，全國上下共波及七八百家世家名門。

汝南袁氏的首領袁隗、袁逢二人對此安之若素，靜默無言。他們背後有袁赦撐腰，是落不到「黨錮之網」的黑名單上的。或許，他們還在暗暗慶喜：宦官集團如此掃蕩那些清流名士，豈非「為叢驅雀」、「為淵驅魚」？實際上是在幫助袁家清除政敵和收攬人心！這麼多清流名門被削弱以後，我汝南袁氏藉機坐大成勢，豈非最後的勝利者？

這個時候，袁家第五代新秀人物袁紹、袁術兄弟便冒出頭來，在袁隗、袁逢的暗中授意下，去大力救助那些「黨錮之士」，替汝南袁氏坐收名利。《後漢書．何顒傳》記載：

> 及陳蕃、李膺之敗，（何）顒以與蕃、膺善，遂為宦官所陷，乃變姓名，亡匿汝南間。所至皆親

其豪傑，有聲荊豫之域。袁紹慕之，私與往來，結為奔走之友。是時，黨事起，天下多離其難，顒常私入洛陽，從紹計議。其窮困閉厄者，為求援救，以濟其患。有被掩捕者，則廣設權計，使得逃隱，全免者甚眾。

汝南袁氏此刻仍在「兩面下注」，極力在那些「黨錮之士」身上實施「長線投資」。而袁隗也終於迎來了自己仕途的高峰期。漢靈帝熹平元年（西元172年）之冬，他升任為司徒，執掌天下人事之任免進退。在這個位置上，他完全可以和宦官頭目們實現「權權交易」及利益交換，利用司徒府的人事辟召之權替宦官們的賣官鬻爵之行「洗白」並合法化，同時亦為袁氏一族廣樹朋黨。

時間一長，再厚的紙巾也包不住火焰。漢靈帝漸漸意識到袁隗的司徒府在人事選任方面上下其手、大有文章，遂十分疑忌，於五年之後忍無可忍，起用著名的清官廉臣、弘農楊氏的族長楊賜來取代了袁隗的司徒之位。《後漢書．楊震列傳》記載：

（漢靈帝熹平）五年，（楊賜）代袁隗為司徒。是時朝廷爵授，多不以次。

這個「是時」指的就是袁隗在司徒之位上的時候。而且，楊賜對以袁隗為代表的司徒府之所作所為在給漢靈帝的密奏中寫得更為具體：

而今所序用無它德：有形埶者，旬日累遷；守真之徒，歷載不轉；勞逸無別，善惡同流。

這說明袁隗正是靠著擔任宦官集團的政治「黑手套」到處賣官、腐敗成風。而他被楊賜取代，也算是漢靈帝對汝南袁氏一個不大不小的打擊。

但僅僅過了一年多，袁隗的哥哥袁逢便在漢靈帝光和元年（西元178年）十月出任司空之職，依然擁有人事辟召之權。這象徵著袁氏一族又回到了漢室權力核心圈。而這一切，顯然都是他們的宗親、中常侍袁赦在幕後運作而來的。

不過，好景不長。汝南袁氏很快又一次走到了家族命運大轉折的關頭：光和二年（西元179年）四月，司隸校尉陽球藉著楊賜之子楊彪的舉報，對王甫、淳于登、袁赦、朱瑀、劉毅、龐訓等一批宦官的貪腐行為進行問罪追究。其中，王甫父子竟被陽球拷問而死。此舉大大震動了宦官集團。他們的聯手反撲，將陽球以「謀議不軌」之罪陷害身亡。雖然宦官集團終是大獲全勝，但袁赦畢竟被陽球奏議所波及，從此退出禁省，淡出政壇。汝南袁氏在內廷最大的政治靠山就此崩塌。他們又一次面對未來將何去何從的核心問題。

然而，袁隗、袁逢、袁紹、袁術等人早就看透宦官集團已成眾矢之的，日趨衰弱，他們決定從「黨錮之士」集團和外戚集團雙管齊下，重新獲取政治助力。而袁紹、袁術兄弟當年在「黨錮之禍」中的「重義救助」之行也終於可以收取回報了。

四年之後，「黃巾之亂」爆發，漢靈帝畏懼「黨錮之士」們與黃巾軍合流反漢，不得已公開宣布廢除「黨錮之禁」，大赦天下黨人，並徵召他們入伍助漢。那些「黨錮之士」終於捲土重來，再次登上歷史櫃檯，成為左右漢室歷史走向的巨大勢力。而汝南袁氏這一次也公然站到了他們中間，拉開大旗招賢聚士，以求獨占鰲頭、引領風潮。

袁隗、袁紹叔姪時期之「鷹揚虎視」

漢靈帝末年，天下動盪，風雲際會，正是歷史的大轉折關頭：中原名門世族集團勃然而興，激烈地衝擊著漢室的權力格局。汝南袁氏憑藉「累葉臺輔」之資，也想在這一池渾水中大有所為。

然而，袁隗、袁逢兄弟個性陰柔、行事持重，同時卻缺乏魄力和銳氣。他們只是善於幕後謀劃，卻難以大刀闊斧地推陳出新。

而這個「繼往開來」的家族使命，就落到了袁紹、袁術兩兄弟肩上。他倆同為袁逢之子，而其母各異，袁紹又出繼給其伯父袁成為嗣。所以，袁紹和袁術的關係又顯得十分微妙，既競爭又合作，既聯合又疏離。

《後漢書．袁紹列傳》記載：

（袁）紹有姿貌威容，愛士養名。既累世臺司，賓客所歸，加傾心折節，莫不爭赴其庭，士無貴賤，與之抗禮，輜軿柴轂，填接街陌。

《後漢書．袁術列傳》又寫道：

（袁術）少以俠氣聞，數與諸公子飛鷹走狗。

這說明袁紹、袁術兄弟少年時起便廣為交際，呼朋引伴，累積人脈。他倆是汝南袁氏一族培養出來的「屠龍之劍」，鋒芒閃耀，只為伺機出動。

也許，袁隗、袁逢兄弟的野心只是依附大權而永保三公。但袁紹、袁術兄弟卻「青出於藍而勝於藍」，他倆的野心應該是「操控皇權、化家為國」。首先，以袁紹、袁術之好高自負，已然看出三公之位是無法永保的。漢室的三公，雖然地位崇高，也具有人事辟召之權，而其實就是漢帝施政不力時丟擲來的「替罪羊」，時常會因所謂的「天災異象」而就地策免。袁紹、袁術顯然是不會滿足於這種流動性權位的。奪得大將軍之權或重設丞相之職而自居，是他倆的著手點。這也是他倆邁越袁隗、袁逢的地方。

其次，汝南袁氏的家傳之學是《易經》。他們善於從易理讖緯之道中尋找並形成自己一族「以袁代漢、化家為國」的理論依據，即「袁氏出陳為舜後，以黃代赤，德運之次」。袁紹、袁術都以這套理論為立業之本，並信而行之，與漢室離心離德，時刻謀求取而代之。

基於此，袁紹、袁術兄弟才會在奪權之路上比袁隗等父輩走得更遠。

實際上，汝南袁隗和袁紹、袁術叔姪咄咄逼人的競奪之勢，連他們族中的明智之士都看不下去了。袁紹、袁術的族兄袁閎就明確指出：

吾先公福祚，後世不能以德守之，而競為驕奢，與亂世爭權，此即晉之三郤矣。

這從側面證明，袁隗、袁紹、袁術之所作所為確是在「與亂世爭權」、「欲逐鹿中原」。而所謂的「競為驕奢」，其實是袁紹、袁術的招攬士庶之策：他倆若不揮金如土、分享於眾，又如何能使那些賓客、士人「爭赴其庭」呢？袁閎所指的「晉之三郤」，即郤錡、郤犨、郤至叔姪三人，為春秋時期晉國豪強之士，躋身四軍八卿之列，其權可以廢主立威。很顯然，袁閎用郤錡、郤犨、郤至叔姪三人，實際上暗喻的就是袁隗、袁紹、袁術叔姪三人。

汝南袁氏的政敵也察覺到了袁紹、袁術兄弟的種種異動。《後漢書．袁紹列傳》記載：

中常侍趙忠言於省內曰：「袁本初坐作聲價，好養死士，不知此兒終欲何作？」

老謀深算的袁隗聽到這些風聲後，急忙要求袁紹兄弟不可高調張揚，以免過早暴露袁氏「與亂世爭權」的野心。

袁紹年輕氣銳，對袁隗的勸誡不以為意。當然，他這個時候確實是有堅實底氣的：他已攀附上了大將軍、國舅爺何進這棵「參天大樹」，無須太過忌憚宦官集團。《後漢書．袁紹列傳》記載：「（袁紹）後辟大將軍何進掾。」在何進這個軍界大佬的扶持下，他很快做到了虎賁中郎將。

「黃巾之亂」是汝南袁氏奪權征途上的一個關鍵點。隨著「黨錮之士」紛紛解禁出仕，中原名門世族集團勢力急速膨脹，已然躍居外戚集團、宦官集團之上。袁隗、袁紹叔姪為了「洗白」自家一族勾結宦官的「污點」，於是舉起「清君側、除閹宦」的旗號來收攬士人之心。

漢靈帝中平元年（西元184年），袁隗以司徒府之名義曾經敦促潁川系大名士陳寔入仕，還營救下了被宦官誣陷入獄的太原王允。他們種種施為，終於立竿見影：袁隗在另一位名流領袖楊賜死後，成了漢末名門世族集團「碩果僅存」的大佬，高踞於「萬夫之望」的地位。袁紹、袁術兄弟則在前邊為他「攻城掠地」、縱橫朝野。

但袁隗、袁紹叔姪三人在這時節都有一個大大的失算之處。此刻「黃巾之亂」爆發，漢靈帝下詔令各州郡可以自行招兵平亂，造成地方性割據勢力從此崛起，尤以西涼武人集團最為顯著。而汝南袁氏本該藉機調整方略，派袁術或袁紹出任方鎮、待時而動。但他們卻漠然置之，全部留在京都裡只想操控皇權。所以，到了後來他們在「十常侍之變」中急需用兵之際，卻無一名宗親子弟手握地方性兵權，反要呼召董卓入京相助，終至太阿倒持、授人以柄。

袁隗、袁紹叔姪在交好以何進兄弟為首的外戚集團之後，利用何進兄弟意圖由庶族而改換門庭、晉身名流世家的根本需求，說動他們效仿當年的竇武去「清君側、除閹宦」，以消滅名門世族集團之最大政敵——宦官集團。而袁紹兄弟給予何進兄弟最大的理由便是：剷除了宦官集團，何氏外戚集團就能如同當年的梁冀一族，在廟堂之上可以毫無掣肘地作威作福、呼風喚雨。

何進聽信了袁紹兄弟的建議，「又以袁氏累世寵貴，海內所歸，而（袁）紹素善養士，能得豪傑用，其從弟虎賁中郎將術亦尚氣俠，故並厚待之」（摘自《後漢書．何進列傳》）。

宦官集團乃是東漢皇權的政治「黑手套」，同時也是東漢皇權的最佳維護者。他們並不缺乏政治智慧，而袁紹兄弟「愛士養名、暗植勢力」的舉動也早就被宦官集團中的反袁者看得一清二楚。甚至袁紹兄弟後來操控何進「清君側，除閹宦」的幕後意圖亦被宦官們洞察並轉告給何太后：「大將軍專殺左右，擅權以弱社稷。」宦官們明面上指的是「大將軍何進」，其實暗指的還有何進身後的謀主袁紹兄弟。

袁紹兄弟代表中原名門世族集團要把宦官集團連根拔除，就是在為自己今後架空皇權而掃清障礙。他們意圖先聯合何進兄弟剷除宦官集團以贏得大名大利，再又聯合名門世族集團打壓外戚集團，最後達成自家汝南袁氏「一手遮天、獨攬朝綱」的終極目標。

當然，這是汝南袁氏高層最為機密的陰謀方略，外人自是無從得知。所以，曹操在聽聞袁紹勸說何進藉助外兵盡誅宦官的建議後，不禁哂笑而道：

閹豎之官，古今宜有，但世主不當假之權寵，使至於此。既治其罪，當誅元惡，一獄吏足矣，何必紛紛召外將乎？欲盡誅之，事必宣露，吾見其敗也。（摘自《三國志．魏書．武帝紀》注引《魏書》）

其實，曹操之譏笑，也確有幾分笑錯了：袁紹兄弟盡滅宦官之舉確是另有深意，只不過他倆點燃了這一場大亂，卻是「能放火而不能收火」，終至玩火自傷。

東漢中平六年（西元189年），漢靈帝暴崩，何進與袁隗同受遺詔而為顧命輔政大臣，共錄尚書事。何氏外戚集團與以汝南袁氏為首的中原名門世族集團，終於結成了同盟，對以張讓、趙忠等十常侍為首的宦官集團形成了壓倒性優勢。從表象上看，一切正朝著袁隗、袁紹叔姪謀劃的方略順利進行。

不料，在最後關頭，何進因其妹何太后的強烈反對而變得束手束腳起來。袁紹再一次強烈建議他外召各地州郡豪強帶兵進京以「清君側、除閹宦」的名義倒逼何太后下旨盡滅宦官。

何進在袁隗及其背後名門世族集團的強大壓力下，只得請旨封袁紹為司隸校尉、袁術為虎賁中郎將、王允為河南尹，控制了京畿內外，「專命擊斷」，全權負責剷除宦黨之事宜。

而袁紹在召集外兵入京的權衡思慮之中，選定了袁隗府署的故吏、時任并州牧的董卓前來相助。董卓當時已是西涼武人集團的首領之一，在朝野間頗具威名。袁紹認為借重他的強大兵力，可以有助於自己「除閹宦、謀大權」的計畫徹底達成。

但是，他識人辨人的眼光確實不夠精準。連與他同為何進幕府謀士的鄭泰都看出董卓「強忍寡義、志欲無厭，若借之朝政，將恣凶欲，誠不宜假卓以為資援也」，而袁紹卻不以為意。果然，董卓帶兵入京之後，來了個「反客為主」，利用軍事實力上的相對優勢，挾持了漢帝，壓制了袁隗、袁紹、楊彪、王允等各大名士卿相，打破了袁氏家族的全盤謀劃，令袁隗、袁紹叔姪追悔莫及。

其實，「十常侍之變」時，顧命首輔大臣何進被狙殺，那麼袁隗作為顧命次輔大臣就應該在袁紹、袁術兄弟的拱衛下站到明處，一呼百應以對付閹黨。而且，大事將起，袁家的正確謀劃應該是這樣：由袁隗、袁紹帶軍去疾追少帝劉辯和陳留王劉協，不能讓宦官或其他勢力集團乘隙挾持了皇權；由袁術帶兵留守在後，掃除宦官餘黨並收攬何氏餘眾。

但在現實中，袁隗、袁紹、袁術反而是本末倒置、昏頭昏腦地扎堆在一處對宦官們進行斬盡殺絕！反而把「挾天子以令群臣」這個核心要務甩到了腦後不顧不問！這在政治鬥爭中是大大的失策。

果然，董卓搶先一步趕到北芒山，將劉辯、劉協控制在了掌中，袁隗、袁紹叔姪失了先機，從此處處受制。汝南袁氏操控皇權、化家為國之大略，就這樣敗壞在了最後一步「棋招」之上。

而董卓「廢帝立新」更是「釜底抽薪」的一記狠招。屆時，連新皇帝都是董卓一手擁立的，袁隗雖然貴為太傅，有託孤輔政之權，也無法再與董卓的赫赫權勢相抗衡！更何況袁隗的輔政之責的對象是原少帝劉辯，而非新帝劉協。袁隗本人作為碩果僅存的輔政大臣，就這樣被董卓逼到了無名無分、缺權少勢的地步！

這也是袁紹、袁術為何要遁出洛陽潛往關東聯合各路州郡兵馬發動勤王之役的關鍵。因為，汝南袁氏在京都「十常侍之變」中一步走錯、滿盤皆輸，只有跳出局外另起異軍，方能轉敗為勝。

可是，他們還有徹底「咸魚翻身」的那一天嗎？

筆者相信：袁紹在遁出洛陽城之際，胸中還是底氣十足的——和他同行赴難的，內有荀諶、許攸、辛評、郭圖等一大批才略卓異的豫州系名士。只要有英才追隨，汝南袁氏終會再鑄輝煌！

汝南袁氏之「裊裊餘音」

漢末初平元年（西元 190 年）之春，袁紹、袁術兄弟終於聯合了十餘路諸侯大軍前來討伐董卓。董卓也撕破臉皮，不顧故舊之誼，屠殺了原座主袁隗等滿門老小以震懾異己之士。袁隗深謀一世，卻被自己的故吏董卓反噬，可笑可嘆。

但董卓對袁紹兄弟組建的討董聯軍還是頗為忌憚的，最後被迫遷都長安以避其鋒芒。

然而，就在此時，袁紹、袁術二人卻「心懷異圖」，把國仇家恨都拋之腦後，根本不思報漢復仇，反而帶頭在關東一域爭權奪地、自立門戶：袁紹巧取冀州，強占幽州，攬有河北數千里江山，直逼漢室而欲代之；袁術坐擁淮南，遙控江東，兵精糧足，直至自稱「代漢之當塗高」而改旗易幟。然而他倆先後都被曹操聯合荀彧等擁漢派世族集團一舉蕩滅。

汝南袁氏「奮其私智、以黃代赤、化家為國」之野望，至此完全化為「南柯一夢」。

《孟子．告子章句上》寫道：

有天爵者，有人爵者。仁義忠信，樂善不倦，此天爵也；公卿大夫，此人爵也。古之人修其天爵，而人爵從之。今之人修其天爵，以要人爵。既得人爵，而棄其天爵，則惑之甚者也，終亦必亡而已矣。

這誠然是對汝南袁氏一族入木三分的定論之言，歷久而彌彰。

袁紹的門戶集團及官渡戰敗緣由之淺探

在漢末前三國時期，袁紹是一個罕見的「幸運兒」。他憑藉著自己「四世公侯」的家世背景，從韓馥的手中兵不血刃地賺取了當時天下的第一大州——冀州。然後，又在與幽州軍閥公孫瓚的數年戰爭中獲得了最後勝利，一舉躍升為實至名歸的中原霸主。其聲威達到巍峰之際，連劉備代領徐州這樣的事情，當時以麋竺、陳登為首的徐州官僚們都還要向遠在鄴城的袁紹聯名稟告以求得他的認可。

然而，在歷史的程序中，袁紹以坐擁河北全境、統兵數十萬的雄厚之資，結果竟似一顆巨大的流星，在東漢末年的天幕上只是一掠而過，落了個身敗族滅的下場，豈不令人深思？

著名歷史學家陳寅恪認為：袁紹的門戶背景是「四世三公」的汝南袁氏，他的依託來自漢末第一流的世族名門，所以他就是漢末世族豪門的政治代言人。而曹操的門戶背景是寒門庶族出身，他則是漢末寒門庶族的政治代行者。而在官渡一戰，袁紹和他幕後的世族集團竟被曹操一舉擊潰，世族集團從此陷入了長期的蟄伏階段，一直到數十年後才在河內司馬氏的引領下實現復興，並推翻了以庶族背景立國的曹魏。

我認為，陳寅恪大師的論史一向以深刻精到而著稱，但在袁紹的門戶集團和官渡之戰的這段論述中，卻顯得不盡不實，其結論也站不住腳。

首先，單從袁紹的個人情況來看，《三國志．魏書．袁紹傳》裡是這樣描繪他的：「有姿貌威容，能折節下士，士多附之」，他自己的社交圈也是「不妄通賓客，非海內知名，不得相見」。從這些文字分析，袁紹本人確係世族名士而無疑，但這並不意味著他就是漢末世族名門的政治代言人。

如果他是漢末世族名門的政治代言人，那麼像曲阜孔氏、潁川荀氏、弘農楊氏、東海王氏等天下第一流的世族名門為何都站到了曹操的身邊與他堅決對抗呢？我們都知道，在官渡之戰中，曹操所擁有的最大助力就來自幕後的荀氏一族。而荀氏素為儒宗荀子之後裔，是正牌儒家名門。他們居然力挺身為庶族的曹操，而力抗身為世族的袁紹，這不正說明袁紹在他們心目中並非「同路人」？袁紹又哪裡能代表得了他們的政治呼聲？

我們繼續深挖下去，可以得出這樣一個結論：漢末世族名門的主流共識是「擁漢匡復、重鑄太平」。且不說曲阜孔氏、潁川荀氏、弘農楊氏、東海王氏等世族名門都是一直聚於許都，拱衛在漢獻帝劉協的身旁，便是遠在江東的張昭、隔在荊州的韓嵩、居於河北的崔琰等各地名士代表，實際上也是明明暗暗地認可和支持漢室正統的。所以，我們又要回到潁川荀氏的這個例子上來：當年，潁川荀氏的掌門人荀彧曾到鄴城面見過袁紹，也曾被袁紹奉為上賓，但他還是決然棄之而去——因為，他倆的政治取向終究是截然不同的，荀彧和他幕後的世族集團是「擁漢匡復」，而袁紹則企圖代漢自立。

在三國早期階段，任何公然違背「擁漢匡復、重鑄太平」這一主流共識的勢力集團都會被天下各方群起而攻之，遠例之如西涼董卓，近例之如汝南袁術。鑑於此，袁紹對外遮遮掩掩，在明面上也不得已接受了許都漢獻帝所賜的「大將軍」封號。然而，即使是在袁紹自己旗下的集團內部，他都無法挑戰漢室正統的名義。他身邊最忠誠、最得力的心腹謀士們，如沮授、田豐、崔琰等都不支持他明目張膽地「跋扈專權，代漢自雄」。

有一次，袁紹甚至指使自己的主簿耿苞放出「赤德衰盡，袁為黃胤，宜順天意」的風聲來試探自己部下文武諸士的反應，結果竟是「議者咸以（耿）苞為妖妄宜誅」（摘自《三國志》）！逼得袁紹不得不當眾斬殺耿苞來自證清白。

同時，一個「咸」字，說明「擁漢匡復」的政治呼聲在河北世族集團裡是何等的廣泛，而袁紹在河北世族集團裡企圖實現「代漢自雄」又是何等的孤立！

當初，袁紹入主冀州之時，河北第一名士沮授稱讚他是「弱冠登朝，則播名海內；值廢立之際，則忠義奮發；單騎出奔，則董卓懷怖」（摘自《三國志》），幾乎完全是站在「擁漢匡復」的立場和視角來評價袁紹的。這段話也成了一部分河北世族名士強加在袁紹身上的「形象定位」——他必須是「擁漢忠臣」，才值得他們為之奔走效力。而袁紹在早期也利用了這種「形象定位」來拉攏世族名士。

不過，隨著時間的推移，他的棄漢不顧、他的擁兵自重、他的廢長立幼、他的桀驁犯上，都與伏膺儒教、忠於漢室的世族名門漸行漸遠。表面上他看似籠絡到一批世族名士，實質上他根本得不到世族名士的衷心擁戴。即使是沮授，他一向倚重有加的心腹智慧，也是因為其「叔父、母、弟，懸命袁氏」、被袁紹扣為人質而不得不為他效力的。

在官渡之戰前夕，袁紹終於徹底撕下了「偽忠漢室」的面具，也徹底暴露了「篡漢自立」的野心。然而，他舉目四顧，卻是眾叛親離、人人疏遠的局面：以「擁漢匡復」為主流共識的漢末世族名門幾乎全都拋棄了他。甚至，他寄望於腹背夾擊曹操的同盟劉表，也龜縮在荊襄之地，連一兵一卒都不敢發往許都！而他身邊的沮授、田豐等名士更是毫不隱諱地指出他此番舉兵南向許都完全是不義之行，難以獲勝。沮授便講得十分明白：

> 以曹兗州（指曹操）之明略，又挾天子以為資，我雖克公孫瓚，眾實疲弊，而將驕主忲，軍之破敗，在此舉也。

果然，袁紹雖有數十萬精兵和冀州全境的物資後盾，在官渡一戰之中，在必然性因素和偶然性因素的雙重作用下，卻似雪崩般一夕之間一敗塗地，從此之後再也沒有緩過氣來，很快就湮滅在了歷史裡。

第五章　中原名門世族的崛起：左右歷史走向的強暗流

《世說新語》記載了東漢末年中原地帶發生的一件軼事：

> 陳太丘（指陳寔）詣荀朗陵（指荀淑），貧儉無僕役，乃使元方（陳寔長子陳紀的表字）將車，季方（陳寔次子陳諶的表字）持杖後從，長文（陳群的表字，為陳紀之子，陳寔之孫）尚小，載箸車中。既至，荀使叔慈（荀靖的表字，荀淑的兒子）應門，慈明（荀爽的表字，荀淑的兒子）行酒，餘六龍下食，文若（荀彧的表字，荀淑的孫子）亦小，坐著膝前。于時太史奏：「真人東行。」

南朝劉宋時文士劉敬叔在《異苑》一書中對這件軼事也從另　角度展開了描寫：

> 陳仲弓（指陳寔）從諸子姪，造荀季和（指荀淑）父子，于時德星聚。太史奏：五百里內有賢人聚。

這件軼事的內容和寓意都是十分豐富的。它原本講述的是潁川郡大名士陳寔、荀淑兩家聚會相訪的活動。《三國志．魏書．陳群傳》裡稱陳寔「德冠當時」、「遠近宗師之」。《後漢書．荀淑傳》裡寫荀淑「蒞事明理，稱為神君」。他倆的孫子荀彧、陳群後來都成了「士之楷模」、「國之棟梁」，其家族在漢、魏、晉三朝之嬗變中影響深遠。

上述軼事所寓的深意是：自古以來，在正統學說中，只有天子皇族的言行舉止才能「上應天象」。而到了漢末，以陳寔、荀淑兩大名家的一場聚會，居然成了驚天動地的「星變異象」。這就意味著，清流名士們的應運崛興，幾乎可以和皇室天子分庭抗禮。

潁川荀氏和陳氏所代表的名門世族集團在經過長久的積蓄勢力之後，終於在東漢之末從幕後走上了舞臺，即將成為支配歷史走向的一股強大暗流。任何人士，包括天子和權臣，對它都只能是「順之則昌，逆之則亡」。

東漢末年的高層權力格局

東漢王朝的皇權，自開國以來，便以宗室、外戚和卿士集團（即名門世族集團的前身）為三大支柱。在那時，鑑於秦朝滅在宦官趙高之手的慘痛教訓，東漢王朝早期對宦官集團是嚴防密備的。宦官們的職責，僅僅是處理內廷雜務而已。

帝室初建，光武帝劉秀就廢了太子劉強而改立東海王劉莊為嗣。而劉莊本是「以賢不以嫡」而繼位大統的，從根本上講是違背禮法規則的。所以，他的宗親兄弟們未必拱服於他。果然，他登基不久，其胞弟劉荊暗懷不軌，甚至勾結前太子劉強一同謀逆奪位；而後，又有光武帝與許美人所生的楚王劉英企圖造反。明帝劉莊都是藉著南陽陰氏、扶風馬氏等外戚集團的鼎力支持，才將這些宗室藩王壓制下去的。從那以後，漢明帝及其子孫均不再以同姓宗室為權力支柱，轉而依靠外戚集團維護皇權。

到了漢和帝時，外戚竇氏坐大專權，喧賓奪主，威脅到了皇權。和帝得中常侍兼鉤盾令鄭眾之助，聯合宦官集團，猝然發難，推翻了竇氏一族。漢桓帝時，外戚梁氏一族復又驕縱跋扈，桓帝只得聯繫宦官唐衡、左綰、徐璜、單超、具瑗等人一舉剷除梁氏滿門上下。唐、左、徐、單、具等人晉封為「五侯」，象徵著宦官集團自此崛起，成為東漢皇權之輔弼。

然而宦官集團中的人大多數操行低下，貪穢之風熾盛，常有侵漁百姓之舉，終於引起四方清議之抨擊。一部分士人以激濁揚清、撥亂反正為名借勢而興，他們「在朝則為廉臣，在野則為宗師」，融入了漢朝原有的卿士集團，「以行而求名，以名而立身」，漸漸形成了新的名門世族集團。例如弘農楊氏，自漢和帝時之楊震起，直至其子楊秉、其孫楊賜、其重孫楊彪，代代揚忠清之名，代代出三公之官，人脈深厚，影響巨大，集門生故吏之眾力於一門，堪與權臣、巨宦而相抗衡。

宦官集團和外戚集團也不甘示弱，拚命拉攏汝南袁氏等比較圓滑投機的名門世族來反制清流派世族集團，但效果並不顯著。這其中，宦官集團與名門世族集團之間的矛盾最為尖銳，已到水火不容的地步。

為徹底壓制名門世族集團，漢末宦官集團搆陷了兩次「黨錮之禍」，甚至殺害了「三君」竇武、劉淑、陳蕃，「八俊」李膺、杜密、荀翌、朱寓等，「八顧」巴肅、范滂、尹勳等，令人扼腕痛惜。不過，名門世族集團最終衝破了種種束縛，日漸壯大成勢，在漢末政局之中可謂舉足輕重。

漢桓帝末年及漢靈帝初年，朝中已經出現了名門世族集團、外戚集團、宦官集團三股勢力纏鬥之現象。而名門世族集團多與外戚集團合流以同抗宦官。

但桓帝、靈帝都以宦官集團為自己最忠實的政治助手而加以維護，一直盡量調控著這三股勢力之間的動態均衡。畢竟，替漢帝下「黑手」、替漢帝背「黑鍋」的，多是那些宦官。漢帝若是完全拋棄了他們，難道要把自己再次置身於外戚集團和名門世族集團的操弄之下？所以，維持這三股勢力的動態平衡，是漢帝的最佳選擇。

可惜，天不佑漢——當漢靈帝的三方均衡之術剛剛操縱得漸入佳境之時，他卻暴病身亡了！失去了最高皇權的調控，很快，宦官集團和名門世族集團相生相剋的這種脆弱的均衡局面，就這樣被徹底打破了。

初平、興平年間世族集團的「獨大」

在漢靈帝暴亡而至漢少帝劉辯即位的短短數十天內，外戚集團、名門世族集團和宦官集團的權力鬥爭進入了「你死我活、不擇手段」的白熱化階段。

以國舅何進為首的外戚集團與袁隗叔姪（包括袁紹、袁術）、楊彪、王允為代表的名門世族集團實現緊密的政治聯盟，甚至招來外將董卓、丁原等人，意欲內外合力以剷除宦官集團。不料，宦官集團借用狙擊暗殺的方式，先發制人，反而一舉將何進刺死於內廷。袁紹、袁術、王允、吳匡等人遂以替何進報仇為名率兵闖入宮中大開殺戒，屠戮所有的宦官。

（袁）紹遂閉北宮門，勒兵捕宦者，無少長皆殺之。或有無鬚而誤死者，至自發露然後得免。（死）者二千餘人。

而宦官集團的首領張讓、段圭等人亦被王允派來的部將閔貢逼得全部投河而死。張讓、段圭等人臨死前釋放了被他們脅持出宮的少帝劉辯、陳留王劉協，只留下了一段意味深長的遺言：

臣等殄滅，天下亂矣。唯陛下自愛！

宦官集團雖然作惡多端，但它終究是漢室皇權的一道重要藩屏。宦官們其實只是皇權的延伸。因為外廷負責具體政務的卿士尚書們和名門世族、外戚重臣們有著千絲萬縷的關係，漢帝難以依靠他們從內部彼此制衡；只有宦官單身無後，又出自寒門，漢帝才能倚用他們對抗外戚和權臣。

漢末許多名門世族利用政治特權收納隱戶，大量地逃稅漏稅，令漢廷財政十分緊張。漢帝也只有派出宦官以「買官錢」的名義從卿士大夫們身上「損有餘而補國庫之不足」。這些「髒工作」，都是宦官集團替漢帝做下的，所以他們才被外戚集團和名門世族集團共同厭惡而除之。當然，不少宦官濫用了皇權，狐假虎威、貪污腐化、中飽私囊，也應當受到懲處。但他們整個集團被不問青紅皂白地斬盡殺絕，卻令漢室皇權「三分缺一」，弱化了許多。

吳匡等素怨（何）苗不與進同心，而又疑其與宦官同謀，乃令軍中曰：「殺大將軍者即車騎也，士吏能為報讎乎？」進素有仁恩，士卒皆流涕曰：「願致死！」匡遂引兵與董卓弟奉車都尉（董）旻攻殺苗，棄其屍於苑中。（摘自《後漢書・何進傳》）

更要命的是，在這場混亂中，何進的弟弟何苗又遭到了西涼武人集團首領董卓、董旻兄弟唆使何進的部曲吳匡等人趁亂誅殺。

董卓一派入京奪得大權後，更是反客為主、雷霆出擊，鴆殺何太后，廢除何太后之子劉辯的天子之位，改立單身無外戚的陳留王劉協為新帝，將以何氏一族為代表的外戚集團一網打盡。

至此，漢室原有的權力支柱又去其一，只剩下名門世族集團在朝野內外「一枝獨大」。這就是漢獻帝初平、興平年間的政治權力格局變化情況。

以袁紹、楊彪、王允等為代表的名門世族集團正欲重振朝綱、有所作為，卻未料到自己在這場混戰中竟是白白地替他人做了「嫁衣」——西涼武人集團居然趁亂進來橫插一刀，竊取了勝利果實，奪走了朝中大權！

「是可忍，孰不可忍。」名門世族集團自然不甘受制，袁紹、袁術等逃往外面招集義軍奮起討董，楊彪、王允等則留在洛陽佯裝順從而實懷伺機狙擊之念以對付董卓。

其實，跳出當時的歷史格局來看，外戚和宦官兩個皇權的附庸已然灰飛煙滅，只剩下西涼武人集團擋在了名門世族集團的前面。只要掃除了西涼武人集團，名門世族便能真正掌握皇權而左右時局。

名門世族集團是這麼想的，也是這麼做的。獻帝初平二年（西元 191 年），西涼武人集團首領董卓中了王允、呂布的「內應連環計」，遇刺身亡。一線曙光映照在了漢室君臣的心坎上。

然而，中原地域的名門世族集團在這時卻暗暗發生了分化：一是以楊彪、王允、荀爽叔姪（包括荀彧和荀攸、鍾繇）等人為代表的擁漢匡復派。他們不計私利，一心只以匡復漢室為己任。一是以袁紹、袁術、劉焉父子、劉表等為代表的叛漢自立派。他們坐擁兵馬，暗懷異志，企圖亂中謀利，取劉漢而代之。當董卓被刺死之時，袁紹、袁術身為討董聯軍的盟主，卻袖手旁觀，並不及時入關援助漢室，而是與其他諸侯爭權奪地、自相內訌。

於是，王允等人因孤立無援而被西涼武人集團的激進派反撲而亡。漢室小朝廷再次落入李傕、郭汜、張濟等西涼武人首領手中，權威掃地，憂以度日。一直熬了兩三年，漢獻帝劉協才在擁漢派世族集團的多方謀劃下逃離了長安，來到洛陽暫時棲身。

以鍾繇、荀彧為首的潁川系世族內外呼應、左右運作，說服漢獻帝再一次接受庶族集團首領曹操的資助，並遷都入許縣，置身於曹操勢力的保護之下，改年號為「建安」，希望從此獲得安寧祥和之局面。

綜觀這一時期中原名士大夫們的立身行事之風格，例如楊彪、荀爽、何顒、王允等人物，均是「德重於才」。楊彪公開頂撞董卓而毫無懼色、何顒奮不顧身以除巨寇之患、王允苦心孤詣而安漢室之亂，這些事例無不彰顯了他們高尚的德行。

然而，楊彪徒顯風骨而不能制暴，何顒謀洩卻以憂而亡、王允狙殺董卓而無法撫服餘寇以善後，這也說明了他們確實不同程度地缺乏治國理亂之真才。要讓歷史的巨輪轉入建設性的軌道，只能是「數風流人物，還看後來者」了。

建安年間早期：世族集團助曹與攻袁

建安元年（西元196年），漢獻帝劉協及東漢小朝廷終於在曹操和荀彧的扶持下穩定下來。但曹操將天子挾在身邊，政治優勢日勝一日，與各個地方割據派的矛盾也變得越來越尖銳。

本來，依照叛漢自立派首腦袁紹、袁術兄弟的想法，他們一直是企盼西涼武人集團最好把劉協和東漢小朝廷弒殺淨盡，然後他們就可以用「復君仇、除逆賊」的名義公開地逐鹿中原、爭奪皇權。然而，在磕磕絆絆、掙掙扎扎中，劉協和東漢小朝廷在潁川系世族集團的幫扶下，居然逃出生天，而且還在許都緩過氣來，並透過曹操的軍事勢力重新煥發了權威。

袁術第一個站出來公開挑戰許都小朝廷的政治權威和法統。《後漢書》記載，袁術召名士張承而問道：

> 昔周室陵遲，則有桓文之霸；秦失其政，漢接而用之。今孤以土地之廣、士人之眾，欲徼福於齊桓，擬跡於高祖，可乎？

張承直接回答：

> 在德不在眾。苟能用德以同天下之欲，雖云匹夫，霸王可也。若陵僭無度、干時而動，眾之所棄，誰能興之？

他的看法代表了漢末大多數名士大夫的主流共識：擁漢匡復，而不能叛漢作亂。

但袁術一意孤行，終究還是叛漢僭號，尊奉漢室為「伯家」，自稱為「仲家」。又以九江太守為淮南尹，置公卿百官，與許都朝廷處處相對應。

曹操在荀彧、荀攸等擁漢派名士支持下，親自前來征討袁術。蘄陽一戰，袁軍大敗，「眾情離叛」。此後，袁術一蹶不振，在內外交困中嘔血身亡。

袁術臨死之前，曾將他「仲家」的尊號轉送給他的堂兄袁紹，並希望他能光大袁氏、代漢自立。袁紹比他顯然更加狡猾一些。袁紹自知漢朝四百餘年的積德積威之勢尚在，它的正統地位也為四方士庶所公認，遂不敢大張旗鼓地反漢叛漢，而只是針對曹操個人「脅遷省禁、專制朝政」而興南征之役，打著「清君側、除奸逆」的旗號殺往許都而來。

《三國志》記載，郭嘉這樣評論袁紹：

因累世之資，高議揖讓以收名譽，士之好言飾外者多歸之。

荀彧也有近似的說法。

（袁）紹憑世資，從容飾智以收名譽，故士之寡能好問者多歸之。

他倆都曾經在袁紹的幕府中待過，所見所識當是真實情況。從他倆的說法來看，袁紹旗下的擁袁派名士集團「寡能」、「好言」、「飾外」而缺乏真才實學，其戰鬥力並非上乘。

同時，郭嘉評論曹操身邊是「士之忠正遠見而有實者皆願為用」；荀彧也稱曹操是「天下忠正效實之士咸願為用」。他倆在肯定曹操麾下的擁漢派名士們皆有真才實學的基礎上，一致把「忠正」二字放在了首位：此時的「忠」，乃「忠於漢室」也！所以，曹操身邊確實是團結了一大批堅定、務實的擁漢派名士，支持他全力討平袁氏。

他們為了幫扶曹操順利剿滅袁紹，還做出了周密無失而又各盡所能的分工合作：荀彧以「蕭何之材」留後負責足兵足食，鍾繇以「韓信之器」西出長安鎮撫關中，荀攸、郭嘉以「張良之能」隨軍出謀劃策。在他們的通力合作和不懈支持之下，曹操得以專心致志對付袁紹，終於以弱勝強、以寡勝眾，一舉擊潰袁氏大軍，取得了輝煌奪目的官渡之勝。

建安九年（西元 204 年）八月，袁氏割據勢力的老巢——鄴城被曹操率軍攻破，象徵著中原大地終於徹底落入他的手中。

而擁漢派世族集團也如釋重負，認為大敵既除，漢室必當復興。可是，沒料到，一切只是「曇花一現」——曹操漸漸撕下了假面具：他提出「復古置九州」的動議，自領冀州牧，並企圖吞併幽、并二州及雍州半部為私有，分明是想做第二個代漢而立的袁紹！

建安年間中後期：世族集團的易漢入魏

建安十二年（西元 207 年）春二月，曹操在基本底定北方後釋出手令道：

吾起義兵誅暴亂，於今十九年，所征必克，豈吾功哉？乃賢士大夫之力也。天下雖未悉定，吾當要與賢士大夫共定之；而專饗其勞，吾何以安焉？其促定功行封。

他這道令書背後的寓意是：一，公開承認中原名門世族集團對曹氏的強力支持和巨大功績，把他們擺到明面上進行拉攏；二，暗示中原名門世族集團須與曹氏共定大下而勸進代漢，而曹氏必然重報之。

一年後，即建安十三年（西元 208 年）之春，曹操再次「赤膊上陣」，自任丞相，廢除三公，將名門世族集團中擁漢派首領楊彪和趙溫先後逼退，又誅殺擁漢派名士孔融，篡漢之心暴露無遺。在他一系列強硬舉措的推動下，中原名門世族集團再一次分化為擁漢派和擁曹派，壁壘分明，鬥爭驟起。

以荀彧、荀攸叔姪為首的擁漢派與以董昭、賈詡為首的擁曹派進行了多次較量。由於荀彧叔姪的影響力太過巨大，逼得曹操都不得不親自出手對付他倆。曹操向荀彧送去了一個空食盒，寓意為「漢祿永終」，暗示他在該閉口的時候必須閉口。不料荀彧看似儒雅而實則剛烈，竟以自絕而正向曹操宣示了自己毫不合作的強硬態度。

建安十八年（西元 213 年），曹操榮升魏公、加禮九錫前後，荀彧自盡逝世；建安二十年（西元 215 年）曹操再次晉為魏王時，荀攸暴斃而亡。漢末三國時期首屈一指的名門世族潁川荀氏從此被曹魏政權「雪藏」化，直到二三十年後河內司馬氏崛起之際才真正被解除禁錮。

荀彧叔姪的去世，令漢末擁漢派勢力大為摧折。原本和荀彧叔姪一道以柔性的姿態抗曹衛漢的潁川鍾氏、陳氏兩大世族不得不改變立場，向沛郡曹氏俯首稱臣。他們也得到了豐厚的回報：鍾繇出任魏國相國之職，陳群躍居魏國御史中丞之位。

以華歆為首的平原華氏、以王朗為首的東海王氏等儒家名門先前是中立不倚的姿態。面對曹強漢弱的現實狀況，他們也只得轉換立場，向沛郡曹氏靠攏。

最隱蔽、最深沉的是河內司馬氏家族。他們雖深受荀氏一門的大力提攜，卻早早地成了擁曹派，只不過在明面上從不與擁漢派發生衝突，從而為自己未來的騰挪閃轉預留較大的政治空間。他們推出司馬懿擔任曹魏世子曹丕的中庶子，又推出司馬孚擔任曹操愛子曹植的中庶子，可謂「長線投資」、「兩面下注」，謀求在易漢入魏之後獲取最大化的利益。

只有以楊彪為首的弘農楊氏依然堅持擁漢，但對曹家政權已無任何實質性的威脅。楊彪本人見到漢室大勢已去，遂對外稱足疾而隱居不出。其子楊修本想擁立親漢的曹操次子曹植為嗣，以求實現其「曲線救漢」的方略，不料終被曹操誅殺而亡。弘農楊氏至此報漢無門，只得淡出政壇而潛伏之。楊彪之嫡孫楊囂、從孫楊駿等人，直到司馬氏當權後才又嶄露頭角。

建安二十五年（西元220年），曹操及其太子曹丕終於獲得了中原各州大多數名門世族的擁戴勸進，到底還是代漢成功，「以黃繼炎」，易號為魏，禪位開國。

曹丕稱帝時期：世族集團的全面復興

魏朝黃初元年，曹丕登基為帝。此時此刻，其父曹操生前給他留下的滿朝文官系統之中，僅有尚書張既、丁儀兄弟等寥寥數人屬於寒士出身，其餘的公卿大夫幾乎都來自高門貴第。可以說，從建國之初起，中原名門世族集團就是撐起魏廷統治的主幹力量。

而且，他們剛剛改換門庭、易漢入魏，其中究竟有多少人是真心擁曹的，曹丕的心頭也沒底。但為了化解前朝餘怨，他還是做出了種種姿態，爭取將最後一股擁漢派勢力也融解掉。

《三國志》裡記載，原漢廷黃門侍郎衛臻歸於魏室，被任命為曹丕的散騎常侍。但他依然懷念漢室：

> 時群臣並頌魏德，多抑損前朝，（衛）臻獨明禪授之義，稱揚漢美。帝（指曹丕）數目臻曰：「天下之珍，當與山陽（指漢獻帝劉協）共之」。

曹丕這一表態，證明了他對擁漢派的懷柔之術施展得相當到位。

僅僅是巧言令色，曹丕還不足以真正彌補魏室和擁漢派殘餘勢力的裂痕。於是，曹丕又對擁漢派名士集團的領袖人物竭力拉攏。《後漢書・楊彪列傳》寫道：

> 及魏文帝受禪，欲以彪為太尉，先遣使示旨。彪辭曰：「彪備漢二公，遭世傾亂，不能有所補益。耄年被病，豈可贊惟新之朝？」遂固辭。乃授光祿大夫，賜几杖衣袍，因朝會引見，令彪著布單衣，鹿皮冠，杖而入，待以賓客之禮。

他既以平等論交的「賓客之禮」優待楊彪，自能發揮立竿見影的作用，促成了最後一股擁漢派殘餘勢力徹底沉寂並轉化。魏室內部終於再無「雜音」。其證據便足：在曹丕開國以後，朝中從此再未發生過一起以「復漢報仇」為名的惡性政爭事件。這也證明了：中原名門世族集團終於達成了基本的政治共識，認可了魏室的法統和權威。

「通雅博暢」的陳群和「聰亮明允」的司馬懿以曹丕「東宮之友」的身分，被中原名門世族集團拱服為新一代領軍人物。陳群為魏廷尚書令，司馬懿為魏廷尚書右僕射，完全成為「萬夫之望、棟梁之材」的重臣。而陳群又係荀彧之女婿，司馬懿則係荀彧之得意門生，他倆共同撐起了潁川系世族的再一次輝煌，令冀州系、兗州系、青州系、雍州系等其他名士集團望塵莫及。所以，潁川系的元老鍾繇能夠高居太傅之位而屹立不倒，其後臺正是陳群、司馬懿二人。

建魏未久，陳群代表幾乎所有名門世族集團的呼聲，和曹丕達成了一項重大的政治交易，即建立「九品中正制」。原本名門世族集團是想更進一步取得「五等封爵制」以獲取律法制度上的世襲傳位之權利，但先前被曹操強硬否決，現在也只能透過「九品中正制」在人事選任要務上漸進式「獨占其利」。

溯本究源，曹操生前對名門世族集團的收攬是恩威並施、又拉又打的：立威則殺之而無忌，例如他對孔融、崔琰等人；施恩則賞之而不吝，例如他對華歆、王朗等人。

而且，他還盡力起用賈詡、張既、丁儀兄弟等庶族菁英來制衡名門世族集團。然而，隨著丁儀兄弟的被誅和賈詡的虛位，魏室的高層權力核心圈裡再無庶族分子的立足之地。名門世族集團聲勢高漲，曹丕也只有順而從之，在「九品中正制」的建立上無法另立異議。

時有薦樂安王模、下邳周逵者，太祖（指曹操）闢之。（陳）群封還教，以為模、逵穢德，終必敗，太祖不聽。後模、逵皆坐奸宄誅，太祖以謝群。群薦廣陵陳矯、丹陽戴乾，太祖皆用之。後吳

人叛，乾忠義死難，矯遂為名臣，世以群為知人。（摘自《三國志・魏書・陳群傳》）

具體說來，陳群當過曹操時期丞相府的西曹掾，也是精於典選的，「群薦廣陵陳矯、丹陽戴乾，太祖皆用之。後吳人叛，乾忠義死難，矯遂為名臣，世以群為知人」（摘自《三國志・魏書・陳群傳》）。他提出的「九品中正制」，使曹丕無法有拒絕的理由。但曹丕還是保留了漢代的察舉公推之制，與「九品中正制」雙道並行而互為輔證。所以，這一時期名門世族集團也並未徹底壟斷人事選任大權。

在國事政務上，名門世族集團更是對魏室的皇權形成了強而有力的制約。例如，曹丕雖然對「守正不撓」的直臣鮑勳甚是不滿，但在陳群、司馬懿聯手舉薦鮑勳為御史中丞時，他只有「不得已而用之」。再有，《三國志・魏書・辛毗傳》裡記載：

帝（指曹丕）欲徙冀州士家十萬戶實河南。時連蝗民飢，群司以為不可，而帝意甚盛。（辛）毗與朝臣俱求見，帝知其欲諫，作色以見之，皆莫敢言。

毗曰：「陛下欲徙士家，其計安出？」

帝曰：「卿謂我徙之非邪？」

毗曰：「誠以為非也。」

帝曰：「吾不與卿共議也。」

毗曰：「陛下不以臣不肖，置之左右，廁之謀議之官，安得不與臣議邪！臣所言非私也，乃社稷之慮也，安得怒臣！」

帝不答，起入內；毗隨而引其裾，帝遂奮衣不還，良久乃出，曰：「佐治，卿持我何太急邪？」

毗曰：「今徙，既失民心，又無以食也。」

帝遂徙其半。

嘗從帝射雉，帝曰：「射雉樂哉！」

毗曰：「於陛下甚樂，而於群下甚苦。」

帝默然，後遂為之稀出。

在名門世族集團的約束下，曹丕雖貴為開國之君，也難以濫用權力而亂政殃民。

當然，如果皇權非要來一次「任性而為」不可，名門世族集團也是制約不了的。曹丕決意誅殺名士楊俊時，司馬懿聯合散騎常侍王象、荀緯等高官近貴一齊為他求情，直至「叩頭流血」，依然是毫無效果。曹丕這麼做，實際上是在敲打名門世族集團：這魏朝的「萬機庶務」，最終還是得由朕說了才算數！

倘若不是曹丕中年暴亡，名門世族集團應該會在他的苦心駕馭下得到有效制衡而不致坐大。但可惜的是，他僅僅當政七年便撒手西去，給了名門世族集團再度膨脹的空隙。

在曹丕病重駕崩之際，名門世族集團和魏廷旁系宗室之首領曹真通力合作，竟將另一位宗親重臣曹休排斥在顧命輔政遺詔名單之外，令他遠鎮淮南。這有史籍可證：

（黃初）七年，文帝寢疾，（曹）真與陳群、司馬宣王等受遺詔輔政。（摘自《三國志・魏書・曹真傳》）

（文）帝寢疾，（陳）群與曹真、司馬宣王等並受遺詔輔政。（摘自《三國志・魏書・陳群傳》）

於是，少帝曹叡登基之時，身邊就有了曹真、陳群、司馬懿三位輔政大臣：兩個世族代表的名額、一個宗室代表的名額，這是「二對一」的比例，足以證明名門世族集團在朝廷權力格局中「一枝獨大」，連宗室勢力也有所不及。

曹叡在位時期：世族集團的「異峰突起」

魏朝太和元年，二十餘歲的曹叡以少主登基之初，為了籠絡名門世族集團，他對朝中所有的卿士大夫全部晉爵一等，原為關中侯、關內侯者升為亭侯，原為亭侯者升為鄉侯，原為鄉侯者升為縣侯，原為縣侯者皆增邑。這種「普天同慶、利益共享」的做法，證明了魏室皇權有時候不得不依靠討好名門世族集團才能維護其統治地位。

曹叡年紀雖少，卻繼承了其祖父曹操的法家衣缽，「特留意於法理」，乃「秦始皇、漢孝武之儔」（摘自《三國志・魏書・劉曄傳》）。他素以振興皇權為己任，遂對三大輔臣分而制之：一是讓曹真出鎮關中，專職對付蜀漢；二是讓司馬懿接任其親家翁夏侯尚的征南將軍之職，以驃騎將軍之位執掌南部諸軍之統率權；三是只留下為人行事溫文平和的陳群在身邊效勞。如此之安排，可以讓曹叡「臨機自斷、少受掣肘」。

唯一的缺憾是他把一部分兵權分割給了以司馬懿為代表的從軍型名士集團，打破了「非曹氏、夏侯氏而不得掌兵」的祖制。但曹叡也實在是迫不得已——曹氏內部軍事人才匱乏，只有倚重於外朝的名門世族集團為之分憂解難。

司馬懿拿到兵權，是中原名門世族集團趨於壯大的代表性事件。而且，司馬懿拿到兵權後毫無紕漏、連戰連勝，驅諸葛瑾、平定孟達、抗敵陸遜，鮮有敗跡，更是進一步鞏固和增強了名門世族集團在朝廷權力格局中的分量和比重，同時也使得魏室皇權被進一步削弱。

在此期間，各大名門世族的「官二代」們紛紛冒出頭來，「修浮華，合虛譽」，互相交結為朋黨，以浚通其入仕為官之捷徑。夏侯玄、司馬師等人號為「四聰」，諸葛誕、鄧颺等人號為「八達」，中書監劉放之子劉熙、中書令孫資之子孫密、選曹尚書衛臻之子衛烈等人號為「三豫」。他們代表著名門世族集團的新秀力量正在興起。

曹叡不願他們坐大成勢，遂暗中授意讓司徒董昭從外廷上奏彈劾他們，從而釀成了「太和浮華案」。司馬師、劉熙、孫密、衛烈等「官二代」或貶或免，給名門世族集團造成了不小的打壓。

但名門世族集團對此暫時隱忍下來，伺機待發。曹叡竭力扶持董昭、劉曄、秦朗等親魏派人士，以此制衡名門世族集團，然而均無大效。

這一時期的名門世族集團中骨幹分子的政治獨立性大大增強了，猶勝於魏文帝曹丕之世。《三國志·魏書·陳矯傳》裡寫道：

（曹叡）車駕嘗卒至尚書門，（陳）矯跪問帝曰：「陛下欲何之？」帝曰：「欲案行文書耳。」矯曰：

「此自臣職分，非陛下所宜臨也。若臣不稱其職，則請就黜退。陛下宜還。」帝慚，回車而返。其亮直如此。

尚書令陳矯竟能以「職有所專，君不得幹」的理由擋退曹叡，令其無顏而返，可見當時的名門世族集團對魏室皇權的制約達到何等強悍的地步！

《三國志．魏書．辛毗傳》裡也提到，曹叡操縱中書省制衡外廷眾臣之際，依然有名門世族集團中的強硬派對魏室皇權的「長臂濫伸」不滿不服：

時中書監劉放、令孫資見信於主，制斷時政，大臣莫不交好，而（辛）毗不與往來。

後來在選定誰任尚書僕射這個關鍵職位上，「精勤舊吏」出身的王思和「忠亮計略勝人」的辛毗同為候選人。曹叡出於鞏固皇權的需求，本著「取其效力，不貴虛名」的原則，鑑於辛毗「性剛而專」，他若在尚書僕射職位上更加令自己行詔不便，遂最終選擇了王思。但即使如此，曹叡也不得不用「貼身宿衛之要職」衛尉一官來安撫辛毗和他背後的名門世族集團強硬派。

時中書監劉放、令孫資見信於主，制斷時政，大臣莫不交好，而（辛）毗不與往來。毗子敞諫曰：「今劉、孫用事，眾皆影附，大人宜小降意，和光同塵。不然必有謗言。」毗正色曰：「主上雖未稱聰明，不為闇劣。吾之立身，自有本末。就與劉、孫不平，不過令吾不作三公而已，何危害之有？焉有大丈夫欲為公而毀其高節者邪？」。

在外廷，以兵權和軍功為依託，司馬氏家族迅速崛起、一日千里，赫然已成為繼潁川荀門之後中原世族集團的新一代「盟主」。尤其是司馬懿於關中耗死蜀相諸葛亮之後，其聲望完全達到了頂點。

曹叡對此十分憂慮。他冥思苦想出來的對策卻是：「圖萬年後計，莫過使親人廣據職勢，兵任又重。」於是，他迫不及待地收回了司馬懿的大將軍職務，準備留給自己的宗親子弟。他這一近乎粗暴的做法，恰恰在司馬氏父子心底埋下了深深的「隱刺」。

天不假年，暴疾突至，三十五歲的曹叡也走到了生命的盡頭。他臨終前考慮到以夏侯獻、秦朗、曹肇等宗室旁系貴族為主幹，由燕王曹宇牽頭，組成一個顧命輔政團隊。在他的這個謀劃中，名門世族集團完全被排斥在外。

然而，潛力極大、積勢已成的名門世族集團豈會就此屈服？其「內線」劉放、孫資站了出來，以名門世族集團為後臺，與曹叡暗暗「過招」。他倆打著「維護魏室長治久安」的旗號，向曹叡發出的第一招是抬出「先帝詔敕，藩王不得輔政」的金牌遺詔，一舉逼退了曹宇；第二招是點明瞭「委祖考之業，付二三凡士」，直接否定了夏侯獻、秦朗等輔政候選人的治事能力；第三招是拿出「外內壅隔、社稷危殆」的威脅之辭來震懾曹叡。

曹叡迫不得已，只好按劉放、孫資之言修改了顧命輔政遺詔：以曹真之嗣子曹爽為大將軍及首輔大臣，以太尉司馬懿為次輔大臣，由他二人輔弼少帝曹芳。

表面上，在魏廷的最高權力格局中，宗室勢力和名門世族集團是平分秋色的。實際上，曹爽的才能、資歷、聲望，遠遠不及司馬懿。所以，權力的天平是嚴重傾斜於司馬氏這一邊的。而這一點，終將成為後來朝局劇變的「導火線」。

魏末時期：世族集團的改天換地

幼君在位、強臣輔政，正始年間的曹魏彷彿又回到了漢末少帝劉辯時期的情景，有識之士知之、警之而無可奈何，只能寄望於兩位輔政大臣能夠精誠合作、拱衛帝室。

明面上，司馬懿和曹爽似是聯手共治、你謙我讓，看不出有什麼「不和」之跡；暗底下，馬、曹之爭已然潛流湧動，彼此為了爭奪最高權柄都在網羅羽翼、積極備戰。

這一時期的名門世族集團終於可以在政局中堂皇正大地發揮主導性作用了。「太和浮華案」很快就被推翻：司馬師、何晏、鄧颺、諸葛誕、孫密、衛烈等「官二代」在仕途上紛紛得到「鬆綁」，又重新活躍在了曹魏的政治舞臺上；原本藉以監察百官的「校事」制度也被徹底廢除，卿士大夫們再也不用工作和生活在魏帝設定的處處「耳目」的監視之下了。

但名門世族集團也並非「鐵板一塊」，而是分化得越來越顯著：政治立場上，分成了擁曹派、擁馬派和中立派三股勢力；政治舉措上，分成了以何晏、鄧颺、夏侯玄等人為首的浮華空談派和以司馬懿父子、高柔、孫禮、王觀等人為首的清流事功派；學術根基上，分成了以王肅、王祥、何曾等人為首的儒學禮法派和以何晏、阮籍、山濤、嵇康等人為首的玄學放達派。

而在正始年間，貫穿時代的主線還是馬、曹之爭，支線則表現在浮華空談派和清流事功派的鬥爭、儒學禮法派和玄學放達派的鬥爭。從對比的力量上來看，擁馬派、清流事功派、儒學禮法派是強勢的、主流性的一方；而擁曹派、浮華空談派、玄學放達派是弱勢的、支流性的一方。

最先公開挑起馬、曹之爭的，是曹爽一方。他和他背後所依恃的浮華空談派以太傅之位將司馬懿在朝政上「虛懸架空」，同時實施了自己「改易舊制」的攬權立威之舉。

他們與名門世族集團「刀兵相見」的最核心的一條改革舉措就是：削減地方行政機構，把原有的州、郡、縣三級行政機構壓縮成州、縣兩級，去掉了郡太守、郡中正、郡官署等一系列職位和人員。而郡這一級行政機構，先前多由各地名門世族把持。

曹爽和浮華空談派強行削減了他們，卻無餘地安置他們，自然激起了整個名門世族集團的洶洶不滿。

然而，此時的曹爽及浮華空談派權傾朝野、一手遮天，又獨斷專行、驕奢淫逸，單個兒的名士大夫根本無力制約。像孫禮、王觀等「剛直忠亮」的清流事功派名士與之抗爭後，或貶或遷，都遭到了邊緣化處置。激憤無助之下，他們只有投靠在司馬懿父子身邊，藉助司馬氏的威望和權勢來鬥倒曹爽及浮華空談派。曹爽和他身邊的浮華空談派「為淵驅魚、為叢驅雀」，自己孤立了自己，自己削弱了自己，自己把所有的盟友都推到了司馬氏的那一邊。

高平陵事變爆發後，司馬懿父子出手狠辣，將曹爽兄弟及何晏、鄧颺、丁謐等浮華空談派首領一網打盡、斬草除根。同時，司馬氏獨攬大權，正式開啟了以馬代曹、亡魏成晉之程序。

嘉平元年，司馬懿的親家翁、東海王氏一門的族長、太常卿王肅奉詔冊命司馬懿為「丞相，增邑萬戶，群臣奏事不得稱名，如漢霍光故事」（摘自《三國志．魏書．少帝曹芳紀》）。表明名門世族集團大多認可了司馬氏代魏而立的正當性。但司馬懿和曹操一樣，選擇了謙退待時，沒有接受魏帝的冊命。

既然名門世族集團對司馬氏的代魏大業如此支持，司馬懿也投桃報李：透過魏帝下詔設定州屬大中正之官，「以本處人任諸府公卿及臺省郎吏有德充才盛者為之」。先前每一州有數人擔任州中正，而大中正則為這數名州中正之首領，專管舉州上下的各級中正官，由他一人牽頭負責將各類品狀上呈司徒府及選曹。魏國有幽、冀、並、青、兗、徐、揚、豫、司、荊、雍、涼等十餘州，州屬大中正必由各州名門世族之極盛者仕之，名額也只有十餘個。名門世族集團透過操縱這十幾個大中正就能壟斷各州的人事舉薦權。司馬懿這麼做，進一步強化了名門世族集團的政治實權，為後世門閥制度的形成奠定了堅實的基礎。而名門世族集團也自然更對司馬氏感恩戴德。

司馬懿死後，擁馬派直接推戴司馬師繼父執政。魏室感到極大的威脅，由以李豐、張緝等人為首的外戚派與擁馬派展開了激烈的抗爭。《三國志．魏書．夏侯玄傳》記載：

（李）豐自以身處機密，息（李）韜又以列侯給事中，尚齊長公主，有內外之重。

張緝之女則為少帝曹芳之皇后。但外戚派勢單力薄，很快被司馬師兄弟一掃而滅。

為了震懾殘餘的擁曹派勢力，司馬師廢帝立新，引蛇出洞。毋丘儉、文欽等兩個地方性擁曹派勢力集團果然按捺不住，聞變起兵討伐司馬氏。但司馬氏「挾天子以討不臣」，在鄭袤、王肅、鍾會、傅嘏、諸葛誕等擁馬派名士們的鼎力支持下，迅速壓平了毌丘儉、文欽的反抗，從而取得了代魏立晉的決定性勝利。

至於後面的諸葛誕之亂，其實是司馬氏集團最高權力交接時的一段「內亂」小插曲。在剿滅毌丘儉後的返京途中，司馬師暴亡，司馬昭緊急接掌朝中大權。而諸葛誕身為司馬氏的重要姻親，資歷深厚、功勳卓著，自以為地位不在司馬昭之下，遂對司馬昭掌權不甘不服。司馬昭只得將其全力剷除，以維護司馬昭一脈在司馬氏集團中的領袖地位。

蕩平諸葛誕之後，司馬昭聲威大振，後又經歷雲龍門曹髦事件，在輿論譁然的情形下，靜默了數年。其間，由於擁曹派幾乎已被剪滅淨盡，司馬昭非但未似當年曹操那般備受阻擊，而且還多次被名門世族集團勸進加爵為公、享禮九錫。他行事慎重，對此一一拒絕。

不過，司馬昭為了替將來的代魏立晉預做鋪墊，他著意使自己的政治身分逐漸特殊化，由世族集團的「盟主」角色逐漸轉型為「天下一人」的帝王之尊。《世說新語》裡便寫道：

> 晉文王（司馬昭）功德盛大，座席嚴敬，擬於王者。

而朝中所有的名門世族也基本預設了他應當享用這種超乎常人的威儀和待遇。司馬昭見到名門世族集團確已盡皆歸順，這才發動滅蜀之役，取得不世之功，然後開基立晉、代魏而立。

而名門世族集團亦興高采烈地簇擁著司馬氏一同邁入了門閥雛形階段，終於迎來了自身即將坐大成勢乃至架空皇權的新時代之曙光。

第二篇　代漢之爭

第六章　誰是真正的「代漢者」

東漢末年，廷失其鹿，而群雄逐之，鬥智鬥力，難分難解。但要真正做到改朝換代、移天易日，則必有相呼應的讖緯之說以興輿論，然後有志有為之梟雄方可乘勢而起。

古人講：「名不正則言不順，言不順則事不成。」在亂世中各方競奪的這個「名」，其實就是引經據典而來的「讖緯之名」。有了「讖緯之名」應驗於身，有志有為之梟雄才能向世人證明自己的成功乃是「順天應人、名實交輝」。

例如，西漢末年，「劉秀當為天子」的讖言四處流傳，王莽新朝的國師劉歆甚至深信不疑，還給自己改換新名為「劉秀」，以應此讖。不料，這道讖言最終應驗在了光武帝劉秀的身上。而且，劉秀登基稱帝之後，還不惜保留王莽新朝通行的貨幣——「貨泉」，以此來彰顯自己身為「白水真人」這一「讖緯之名」。他如此施為，也是意欲藉此壓服士民之異心，鞏固自己的政權。

到了東漢桓、靈二帝之時，天下漸亂，人心思變，「代漢者，當塗高」這條讖言也應運而生。據說，這條讖言源自《春秋讖》這部典籍，而《春秋讖》現今已失傳，涉及「代漢者，當塗高」的只有這樣一段言語：

漢家九百二十歲後，以蒙孫亡，授以承相。代漢者，當塗高。

當時，這條讖言可謂風行天下：上至袁紹、袁術這樣的名門公子，中至蜀地的術士周舒，下至西涼武夫首領李傕身邊的無名女巫，都聲稱讀過《春秋讖》、見過「代漢者，當塗高」之語。於是，各地擁兵而起的梟雄們都打起了這條讖言的文章，企圖用它來證明自己代漢自立的天道性與合理性。

第一個站出來利用「當塗高」之讖為自己奪權造勢的是西涼武人集團的末代首領李傕。他請來的一個女巫牽強附會地解析讖言道：

塗即途也，當塗者，闕也。傕同闕，另極高之人謂之傕。

但女巫身分低微，她的苦心解析根本得不到名門世族集團的認可。所以，李傕也只是拿出來試探了一下朝野的風聲，見朝野內外毫無反響，便不了了之了。

第二個拿「當塗高」做文章的是下邳郡人氏闕宣，自以為姓氏中有「當塗者，闕也」之寓意，正與「當塗高」相吻合，於是自稱天子，興兵起事，結果很快就被時任徐州牧的陶謙鎮壓了。

以九江太守為淮南尹，置公卿百官，郊祀天地。（摘自《後漢書．袁術列傳》）

第三個以「當塗高」為己兆而應之的異姓梟雄可謂來歷不凡，他便是出身於「四世三公」之汝南袁氏的袁術。袁術自恃高門豪族，又坐擁豫、徐、揚等三州十一郡的地盤，野心勃發，便將「代漢者，當塗高」之讖言往自己身上硬貼：「塗」即「途」也，而袁術之表字恰為「公路」，豈不正與讖言相呼應？於是，他成為漢末十八路諸侯當中第一個正式建號開國之人，以漢室為「伯家」，自稱「仲家」而代之。

可惜，當時名門世族集團的主流共識是「擁漢匡復」。逆流而行的袁術，當然是孤立無援、自取其敗。他在眾叛親離之中又遭曹操大軍的猛擊，終於身死國滅，化為黃粱一夢。他臨死前還想把「仲家」帝號送於其族兄袁紹。袁紹雖然暗暗認可，但在明面上也不敢與「擁漢匡復」的主流共識相對抗。他終其一生，也沒能像袁術那樣建號自立過。

第四個真正取東漢一脈而代之的便是曹操父子。曹操晚年時已然蕩定中原，獨攬朝綱，「三分天下有其二」，積威積德之勢已成，連江東孫權都上書稱臣，向他勸進禪代之事。然而，曹操自知時日無多，便明言：「若天命在吾，吾為周文王矣。」他剛一去世，其嗣子曹丕便啟動了代漢立魏之禪讓大事。「代漢者，當塗高」這條讖言被曹魏用作輿論宣傳。東漢最後一位太史丞許芝以讖緯之學解說：

當塗高者，魏也；象魏者，兩觀闕是也；當道而高大者，魏。魏當代漢。（摘自而魏又與「巍」音韻相近，「巍」亦是「高」之含義，又可印證「當途高」之「高」。所以，精通文學的曹丕也欣然接受了這種解析，自以為「代漢者，當塗高」讖語應驗於身，遂代漢而立、開基建魏。但《春秋讖》裡聲稱：「漢家九百二十歲後，以蒙孫亡，授以承相。」他代漢之前位居丞相，應了「授以承相」這四字；他亦可以把漢獻帝劉協視為「蒙孫」。

但「漢家九百二十歲」這段話，他卻一時繞不過去：自西漢開國元年（西元前 202 年），至東漢獻帝延康元年（西元220年）為止，漢朝才過了四百二十二年左右，那剩下的五百年怎麼擱？曹丕和他的臣下們只能無視這「漢家九百二十歲」七個字，另行編造了一個故事把這一切掩蓋過去。

（漢武帝）行幸河汾，中流與群臣飲宴，乃自作《秋風》辭，顧謂群臣曰：「漢有六七之厄，法應再受命，宗室子孫誰當應此者？六七四十二代漢者，當塗高也。」群臣進曰：「漢應天受命，祚踰周殷，子子孫孫，萬世不絕，陛下安得此亡國之言，過聽於臣妾乎？」上曰：「吾醉言耳。然自古以來，不聞一姓遂長王天下者，但使失之，非吾父子可矣。」（摘自《太平御覽》）

在這個故事裡，有「六七四十二代漢者，當塗高也」。魏朝君臣巧妙地把「四百二十年而盡」的漢祚點明出來，勉勉強強地堵住了一些非議。

但朝野之間還有一部分雜音，例如曹氏宗親大將夏侯惇就認為「宜先滅蜀，蜀亡則吳服，二方既定，然後遵舜、禹之軌」（摘自《三國志·魏書·武帝紀》）。可是曹丕哪有其父之雄才偉略去一舉掃平蜀漢和江東？急功近利之下，他也顧不得這許多了。

至此，「代漢者，當塗高」這段讖言算是圓滿實現，魏朝將長存下去，而這讖言也應當退出歷史的舞臺了。

誰都沒有料到，僅僅過了二十餘年，魏朝重臣司馬懿坐大成勢，司馬氏如日中天，曹魏又落到了當年漢獻帝時「君弱臣強」的境地。「代漢者，當塗高」之讖言再度泛起，愈漲愈高。

在馬曹之爭中，司馬懿、司馬師二人從未引用「代漢者，當塗高」讖語為己方的輿論工具去打擊政敵。他們當時運用的是涼州「玄石圖」裡的「大討曹」讖言。但所謂「天降奇石」之銘文，終究不如

《春秋讖》這樣的典籍在天下士民中更有說服力和正統性。於是，繼司馬懿、司馬師之後，司馬氏集團的第三代首領司馬昭開始利用「代漢者，當塗高」來大做政治文章。

這個代表性事件之一，便是曹魏正元元年（西元254年），司馬師兄弟聯手廢帝立新，司馬昭「以參定策，進封高都侯」。他的爵號「高都」二字大有深意，與「當塗高」相映成趣。其一，「當塗高」者，當塗之高處多為都邑，與「高都」之「都」吻合；其二，內有「塗高」二字，而司馬昭的「高都」爵號中「都」與「塗」音韻相近，似有呼應之兆。

在司馬昭獲得「高都侯」爵號之後，他身邊發生了一系列戲劇性的事蹟：正元元年十月，新帝曹髦登基而立；正元元年（西元254年）十一月左右，司馬昭進封高都侯；正元二年（西元255年）正月，毌丘儉、文欽因司馬師廢帝立新而討之；正元二年（西元255年）二月，司馬師聽從王肅、傅嘏、鍾會之勸諫，抱病親征毌丘儉、文欽，司馬昭留守洛陽；正元二年（西元255年）閏二月，毌丘儉、文欽被一舉蕩平，司馬師亦因受文鴦突襲衝帳之下而目裂出眶，疾篤而亡，臨終前交權於司馬昭；同月，司馬昭返京執政，升為大將軍、錄尚書事。

縱觀這一時期，在司馬昭晉封為高都侯前後的短短半年裡，他便驟升而起，繼兄當國，權傾朝野。這正給了司馬昭強烈的心理暗示：是「高都侯」這個爵號帶給了自己莫大的幸運！所以，後來魏帝多次要給他加封邑戶，他都推辭不受。他對「高都侯」爵號如此之鍾愛，甚至不去承襲自司馬懿、司馬師一脈傳下的舞陽侯之爵。

那麼，究竟是誰向朝廷建議給司馬昭封賞了「高都侯」這個爵號呢？《晉書》及相關史籍沒有明載。但筆者連繫魏晉禪代的歷程推測，應該是由司馬昭的岳父、精通經緯易理之學的鴻儒——王肅建議的。《三國志．魏書．王肅傳》裡寫道：

時有二魚長尺，集於武庫之屋，有司以為吉祥。（王）肅曰：「魚生於淵而亢於屋，介鱗之物失其所也。邊將其殆有棄甲之變乎？」其後果有東關之敗……是歲，白氣經天，大將軍司馬景王（指司馬師）問肅其故，肅答曰：「此蚩尤之旗也，東南其有亂乎？君若修己以安百姓，則天下樂安者歸德，倡亂者先亡矣。」明年春，鎮東將軍毌丘儉、揚州刺史文欽反，景王謂肅曰：「霍光感夏侯勝之言，始重儒學之士，良有以也。」

這說明王肅通常都在用讖緯之術推斷時事、剖析要務，而他建議給自己的女婿司馬昭戴上「高都侯」之爵，便是推動了「代漢者，當塗高」讖言由虛入實，為司馬氏代魏奪權預做輿論鋪墊。

一年零五個月後，曹魏甘露元年（西元 256 年）夏六月，魏廷再次晉封司馬昭為「高都公」，擁地七百里。司馬昭自知尚無功勳以承之，不願由侯升公，仍是堅守著「高都侯」這個爵號。

又過了一年左右，諸葛誕在淮南起兵作亂，並以其子諸葛靚為人質而勾連東吳，引來外敵夾擊司馬昭。當時，諸葛誕擁兵十餘萬，東吳援軍近十萬，來勢洶洶，震驚了整個朝野。司馬昭臨危不亂，調集青、徐、荊、豫等四州兵力，分取關中遊軍，共計二十六萬人馬，奉天子及太后而東征。用了近九個月的時間，司馬昭便內除諸葛誕、外滅東吳軍，大獲全勝，一時聲威大振。魏帝不得不封司馬昭為晉公，加九錫之禮，進位相國。

此時，司馬氏政權的「晉」之名號終於正式浮出水面。司馬昭所享的高都縣邑本就在并州境內，并州又名「晉」。而「晉」本身，又有「明出地上」、「蒸蒸日上」之意象，與「當塗高」的「高」呼應。而《易經》裡「晉」卦的卦辭還有「康侯用錫馬蕃庶」的詞句，又與「司馬氏」的「馬」相輝映。《彖傳》又言：「晉者，進也。」司馬昭由「高都公」而為「晉公」，是「進而又進」、「高而再高」，以成「當塗」之「至高」。這一切，都是司馬氏一派的數術之士借「代漢者，當塗高」之讖言來為司馬昭篡魏自立的「天命攸歸」做輿論上先聲奪人的渲染。

然而，司馬昭畢竟還是明智的。他仍然認為自己代魏紹漢的時機還不夠成熟，於是繼續堅持留守在「高都侯」的爵位上不動，同時潛謀破局之舉。

此後，馬曹之爭也終於到達了臨界點：甘露五年（西元260年）五月，魏帝曹髦不甘皇權旁落，親自帶兵攻殺司馬昭，不料反被司馬昭之部曲成濟當眾刺死。這一弒君事件給司馬昭帶來了極大的負面影響，也無形中推遲了司馬氏的篡代之業。

司馬昭必須透過對外征伐以建「非常之功」，才能扭轉僵局，才能抹去自己「弒帝震國」之瑕疵。而這「非常之功」只能是「吞蜀取漢」。為什麼這樣說呢？

當時一部分士民認為漢獻帝劉協雖然禪位於魏，但昭烈帝劉備開創的季漢猶在蜀境巍然而峙。所以，曹魏算不上是真正的「代漢而立」。只有吞掉季漢，司馬氏政權才堪稱貞至名歸的「代漢者」。於是司馬昭力排眾議，決定「吞蜀取漢」以應讖言。

曹魏景元四年（西元263年）冬，司馬昭的部將鄧艾、鍾會先後攻入蜀漢，其主劉禪奉璽而降，季漢至此而亡。司馬昭得此碩勳，便當仁不讓地坐上「晉公」之位，受任大魏相國，正式啟動了以晉取魏之大事。

《春秋讖》：「漢家九百二十歲後，以蒙孫亡，授以承相。代漢者，當塗高。」這段讖言又被司馬氏一派的讖學之士拿來解析宣示：「漢家九百二十歲」，其實是指晝夜各算一年，為四百六十年。例如《三國志．魏書．朱建平傳》所記：

文帝（指曹丕）問己年壽，又令遍相眾賓。（朱）建平曰：「將軍當壽八十，至四十時當有小厄，願謹護之。」……文帝黃初七年，年四十，病困，謂左右曰：「建平所言八十，謂晝夜也。吾其決矣。」

算起來，從西漢劉邦開國元年（西元前202年）直至蜀國季漢滅亡之年（西元263年）為止，漢朝存世共四百六十五年，勉強應了讖言。「以蒙孫亡」，其中之「蒙孫」指的是劉禪這樣的文弱之君。「授以承相」，「相」指司馬昭所任之「相國」也。「代漢者，當塗高」，自然便是比「魏」更高、更大的「晉」了。《晉書》中對此進行了詳細闡釋：

（習）鑿齒在郡，著《漢晉春秋》以裁正之。起漢光武，終於晉愍帝。於三國之時，蜀以宗室為正，魏武（指曹操）雖受漢禪晉，尚為篡逆，至文帝（指司馬昭）平蜀，乃為漢亡而晉始興焉。引世祖（指司馬炎）諱炎興而為禪受，明天心不可以勢力強也。

至此，「代漢者，當塗高」這段讖言從理論到實際都已全部「應驗」。司馬氏用自己苦心孤詣的種種作為努力迎合這段讖言，務求「無縫對接」，絲絲入扣。他們這樣處心積慮，也是想為自家政權披上「天命攸歸」的「聖衣」而炫示於世人。然而，可惜的是，西晉建國五十年後便分崩離析，搖搖而墜；東晉在江南立國一百年後也壽終正寢，不再復興。合兩晉之氣數而算，只有一百五十年左右，不及漢朝的一半。

從那之後，「代漢者，當塗高」讖言就這樣虎頭蛇尾地封凍在了歷史的最深處。

第七章　曹家父子之謀

曹操「借天子以納人心」之策略淺析

世人都稱曹操能在群雄競逐的漢末亂世裡所向披靡、連戰連勝，其最大的「法寶」便是他「挾天子以討不臣」的政治策略。

誠然如此，這一點是連曹操的對手都無法否認的。不過，在筆者看來，「挾天子以討不臣」只是曹操對外策略中「硬」的一手。他其實還有「軟」的一手，可謂運用得爐火純青、出神入化。那就是他「借天子以納人心」之大略。

東漢末年以來，漢室久了雖已權勢衰落，但它的正統名分還在，漢室王朝四百餘年的積德積威之勢還在。想當年一代梟雄王莽詭計多端，謀權篡位，最後亦遭身死族滅；而橫絕一世的董卓，不也照樣亡於一旦？漢室的正統和法統，絕非那些割據一方的諸侯所能比擬的。所以，各地名門世族集團都以高舉漢室旗幟為自己立身行道之根本。「擁漢匡復」是士大夫階層的主流共識。

在這種主流觀念的影響之下，即使是皇甫嵩、朱儁、張溫等戰功纍纍的名將能臣，其才略猶在董卓之上，但漢廷一紙天子之詔便能令他們「趨之若鶩而不敢滯留」。況且似袁紹、袁術、曹操、劉表等後起之秀，其資源才略尚還未必能望其項背者乎？

回過頭來再談，曹操當時西迎漢獻帝劉協，搶占先機，定都於許縣，把東漢小朝廷初攬入手。但他當時只被漢獻帝授予司空之職，屈居於太尉楊彪、司徒趙溫之下。曹操也不得不顧及名門世族集團的觀感，不好公開利用自己司空府的旗號邀買人心。而且，實事求是地說，司空府這個旗號的含金量實在有些低，朝野間一二流的名門世族中人都未必瞧得上。你看，建安六年（西元 201 年）曹操以司空府的名義去徵辟河內青年名士司馬懿，司馬懿就敢稱疾不起；到了建安十三年（西元 208 年），曹操升任丞相、獨攬大權，這時候再去徵辟司馬懿，他就乖乖地來了。

但在曹操尚未獨攬朝綱之前，他便只能透過中原世族之掌門人、漢獻帝的首席重臣——荀彧所掌控下的尚書臺，運用天子的名義來大張旗鼓地招攬人才、收納人心。

首先，漢獻帝拱居於許都，這本身就是一個「吸引力之源」。曲阜孔氏一族的代表孔融、西涼武人集團中的「擁漢派」代表段煨、原幽州名士之首田疇等人，都在漢室大旗的感召下不遠千里地投靠了過來。哪怕他們到了許都後會漸漸與曹操貌合神離，但至少他們不會依附在各個地方割據勢力上與曹操公然為難。

其次，曹操經常利用漢廷的「徵辟察納」之權，以天子之詔的形式徵辟他所需要的各類人才，用以充實自己的政治力量。例如，在建安五年（西元 200 年）左右，《三國志．魏書．華歆傳》裡記載：

太祖（指曹操）在官渡，表天子徵（華）歆。

曹操借漢帝之手徵召華歆的目的，顯然是不想他為江東孫氏效力，以此削弱江東孫氏的力量。而華歆亦是聞召即行，連孫策也不敢公然強挽。而另一位著名鴻儒王朗，身為東海郡王氏一脈之代表，亦是被「太祖表徵之，（王）朗自曲阿展轉江海，積年乃至」（摘自《三國志．魏書．王朗傳》）。曹操的這一做法，連孔融也為之稱讚。

主上（指漢獻帝）寬仁，貴德宥過。曹公輔政，思賢並立。策書屢下，殷勤款至。

正是在曹操的竭力拉攏之下，華歆、王朗都漸漸倒向了他的陣營。後來，在由漢入魏的歷程中，華歆、王朗便成了漢魏禪讓的有力推手：魏國開基建業，華歆晉位太尉，王朗榮升司徒，成為曹氏政權中的中堅力量。

再次，曹操常用漢廷的「封爵賞官」之權，以天子璽書的形式給予各地諸侯及其部下各種官爵之榮，以此分化和瓦解對手陣營的內部勢力。例如官渡之戰期間，劉表派遣自己府中的從事中郎韓嵩前往許都以觀虛實。韓嵩臨行之前便明言在先：

嵩使京師，天子假嵩一官，則天子之臣，而將軍（指劉表）之故吏耳。在君為君，則嵩守天子之命，義不得復為將軍死也。（摘自《三國志．蜀書．劉表傳》）

果然，他一到許都，便被曹操借天子之詔拜為侍中之官，兼任零陵郡太守，並返回襄陽盛稱漢廷、曹操之恩德，勸說劉表棄兵歸順。劉表迫於天子名義之所在，反倒拿韓嵩無可奈何。而呂布為了獲得正統的名號，也曾經派遣陳登為使到許都替自己謀求「徐州牧」之官爵。

曹操的這一招對劉備麾下的心腹助手麋竺、麋芳兄弟也使用過。《三國志·蜀書·麋竺傳》裡記載：

後曹公表（麋）竺領嬴郡太守，竺弟（麋）芳為彭城相。

而且，他在表文裡對麋竺極盡拉攏收買之能事。

泰山郡界廣遠，舊多輕悍，權時之宜，可分五縣為嬴郡，揀選清廉以為守將。偏將軍麋竺，素履忠貞，文武昭烈，請以竺領嬴郡太守，撫慰吏民。

只不過，麋竺兄弟都盡心竭誠地追隨了劉備，沒有被他借天子之詔籠絡過去。

最後，曹操每逢「近攻而遠交」之際，便運用天子名義對相關勢力或抑或揚，抑則令其師出無名，揚則令其生驕生怠。例如建安元年（西元 196 年），曹操初迎獻帝於許縣，意欲剷除近在肘腋的呂布和袁術，為斷絕他們的外援，他順勢把大將軍之名位以天子詔命而轉讓給朔方的勁敵袁紹，滿足他的虛驕之心，令他一時不好南下支援呂布、袁術。同時，他抽過身來，又以詔命公布天下，明示呂布、袁術為逆賊，從政治上完全孤立他們，然後一一而蕩平之。

綜上所述，曹操就是靠著這「借天子而納人心」之大略一步一步榨乾了漢廷的法統力量，直至最終實現「漢魏禪讓」之大業，把最後一批漢室的遺忠遺老也拉攏過來，創造了繼王莽建新之後又一「借殼上市」的改朝換代之政治奇蹟。

曹丕的「分權制衡術」及其政治影響

東漢獻帝延康元年（西元220年）冬十月，魏王曹丕在文武群臣的大力勸進之下，接受漢獻帝劉協的禪位，登基即位，君臨天下。

但曹丕能夠完成改朝換代，並非自身擁有足夠的功業所致，而是出於其父曹操的豐功偉業之蔭澤與心腹眾臣的推戴。所以，連他的親妹妹、漢獻帝的正宮皇后曹節都對他急功近利的篡代行為表示了強烈的不滿和不服。《三國演義》裡對這一幕情景進行了合乎史實的演繹——曹節是這樣譏罵曹丕的：

> 吾父（指曹操）功蓋寰區，威震天下，然且不敢篡竊神器。今吾兄嗣位未幾，輒思篡漢，皇天必不祚爾！

《後漢書》裡的曹節並沒有罵得這麼詳細。

> 魏受禪，遣使求璽綬，后怒不與。如此數輩，后乃呼使者入，親數讓之，以璽抵軒下，因涕泣橫流曰：「天不祚爾！」左右皆莫能仰視。（摘自《後漢書・卷十下・皇后紀》）

但她的言外之意卻不得不令曹丕返躬自省。他作為一個在名門世族集團的鼎力支持下才坐上御座的中年皇帝，畢竟對外無開疆拓土之功，對內無惠政安民之勳，雖然頂著「開國之君」的旒冕，但實際上更像是一個坐享父蔭的受成之主。新朝初建，朝野上下各個勢力集團都在蠢蠢欲動，為自身爭取更大的利益，醞釀著無形而又激烈的風暴。面對此情此勢，自東宮謀嗣之時便能「御之以術，矯情自飾」的曹丕自然是不甘坐視，欲以周密的謀算和精巧的手法來壓制各大勢力集團、鞏固自身皇位。

首先，曹丕深深懂得「代漢者，當塗高」這句讖言背後的真實寓意。他自己就是「代漢者」，自然對「當塗高」三字有著和臣下完全不同的理解。《韓非子·孤憤》一文中寫道：「當塗之人擅事要，則外內為之用矣。」作為「博貫古今經傳諸子百家之書」（摘自《三國志·魏書文帝紀》）的曹丕，肯定是讀過這一篇文章的。正因為他和父親是「擅事要」的「當塗之人」，所以才會代漢成功。那麼，推而廣之，今日「代漢者」為「當塗高」，則他日「代魏者」也一樣豈非「當塗高」乎？所以，自此時起，曹丕禪位稱帝之後，處心積慮、念茲在茲的，便是堅決杜絕自己的魏廷上下再度出現一個類似於父親曹操那般「擅事要」的「當塗之人」。唯有如此，魏室方能江山永固。而他自己思索獨創出來的，便是一整套的「分權制衡之術」，以此防止「一枝獨大」的「當塗之人」產生。

他「分權制衡」的第一步，就是在建立魏朝之後，立即廢除了丞相之制，重設太尉、司徒、司空「三公」之職，不允許任何臣下能夠「一手遮天」。對鍾繇、華歆、王朗等老一輩的宿望重臣，曹丕把他們一律轉升到「坐而論道、華而不實」的三公職位上去休息養老，盡量給足優待；對陳群、司馬懿等潁川系新秀骨幹，他又將他們安插在尚書臺、御史臺、九卿署等「起而行道、經綸機務」的職位上去切實效勞，賦予他們實權。這樣一來，曹丕便很適當地處置好了朝臣當中「新與舊」的重大問題。

帝（指曹丕）復問曰：「吾夢摩錢文，欲令滅而更愈明，此何謂邪？」（周）宣悵然不對。帝重問之，宣對曰：「此自陛下家事，雖意欲爾而太后不聽，是以文欲滅而明耳。」時帝欲治弟植之罪，逼於太后，但加貶爵。（節選自《三國志·魏書·周宣傳》）

他「分權制衡」的第二步，就是處置曹魏宗室之間「親與疏」的問題。自古以來，人們都是「親直系而疏旁系」，而曹丕卻反其道而行之。只因他在東宮世子之位時，他的最大政敵恰恰來自他的同胞兄弟。那時，他的三弟曹植以詩文絕妙而名馳儒林，丁儀兄弟及楊修竟奉以奪嗣，「（曹）植既以才見異，而丁儀、丁廙、楊修等為之羽翼。太祖（指曹操）狐疑，幾為太子者數矣」（節選自《三國志·魏書·曹植傳》）；他的二弟曹彰驍勇善戰，身任關中主將，軍功卓著，卻又與曹植關係甚密，有結黨互倚之嫌。所以，曹丕對這兩位直系宗室是嚴加猜防的。他一登基，便將曹植、曹彰逐出京都，奪去實權，終生閒置不用。但江山藩屏，又非宗室而不可倚重。於是，曹丕對曹真、曹休、夏侯尚等旁系宗室引為臂助，因為他們在法統和名分上都不足以威脅自己的皇權。他倚用曹真、曹休、夏侯尚等人，則是為了監控外廷之大臣。以歷史實踐而證明，曹丕生前這一「親旁系而疏直系」的權力制衡，還是具有一定效果的。

他「分權制衡」的第三步，乃是處置曹魏外戚集團的「遠與近」問題。在先前的奪嗣之爭中，曹丕的母親卞太后一直是偏向於曹植、曹彰的，而且登基後對他們也是維護有加。

因此，曹丕對卞氏一族等外戚集團並無獲助感恩之情。他於黃初三年（西元222年）便公然下詔：

夫婦人與政，亂之本也。自今以後，群臣不得奏事太后，后族之家不得當輔政之任，又不得橫受茅土之爵；以此詔傳後世，若有背違，天下共誅之。（摘自《三國志‧魏書‧文帝紀》）

從源頭上堵住了外戚集團的坐大成勢之路。但外戚集團畢竟也是皇權的一大助力，可以在權利共享上邊緣化，但不可完全摒棄。於是，曹丕便將卞蘭、卞琳等表兄弟安插到奉車都尉、步兵校尉等禁軍要職上去，以顯親近籠絡之意。在曹丕的謀算中，這些外戚子弟又可以用來監控曹真、曹休等在外領兵坐鎮的旁系宗親們。

曹丕「分權制衡」的第四步，則是處置曹魏政務機構之間的「虛與實」問題。他登基之初，尚書臺由陳群、司馬懿兩位強勢之士主導，對自己的皇權形成了極大的制約。例如，他對多次直顏冒犯自己的右中郎將鮑勳甚為不滿，但在陳群、司馬懿的聯名舉薦之下，他還是不得已而升鮑勳為御史中丞。於是，曹丕改易先前丞相府的祕書署為內廷中的中書省，由著名文士劉放、孫資擔任主官，典掌機密，收文發詔，把尚書臺的樞密之權分了過來。如此一來，中書省參謀帷幄之權漸實，而尚書臺綢繆經綸之職漸虛，曹丕則居中以聖心獨裁而令行禁止。到了曹魏後期，連辛毗這樣的重臣之升遷，尚書臺尚且不能自主，還須由中書省在內與君王議決。

曹丕「分權制衡」的第五步，乃是處置曹魏官僚集團之間「散與聚」的問題。即使陳群、司馬懿是他的「東宮之友」，他也仍在這二人中間大搞「離散均衡」。比如，魏廷選曹（即吏部）之職素由陳群及其親信陳矯所壟斷。而曹丕隨即起用司馬懿的胞弟司馬孚予以制衡，不欲令陳群、陳矯利用人事選任之權以結黨營私。《晉書》裡寫道：

時當選侍中、常侍等官，太子左右舊人頗諷諭主者，便欲就用，不調餘人。孚曰：「雖有堯舜，必有稷契。今嗣君新立，當進用海內英賢，猶患不得，如何欲因際會自相薦舉邪！官失其任，得者亦不足貴。」遂更他選。（摘自《晉書・司馬孚傳》）

時中書監劉放、中書令孫資見信於主，制斷時政，大臣莫不交好，而（辛）毗不與往來。毗子敞諫曰：「今劉、孫用事，眾皆影附，大人宜小降意，和光同塵。不然必有謗言。」毗正色曰：「主上雖未稱聰明，不為闇劣。吾之立身，自有本末。就與劉、孫不平，不過令吾不作三公而已，何危害之有？焉有大丈夫欲為公而毀其高節者邪？」冗從僕射畢軌表言：「尚書僕射王思精勤舊吏，忠亮計略不如辛毗，毗宜代思。」帝以訪放、資，放、資對曰：「陛下用思者，誠欲取其效力，不貴虛名也。毗實亮直，然性剛而專，聖慮所當深察也。」遂不用。出為衛尉。（摘自《三國志・魏書・辛毗傳》）

這其中的「主者」，正是身為尚書令的陳群和身為選曹尚書的陳矯。司馬孚出來公開反對，無疑是得到了曹丕的暗中授意。曹丕後又將司馬孚轉任內廷的中書郎、給事常侍，使他更能名正言順地制約陳群、陳矯。所以，在這一方面，曹丕本心是希望各個勢力集團散而不聚的，他作為君王方能「分而制之」。

但在另一方面，他又希望調控各個勢力集團形成合力共同對付外敵。他在臨終前決定的顧命輔政大臣名單就非常顯著地突顯了他「聚內以對外」的制衡思維：那份名單上共有曹真、曹休、陳群、司馬懿四個人。他的第一層「聚」的用意是：合陳群、司馬懿兩位宿望重臣之力以制曹真、曹休兩位旁系宗親；他的第二層「聚」的用意則是：合曹真、曹休兩位旁系宗親之力又可反制陳群、司馬懿等外臣；他的第三層「聚」的用意又是：合曹真、曹休、陳群、司馬懿四人之力以制曹植、諸葛亮、孫權等外敵。

曹丕這一套環環相扣的「分權制衡術」確實還是立竿見影、頗有成效的，至少在他生前和身後很長一段時間裡，魏廷上下並沒有出現一個能夠「擅事要」的「當塗之人」。太子曹叡繼位後，全盤接受了他這些做法，坐享這一「分權制衡」體系所帶來的「紅利」。然而時移勢易，曹氏內部人才凋零，曹叡終其一生也未能尋覓到曹真、曹休、夏侯尚那樣能徽善謀、出將入相的宗親人才來夯實魏室皇權的支柱。同時，司馬懿父子等外廷重臣的勢力藉著魏室無人之際日漸膨脹，直到最終突破了曹丕、曹叡父子一直努力營造和維護的「分權制衡」體系，猶如異峰突起，勢不可遏。

這期間，曹叡還竭力扶持中書省官員與外廷眾卿相制約，本以為他們是皇權的附庸而加以絕對的信任，卻不料孫資、劉放自身就是出自郡望高門，與外廷的名門世族集團枝葉相連、息息相通，又如何能做到絕對的「互相對立」？所以，他倆才在最後關頭力挺世族名門集團的首領司馬懿為輔政大臣！曹叡迫不得已，在臨終前拉了個平庸無能的曹爽來「對衡」司馬氏，只能算是白費心機，終無所成。

《世說新語》裡有一則故事，專寫曹丕生前所築的陵雲臺。

> 陵雲臺樓觀精巧，先稱平眾木輕重，然後造構，乃無錙銖相負揭。臺雖高峻，常隨風搖動，而終無傾倒之理。魏明帝登臺，懼其勢危，別以大材扶持之，樓即頹壞。論者謂輕重力偏故也。

其實，那一整套錯綜複雜的朝廷「分權制衡」體系，就是曹丕為魏室的長久統治而苦心構造的一座「陵雲臺」。魏明帝曹叡苦於宗室無人，又迫於吳蜀外患，才不得不以司馬氏為「大材」來扶持魏室，結果導致權力天平漸漸失衡。但他也徒嘆奈何——《論語》裡講：「君子務本，本立而道生。」曹魏宗室確無可用之材，意味著這個「本」都已經頹壞了，那麼魏帝們玩弄再複雜再精妙的「分權制衡」之術，也不過是「水中撈月」、「鏡裡摘花」罷了！

第八章　曹操為什麼不做開國皇帝

建安年間荀彧及擁漢派的「反曹暗鬥」

西元196年，是東漢建安元年，從這一年起，曹操親迎漢獻帝劉協遷都於許縣，將漢室小朝廷置於自己的掌控之中，並施行「奉天子以令不臣」、「借天子以納人心」之兩大方略，把自己的代漢大業一步一步推向了巔峰。

雖然在此期間，曹操於表面上對漢帝表現出了極度的恭敬和尊崇，但以荀彧、楊彪、孔融為首的擁漢派卻是不易被騙的。他們和曹操展開了一次次驚心動魄而又不露聲色的暗鬥，多方掣肘和牽制，嚴重阻礙了曹操「化家為國、以曹代漢」的謀劃程序。

在消滅袁紹之前，楊彪、荀彧、孔融等擁漢派對曹操是鼎力支持的。畢竟，當時的袁紹是曹操和擁漢派共同的大敵。他們只有攜起手來一致對外，才能取得抗袁勝利。

官渡之戰結束，袁紹大敗之後，曹操志得意滿，驕氣勃發，企圖在代漢大業上更進一步。《後漢書》記載：

（建安）九年，（曹）操拔鄴，自領冀州牧。有說操宜復置九州者，以為冀部所統既廣，則天下易服。

曹操正有此意，將欲從之，求問於荀彧。

荀彧的目光何等之敏銳，一下便明白了曹操的言外之意：他想以冀州為基地而拓展自己的代漢之業！想不到剛剛剷除了一個大逆賊袁紹，卻又產生了第二個「袁紹」！但荀彧此刻亦不能硬行勸阻，便採用「擺事實，算細帳，量得失」的方法向曹操婉言進諫。

今若依古制，是為冀州所統，悉有河東、馮翊、扶風、西河、幽、并之地也。公前屠鄴城，海內震駭，各懼不得保其土宇，守其兵眾。今若一處被侵，必謂以次見奪；人心易動，若一旦生變，天下未可圖也。願公先定河北，然後修復舊京，南臨楚郢，責王貢之不入，天下咸知公意，則人人自安。須海內大定乃議古制，此社稷長久之利也。（摘自《後漢書・荀彧傳》）

見到荀彧把利弊得失算得如此精確，曹操也只好答道：「微足之下相難，所失多矣！」於是，擱淺了復置九州的動議。

這是荀彧及擁漢派與曹操在建安年間的第一個回合，荀彧險勝一招。從此之後，他們雙方的暗鬥就正式拉開了帷幕。

時隔不久，曹操將提議「復置九州」的勸進功臣董昭擢拔成「千秋亭侯」，與荀彧所獲得的「萬歲亭侯」形成意味深長的鮮明對照，以此暗示荀彧應當從此擁曹代漢。

然而，荀彧對此保持了沉默，沒有做出任何響應。

建安十一年（西元206年），曹操基本上已經底定北方，終於騰出手來，意圖對許都的漢室小朝廷實行「權力洗牌」。《後漢書．楊彪傳》記載了他祭出的一記重招——「諸以恩澤為侯者皆奪封」，要破除擁漢派世族集團的世襲之權，削減出諸多的列侯爵位，然後由他來安插自己的親信之士。

這一個回合中，他高舉著「任人唯賢、廢除冗官」的大旗，連荀彧也不能公開反對。很顯然，他勝了一招。擁漢派的首領楊彪見勢不妙，遂以退為進，稱疾請辭，把太尉之位虛懸了出來。

曹操這個時候就應該有了「廢除三公、自任丞相」的攬權之謀，但他隱而不發，還在等待著最佳的時機出手。

到了第二年，即建安十二年（西元207年），曹操率軍親征烏桓，不料他最得力的謀士「智囊」郭嘉卻在隨行途中暴病而亡。他的死亡，極是蹊蹺。郭嘉曾經根據自己的體質狀況而言：

> 吾往南方，則不生還。（摘自《三國志．魏書．郭嘉傳》）

然而最弔詭的是，他此番到了北方，反而性命不保。筆者據此推測，郭嘉應該是死於非正常的下毒暗殺，而非自然患病死亡。他的死亡，令曹操折一臂膀、損失極大，同時在客觀上造成了擁漢派勢力獲益最大。不過，此事到底是不是擁漢派勢力或反曹派勢力所為，史書沒有明載，筆者於此僅作一家之言，可供一覽。

就在這同一年，曹操已經決定「廢除三公、自任丞相、獨攬大權」。他欲行此事，必先求得荀彧等世族領袖的支持。為此，他親上奏表，要為荀彧加官晉爵，與自己同升共榮。

昔袁紹作逆，連兵官渡。時眾寡糧單，圖欲還許。尚書令荀彧，深建宜住之便，遠恢進討之略，起發臣心，革易愚慮，堅營固守，徼其軍實，遂摧撲大寇，濟危以安。紹既破敗，臣糧亦盡。將舍河北之規，改就荊南之策。彧復備陳得失，用移臣議，故得反旆冀土，克平四州。向使臣退軍官渡，紹必鼓行而前，敵人懷利以自百，臣眾怯沮以喪氣，有必敗之形，無一捷之勢。復若南征劉表，委棄兗、豫，飢軍深入，踰越江沔，利既難要，將失本據。而彧建二策，以亡為存，以禍為福，謀殊功異，臣所不及。是故先帝貴指縱之功，薄搏獲之賞；古人尚帷幄之規，下攻拔之力。原其績效，足享高爵，而海內未喻其狀，所受不侔其功，臣誠惜之，乞重平議，增疇戶邑。（摘自《後漢書．荀彧傳》）

他這是極為高明的籠絡收買之術。荀彧自然識得破，卻不為所動，「深自陳讓，至於十數，乃止」。

曹操向荀彧展示了自己應該展示的善意之後，接下來便是雷厲風行地推行自己「廢三公、設丞相」之攬權大略了。

建安十三年（西元208年），曹操開始著手「廢除三公」。當時的「三公」之中，太尉楊彪已經稱疾而退，還留有擁漢派名士、司徒趙溫。趙溫自以為可將曹操長子曹丕納入漢室臺閣為人質而制約曹氏，遂徵辟曹丕為自己屬下的掾吏。不料，曹操突然翻臉，反手一劍，上奏指責他「私厚己之子弟，選舉不實」，免去了趙溫的司徒之職。至此，楊彪退位，趙溫免官，三公之中就只剩下曹操這個司空在位。於是，曹操便順水推舟，借勢而上，自任丞相，位冠百僚，權傾天下。

擁漢派大臣們對此甚為不滿。太中大夫孔融上奏漢帝，請求恢復古制，在京師方圓千里寰內不以其地封賜臣下。而曹操身為武平縣侯，他的封邑武平縣距離許都僅有三百里路程，恰巧就在這京師方圓千里寰內，若依孔融的奏議，難不成還要他退出縣邑交歸漢室？

曹操暴怒之下，也顧不得孔融那聖門後裔、士林領袖的名流身分，借御史大夫郗慮之手，捏造了種種罪名，把孔融下獄處死，同時為自己南征劉表而開刀祭旗。

這是曹操和擁漢派大臣們公開決裂的開始。從這一天起，曹操基本上不再掩飾他「以曹代漢」的真面目了。應該有許多卿士大夫向曹操求情寬饒孔融，但曹操一句也沒聽。而荀彧也從此在史簡裡沉默了。

曹操拿下荊州之順利如有神助，所以他得意揚揚，以為憑著一紙書函就能嚇得江東孫權不戰而降。不料，孫權卻和劉備組成了聯軍，與他兵戎相見，毫不示弱。

赤壁之戰過程中，曹操才突然發現以荀彧、荀攸叔姪為核心的智囊團竟是毫無作為，未曾向他進獻一計一策！原來，擁漢派名士們為了報復他濫殺孔融、獨攬大權，決定和他斷絕一切實質性的合作關係。曹操感到自己被孤立了，所以他在華容道上逃出生天時，才會仰天痛呼：「哀哉奉孝（指郭嘉）！痛哉奉孝！惜哉奉孝！」

這一個回合，曹操大輸特輸——失去了統一天下的最佳機會，只得含淚忍看鼎分之勢漸成！

但曹操在奪得荊州後也不是沒有收穫。至少，在荊襄之地上，他可以招攬到一批嶄新的人才為己所用，衝破中原名門世族集團的壟斷。於是，荊襄名士桓階被他選中，並任為丞相府主簿，總領萬機，以此與中原名士大夫們制衡。

為了打破擁漢派士族集團對朝廷人事選任大權的壟斷，建安十五年（西元210年）之春，曹操繞過尚書臺選曹署，直接發令給各州郡。

自古受命及中興之君，曷嘗不得賢人君子與之共治天下者乎！及其得賢也，曾不出閭巷，豈幸相遇哉？上之人不求之耳。今天下尚未定，此特求賢之急時也。「孟公綽為趙、魏老則優，不可以為滕、薛大夫。」若必廉士而後可用，則齊桓其何以霸世！今天下得無有被褐懷玉而釣於渭濱者乎？又得無盜嫂受金而未遇無知者乎？二三子其佐我明揚仄陋，唯才是舉，吾得而用之。（摘自《三國志》）然而，此舉依然是一記「空拳」，虛而無力。荀彧本人就是「好士愛奇」之偉傑，對曹氏的用人方針並不排斥。更何況荀彧實為中原賢士大夫的至高領袖，「名重天下，莫不以為儀表，海內英俊咸宗焉」，他的影響力豈是曹操所能比擬的？曹操招來的人才，終是和江東的張昭一樣「人宮則拜曹，出宮則拜荀」。

在不可逆轉的時勢催逼之下，曹操已經年近六旬，上天留給他的時間不太多了，他和荀彧終於走到了「圖窮匕見」的關頭。

不過，曹操也明白荀彧手中還有一張非常厚實的「底牌」——那就是以司隸校尉之職兼持節督關中諸軍的鍾繇。荀彧與鍾繇同出潁川一脈，又素有通家之好，關係深厚之極。《三國志·魏書·荀彧傳》記載：

> 鍾繇以為顏子既歿，能備九德，不貳其過，唯荀彧然。

可見，鍾繇對荀彧之推崇無以復加。

此刻，鍾繇坐鎮關中，手下有馬騰父子、韓遂等多股軍隊，在官渡之戰時還能撥出二千多匹戰馬支援曹操，可謂舉足輕重。荀彧一旦與鍾繇東西聯手勤王扶漢，對曹操腹背夾擊，那就不堪設想了。

曹操有如芒刺在背，便將西征關中之事擺上了議程。丞相府倉曹屬高柔不知其真正用意，建議道：「大兵西出，韓遂、馬超疑為襲己，必相搧動。」曹操自有成竹在胸，對他的進言毫不理睬。

其實，他把鍾繇的忠漢之誠真是高估了。鍾繇不似荀彧，他一直在漢室和曹氏之間玩著「兩面下注」的把戲：一方面他假意裝病避事而讓曹操對他不生疑忌，另一方面他亦暗暗利用關中勢力為漢室撐腰。例如擁漢派名臣蘇則當時身為武都郡太守，顯然就是鍾繇一手提拔的。《三國志》裡記載：

（蘇）則及臨淄侯（曹）植聞魏氏代漢，皆發服悲哭。

而馬騰、馬超父子和韓遂對曹操的敵意，應該也是鍾繇暗中離間種下的。

荀彧在漢室如此危急之際，可能也想過要借用鍾繇的關中兵力來制約曹操。但行事務求周密的他，亦看出鍾繇其實只是關中諸軍的弱勢「盟主」，手下各部人馬十分鬆散，根本擰不成「一股繩」對外出擊。而曹操又用兵如神、所向披靡，縱是鍾繇迫不得已拉起大旗反戈一擊，只怕也是敗多勝少。他只能寄望於用鍾繇的這幾股兵力對曹操從客觀上造成幾分牽制就足夠了。

曹操終究還是放心不下關中，佯裝以討伐張魯為藉口而調動大量嫡系部隊強行入陝奪權。實際上，他本可以命令鍾繇自行率領韓遂、馬超等人馬南伐漢中。但他真正的用意是從鍾繇手中奪走關中軍權，又怎會下令讓鍾繇借戰立功從而把軍權抓得更牢呢？

鍾繇也十分聰明，故意將曹操的討張之令公開散發至雍、涼二州，頓時激得馬超、韓遂等人懼而叛亂，把關中炒成了一鍋「沸水」。而他則順勢讓出兵權，在明面上給了曹操一個說得過去的交代。

曹操對鍾繇的「通達時務」是比較滿意的。他把鍾繇立刻轉任為丞相府「前軍師」的文職，同時任用夏侯淵代替鍾繇屯據長安。關中的軍權，終於全部落到了他的掌中。從此，擁漢派再無地方勢力作為支撐。

正是在這樣的時勢背景下，建安十七年（西元 212 年）之冬，董昭公開跳了出來，站到前臺提出了勸進曹操為魏公的奏議，向擁漢派世族集團徹底攤牌。

荀彧除了在口頭上表示異議之外，毫無制約之力。

曹操蕩平韓遂、馬超之後，東來許都，悍然動用最後一招：藉著共討孫權的名義將荀彧強行扣在自己的幕府之中，令他無法再用漢朝尚書令的身分和職權為漢獻帝效忠。

幾天後，曹操帶兵殺向孫權的駐地濡須口，荀彧「因病」留守壽春。稍晚，荀彧憂憤之極，服毒自盡。

第二年正月，也就是建安十八年（西元 213 年）正月，曹操逼漢帝下詔，合併冀、幽、并、青、徐、兗、司、豫、荊等十四州，復為古之「九州」。建安九年（西元 204 年）時的那個動議，在九年之後化為了現實。

過了四個月，漢帝再次下旨：以冀州十郡封曹操為魏公，並以丞相領冀州牧如故。

這一次，朝堂之上再沒了孔融那清越激昂的聲音和荀彧那岸然卓立的身影。

董昭：曹魏幕後的真正「孤臣」

古人入仕大多追求成為國之「良臣」。劉向在《說苑》一書裡對「良臣」進行了定義。

虛心白意，進善通道，勉主以禮義，諭主以長策，將順其美，匡救其惡，功成事立，歸善於君，不敢獨伐其勞。如此者，良臣也。

當然，「良臣」人人願當，那麼「孤臣」呢？在「良臣」的基礎上，該大臣若是「處眾以默、立身以晦、受謗無怨、忠君無悔」，那就是真正的「孤臣」。這樣的「孤臣」，又有幾人願當？他們在外人心目中甚至可能會被視為「奸佞之徒」，但他為主君所做的貢獻和業績卻是無形而巨大的。

這樣的「孤臣」在歷史上不乏其人：西晉的開國元勛賈充，他被世人共稱為「奸佞之臣」，對他冷嘲熱諷、風言風語。賈充如此取怨於眾，只因他在當年雲龍門事變時指使成濟刺死了魏帝曹髦，替主君司馬昭背了「黑鍋」，也由此而為非司馬系的禮法之士所不容。然而，在司馬氏看來，賈充便是忠於司馬家而甘冒奇險的「孤臣」，所以對他倚重有加，厚任他為尚書令、魯郡公，「祿賜常優於群官」，還在多次政爭中為他「保駕護航」。

其實，在曹魏一朝，也有一位類似賈充的「孤臣」，但是他比賈充「孤」得更加徹底，幾乎將自身所有的貢獻和業績淹沒在了史簡深處。他，就是董昭。

董昭出身於山東濟陰董氏一脈，並不屬於漢末的名門望族之列。他早年被袁紹闢為參軍，憑其英勇之識、機變之才，一直做到了鉅鹿太守、魏郡太守，在袁紹帳下可謂「春風得意」。然而好景不長，袁紹集團內部黨爭激烈，令他受陷而墮。原來，袁紹僅因董昭的弟弟董訪在袁氏的政敵張邈手下效勞，便聽信讒言，不分青紅皂白地遷怒於董昭。董昭只得遁身而出，雲遊中原，欲擇主而事之。

應該說，董昭和袁紹當時的盟友曹操相識已久。他對曹操的看法是：

袁、曹雖為一家，勢不久群。曹今雖弱，然實天下英雄也，當故結之。（摘自《三國志・魏書・董昭傳》）

這一看法，使他從心底裡把曹操視為自己的未來之主。當然，也不排除是曹操派來了「暗線」和他接上了頭，令他在外圍幫助曹操開啟僵局，以實現其「迎天子以討諸侯」的大略。

董昭暫時棲身在河內郡軍閥張楊的麾下，說服張楊與曹操交好，並透過張楊上表推薦曹操為兗州牧。在做成這一功勞之後，他又藉機遁走，來到漢獻帝身邊當了議郎。

當時漢獻帝已返回洛陽舊都，卻身處楊奉、韓暹等軍閥的控制之下。而董昭則自覺地當起了曹操的「代言人」，替曹操作書與楊奉示好，以此換取曹操入京面聖。《三國志・魏書・董昭傳》對此過程進行了詳細描寫。

（董）昭以（楊）奉兵馬最強而少黨援，作太祖書與奉曰：「吾與將軍聞名慕義，便推赤心。今將軍拔萬乘之艱難，反之舊都，翼佐之功，超世無疇，何其休哉！方今群凶猾夏，四海未寧，神器至重，事在維輔；必須眾賢以清王軌，誠非一人所能獨建。心腹四支，實相恃賴，一物不備，則有闕焉。將軍當為內主，吾為外援。今吾有糧，將軍有兵，有無相通，足以相濟，死生契闊，相與共之。」

奉得書喜悅，語諸將軍曰：「兗州諸軍近在許耳，有兵有糧，國家所當依仰也。」遂共表太祖為鎮東將軍，襲父爵費亭侯。

曹操獲賞，遂入朝謝恩，而實則欲將漢帝遷入自己掌握下的許縣，不想再受楊奉、韓暹等人的牽制。董昭對此大力支持，並建議曹操與楊奉交涉時不要先談許縣，而是假意聲稱將御駕遷入魯陽以便供運糧食。楊奉為人「勇而寡慮」，認為魯陽還在自己的勢力範圍之中，於是不曾懷疑，就答應了曹操。不料，曹操將漢獻帝遷出洛陽之後，以迅雷不及掩耳之勢入駐了許縣，徹底遁出了楊奉的勢力圈，從此可以毫無掣肘地實施其「奉天子以討不臣」之大略了。對董昭的種種貢獻，曹操也迅速給予回報：擢升他為河南尹，官秩為真二千石。

此刻，袁、曹之爭也已然達到了臨界點。建安四年（西元 199 年），袁紹秣馬厲兵，意欲南下討伐曹操。曹操也不甘示弱，以兵屯守官渡。與此同時，他故意透過漢獻帝公開下詔免去袁紹所領的冀州牧職務，把袁紹的宿敵董昭一舉提拔為冀州牧。在這一刻，董昭就成了曹操用來噁心袁紹、刺激袁紹的「工具」。他這一招果然有效，確實刺激到了「智不制情」的袁紹。袁紹一怒之下，不顧田豐、沮授等人的「持重之議」，在「備未周全」的情況下便倉促南來與曹操「孤注一擲」地對決。

董昭雖然被曹操如此利用以對敵，他卻沒有半句怨言，任由曹操盡心施為。他已經和曹操站在同一陣線了，鬥倒袁紹是他倆共同的目標。就算曹操要拿他的人頭去迷惑袁紹，他應該也是心甘情願的。

建安九年（西元 204 年），曹操攻取鄴城，討袁之役大獲全勝。這時，董昭很知趣地讓出了冀州牧這個重要職位，並請曹操自領而居。《三國志・魏書・荀彧傳》裡寫道：

或說太祖宜復古置九州，則冀州所制者廣大，天下服矣。

這個「或」是「某人、有人」的意思。根據史書前後的邏輯，這個「某人」應該就是董昭。他進言曹操，準備「復古置九州」，把冀州之域擴大，吞併幽州、并州及雍州之半部，然後封為曹氏的私有領地。

但這一動議，很快便被朝中擁漢派領袖荀彧識破並勸阻。誰都看得出來，曹操剛平鄴城，就迫不及待地獨占冀州、吞併他州，這不是要成為第二個「袁紹」嗎？！此時，曹操也考慮到自己「擁漢滅袁」的口碑還不能自毀，代漢奪權的時機遠未成熟，於是「寢九州議」，退讓了下來。不過，他對董昭的表現還是滿意的，隔了兩年左右，便提拔董昭為「千秋亭侯」，與荀彧所領的「萬歲亭侯」相映成趣。也許，他如此之施為，是向荀彧暗示：董某人的擁曹代漢之功，與你荀令君的定亂安國之勳在本尊眼裡是不相上下的！你應該懂得，本尊此時此刻心目中的頭等大事，就是「代漢立曹」！

其實，在這個時候，「擁漢匡復」還是漢末名門世族集團的主流共識，朝廷上下的文武百官也大多數是傾向於漢室中興的，董昭站出來擁曹易幟需要很大的勇氣。畢竟，擁漢派勢力太大，他們的反擊是常人難以承受的。可是，董昭還是硬挺了下來。

這一挺，就挺到了建安十七年（西元 212 年）之冬。這一年，關中已被底定，荊州也入囊中，曹操可謂是「三分天下有其二」，代漢奪權的時機基本成熟了。董昭終於越眾而出，向曹操進言封建五等爵位制。

後（董）昭建議：「宜脩古建封五等。」太祖（指曹操）曰：「建設五等者，聖人也，又非人臣所制，吾何以堪之？」昭曰：「自古以來，人臣匡世，未有今日之功。有今日之功，未有久處人臣之勢者也。今明公恥有慚德而未盡善，樂保名節而無大責，德美過於伊、周，此至德之所極也。然太甲、成王未必可遭，今民難化，甚於殷、周，處大臣之勢，使人以大事疑己，誠不可不重慮也。明公雖邁威德，明法術，而不定其基，為萬世計猶未至也。定基之本，在地與人，宜稍建立，以自藩衛。明公忠節穎露，天威在顏，耿弇床下之言，朱英無妄之論，不得過耳。昭受恩非凡，不敢不陳。」（摘自《三國志・魏書・董昭傳》）

他這一舉動頓時在朝野上下掀起了軒然大波。面對擁漢派眾臣的洶洶來攻，他絲毫未曾退縮，並代表擁曹派集團公開站到風口浪尖上與荀彧進行筆戰。

昔周旦、呂望，當姬氏之盛，因二聖之業，輔翼成王之幼，功勳若彼，猶受上爵，錫土開宇。末世田單，驅強齊之眾，報弱燕之怨，收城七十，迎復襄王；襄王加賞於單，使東有掖邑之封，西有菑上之虞。前世錄功，濃厚如此。今曹公遭海內傾覆，宗廟焚滅，躬擐甲冑，周旋征伐，櫛風沐雨，且三十年，芟夷群凶，為百姓除害，使漢室復存，劉氏奉祀。方之曩者數公，若太山之與丘垤，豈同日而論乎？今徒與列將功臣並侯一縣，此豈天下所望哉？（摘自《三國志・魏書・董昭傳》）

這一場暗戰並未持續多久，隨著荀彧在前往壽春協助曹操征討孫權的途中暴卒而畫上了句號。半年後，曹操升為魏公，享九錫之禮，居群臣之首。

曹操晉爵加禮之後，依照常理，全力推進此事的董昭功不可沒，也應該隨之而受重賞。但實際的情況卻是：董昭在後面的七八年間居然一直是「不升不賞」、原地任職，於朝堂之上幾乎成了一個「透明人」。原來，他首倡勸進曹操晉公加爵，間接逼死了擁漢派領袖荀彧。而荀彧的門生故交遍布天下，他的至交好友是鍾繇、崔琰、毛玠，他的女婿是陳群，他的關門弟子是司馬懿，而華歆、郗慮、王朗等名士都是他舉薦入仕的，一個個身居高位，幾乎都是董昭不得不為之深深忌憚的「大佬」。如此情勢之下，董昭為了避免變成漢、曹之爭的「犧牲品」，只能「屏息斂跡」，夾起尾巴做人，在朝野上下隱身自保。正由於此，他又哪敢去外面炫耀自己勸進曹操的功績？他緘默了如此之久，久得連他自己都以為曹操父子已經忘掉了自己所做的貢獻了。然而，他的唇舌之間，依然沒有對外洩出半句怨言。

終於到了東漢獻帝延康元年（西元220年）十月，曹操之嗣子曹丕代漢登基、稱帝臨朝改元黃初。他並未忘記董昭的擁曹之功，一即位便拜他為大鴻臚。大鴻臚只是與董昭先前的諫議大夫官秩相當。表面上，董昭似乎沒有加官。但他的爵位卻進了一級，由千秋亭侯升為右鄉侯。須知，曹丕的左膀右臂陳群、司馬懿二人，此刻也是潁鄉侯和安國鄉侯。至少，在曹丕心目中，董昭和陳群、司馬懿一樣，亦是自己值得信任的忠良之臣。

董昭不顧自己年過六旬，仍是兢兢業業地隨同曹丕南征北戰，一路上出謀劃策、言無不盡。曹丕對他也報以殊遇，賜其弟董訪為關內侯，以悅其心。

雖是如此，在朝堂上下，董昭卻因當年勸進曹操之事而「臭名遠颺」。《三國志．魏書．蘇則傳》裡寫道：

（董）昭嘗枕（蘇）則膝臥，則推下之，曰：「蘇則之膝，非佞人之枕也。」

董昭「歸善於君，攬惡於己」，換來的是他終身極難升任清望之官，也始終不能位居要津。曹丕一想提拔他，便有風言風語而襲之，於是只能一次又一次地「擱淺」。但董昭依然緘默著，彷彿這一切都在他的包容之中。

數年之後，曹丕駕崩，新帝曹叡繼承大統。他即位之初，便發現朝中那些「權二代」私相結交、彼此吹捧，形成「浮華交會」之風，並影響到尚書臺選曹的人事操作。在曹叡看來，他們不務正業、沽名釣譽、貪權逐利，用之則名不副實，不用則浮言四起，對自己的皇權造成了隱性的威脅，於是決定大加整治。

正是在這樣的時代背景下，他突然重用起董昭來，一下把他提拔為主管人事選任大權的三公之一：司徒。董昭多年的苦心貢獻似乎得到了豐厚的回報。

然而，和他的祖父曹操當年封董昭為冀州牧一樣，曹叡是推出董昭來替自己「幹髒活」的。想整治「浮華交會」之風，就必須要選用最佳的執行者。這些「修浮華、合虛譽」的「權二代」個個來頭不小：何晏是曹操的養子，且貴為帝婿；夏侯玄是先帝曹丕生前好友夏侯尚之嗣子，又係大司馬曹真之外甥；司馬師為司馬懿之嗣子，又與夏侯玄為姻親；劉熙是中書監劉放的兒子；孫密是中書令孫資的兒子；衛烈是選曹尚書衛臻的兒子——朝中其他臣子誰敢站出來得罪他們？

曹叡思來想去，覺得只有董昭才是堪當此任的最佳人選：他資歷深厚，可以壓服「權二代」背後的父輩勢力；他無派無系，才能不被各方勢力所牽制；他「臭名昭彰」，應該也不在乎自己身上再被多潑幾盆「污水」。但，董昭自己會答應接下這樁「苦差」嗎？

此時的董昭已經年過七旬，他本可不必再來蹚這一池「渾水」了。然而，曹叡一紙詔下，他終是挺身而出，替曹叡攬下了這樁「髒活」。曹魏太和四年（西元230年），董昭拖著老病之軀，義正詞嚴地發出了那道《陳末流之弊疏》。

> 凡有天下者，莫不貴尚敦樸忠信之士，深疾虛偽不真之人者，以其毀教亂治，敗俗傷化也。近魏諷則伏誅建安之末，曹偉則斬戮黃初之始。伏唯前後聖詔，深疾浮偽，欲以破散邪黨，常用切齒；而執法之吏皆畏其權勢，莫能糾擿，毀壞風俗，侵欲滋甚。竊見當今年少，不復以學問為本，專更以交遊為業；國士不以孝悌清修為首，乃以趨勢游利為先。臺黨連群，互相褒嘆，以毀訾為罰戮，用黨譽為爵賞，附己者則嘆之盈言，不附者則為作瑕釁。至乃相謂：「今世何憂不度邪，但求人道不勤，羅之不博耳；又何患其不知己矣，但當吞之以藥而柔調耳。」又聞或有使奴客名作在職，家人冒之出入，往來禁奧，交通書疏，有所探問。凡此諸事，皆法之所不取，刑之所不赦，雖諷、偉之罪，無以加也。

曹叡收到此疏，立刻順水推舟痛下重手，將那些「權二代」或貶或遷，狠狠地教訓了一番，讓他們規矩了很長一段時間。而這場被後世稱為「太和浮華案」的「始作俑者」——董昭，則再次被各方勢力集團推到火爐之上備受煎熬。畢竟，他出面得罪的，可是一大批名門世族啊！

然而，曹叡還沒來得及力挺董昭對抗群臣——他就溘然辭世了！這位任勞任怨地為魏朝背了一輩子「黑鍋」、幹了一輩子「髒活」的孤忠老臣，就這樣撒手西去了！他留下了一地的罵名，卻只有曹魏的三代主君才能明白他真正的貢獻之所在。

董昭死後，曹叡親筆賜予他「定侯」的諡號。根據諡法所載，「純行不爽曰『定』、德操純固曰『定』」。曹叡真是他的知音，懂得他這一生都是為了魏室在孤獨地「純行不爽」、「德操純固」，所以給了他這個蓋棺定論的佳評。只不過，董昭已逝，滿朝上下還有誰會像他這樣盡心不貳地忠於大魏呢？這個問題在曹叡的心底始終縈繞不息，一直糾結到他生命的最後一刻。

賈詡：三國時期最精緻的利己主義者

曹魏開國的黃初元年（西元220年），剛剛登基的魏帝曹丕當眾公布了第一批人事選任的詔書，排名首位的當朝太尉居然是那個多年來悶聲不響的原太中大夫——賈詡！不禁驚翻了一大堆文武百官。

當這個消息傳到千里之外的江東時，孫權也忍不住笑了。他的這個「笑」是「譏笑」的「笑」，譏笑「中原無人」。

然而，到了一千多年後的今天，賈詡竟被一部分史學家和讀者大肆吹捧，甚至被稱為「謀略鬼才」、「曹魏帝國的幕後推手」。這就未免太過誇張了。當然，他那種「明哲保身、隨機應變」的韜略和能力似乎也呼應了某一股社會思潮，而這股思潮的名稱，就是「精緻的利己主義」。

實際上，縱觀史籍，賈詡只是漢末三國時期諸多謀士當中並不特別冒尖的一個。他早年能夠功成名就，多半憑藉的是他的平台和運氣；他晚年能夠位極人臣，大半又靠的是曹丕的濫賞「作秀」。

像司馬懿那樣的真才實學，像諸葛亮那樣的遠見卓識，像陸遜那樣的文韜武略，認真分析起來，他其實一樣都沒有。

在入仕早期，賈詡最主要的平台是西涼武人集團。西涼武人集團內部十分缺乏謀略型人才，而賈詡有西涼第一智士閻忠所謂「（張）良、（陳）平之奇」的讚譽和加持，很順利地就做到了討虜校尉的職務。當年董卓遇刺後，西涼武人集團群龍無首，王允又昏頭昏腦地下了「絕殺令」，逼得「校尉李傕、郭汜、張濟等欲解散，間行歸鄉里」。而賈詡為了保住自己的既得利益，身為西涼諸校尉之一，與李傕、郭汜等同席共議，說服他們來個「絕地反擊」，殺回長安。後世竟對他這一計讚揚有加、吹噓不已。

但在筆者看來，他此舉不過是順勢而為、觸機而發，引動西涼諸將「困獸一鬥」罷了！其中的算計得失如此之分明，以李傕、郭汜等人之政治頭腦尚能接受，又何難之有？他只是激發了他們「孤注一擲」的勇氣罷了。當然，賈詡亦頗有自知之明，在李傕等人攻下長安後要重賞他時，他認為自己是「此救命之計，何功之有」，硬是推辭不受。這並非他真的過謙，而是他確實知道自己那時候不過是「矮子群裡當高人」，李傕、郭汜他們恰巧被自己以利害得失說動了而已。他這一計，儘管弄得中原神州從此是「伏屍百萬、流血千里」，可他本人的利益卻得到了最大化的保全和拓展。在他眼中，這便足夠了。

賈詡後來東奔西走，為了跳出動亂的「漩渦」，又在建安年間說服西涼大將張繡在曹操最需要外援助力的關頭歸降了曹營。他這一計對時機的拿捏確實比較精準。不過當時鍾繇坐鎮關中，也將馬騰父子和韓遂等人說服而歸順了曹操，一樣是立功赫然。相比之下，他的計策並不算多麼出類拔萃。但賈詡借張繡降曹之事，又在曹操那裡狠狠地撈了一大把，官拜執金吾，封爵都亭侯，食邑數百戶。

到了曹操的身邊，在「謀士如雲」的曹氏幕府之中，賈詡「黔驢技窮」、「江郎才盡」的原形很快就暴露無遺了——「泯然眾人矣」。對此，我們可以從一個最基本的事實來研判：曹操一向是賞罰分明、毫不阿私的，在他手下，有功者則必賞、有過者則必罰。賈詡早在建安四年（西元199年）之時便投到了曹操的陣營中。曹操當時很大方地封賞他為「都亭侯」、位居執金吾。然而，二十年過去了，直到建安二十五年（西元220年）之春曹操去世，賈詡仍然是掛名「都亭侯」、官居太中大夫，食邑未增一戶，秩位未進一級。而且，在曹操私屬的封國魏宮裡，其相國是鍾繇，其御史大夫是華歆，裡面居然也沒有賈詡的位置。由此可見，這二十餘年間，賈詡在曹操手下的表現，真稱得上是「平平無奇」四個字了。

當然，我們也可以從另外一個角度來解讀這一現象：也許，在這二十餘年許都小朝廷裡擁曹派和擁漢派的明爭暗鬥之中，賈詡為了絕對地保全自己，於是絕對地嚴守了中立。所以，曹操就是想賞他，亦無法可賞吧？

可賈詡畢竟是謀士，是「以謀為生」、「以謀為業」的。他也給他的主君們出過不少計策。從他的這些計策來看，他的謀略生涯有三個特點，即「三有餘而三不足」。

其一，他應變有餘而前瞻不足。在長安之亂時，他能因勢利導說服李傕、郭汜等西涼諸將「絕地反擊」以保命，這是他的應變之才超乎常人。但打下長安之後，他卻難以制約西涼武將們的恣意妄為，也無法說服他們躍出思維的「井底」而實施「奉天子以制關東」之大略，最後鬧得君離臣散、雞飛狗跳，這便是他前瞻性不足，不能未雨綢繆而占據主動。故而，他自身最終也被時勢所驅動，似浮萍一般游移而出，隨遇而安，卻難以獨樹一幟而爭雄天下。

其二，他精明有餘而高明不足。《三國志．魏書．賈詡傳》記載了他這樣一條故事：

是時將軍段煨屯華陰，與（賈）詡同郡，遂去（李）傕託煨。詡素知名，為煨軍所望。煨內恐其見奪，而外奉詡禮甚備，詡愈不自安。張繡在南陽，詡陰結繡，繡遣人迎詡。詡將行，或謂詡曰：「煨待君厚矣，君安去之？」

詡曰：「煨性多疑，有忌詡意，禮雖厚，不可恃，久將為所圖。我去必喜，又望吾結大援於外，必厚吾妻子。繡無謀主，亦願得詡，則家與身必俱全矣。」詡遂往，繡執子孫禮，煨果善視其家。

可見賈詡在對人性的洞察和對利弊得失的算計之上是何等的精密！然而，縱覽史冊，荀彧有建議曹操「奉天子以討不臣」、「借天子以納人心」之大略，諸葛亮有建議劉備「聯孫抗曹、跨有荊益、兩線作戰」的「隆中對」之奇計，司馬懿有建議曹操「軍屯興國」之長策和「聯吳制關、借人驅敵」之巧計，所以他們三人皆能高瞻遠矚而推轉歷史之巨輪。而賈詡呢？僅有明哲保身之小計小謀，終無濟世安民、撥亂反正之宏圖大猷！

其三，他保守有餘而進取不足。據史書所記，賈詡一生中針對曹魏集團謀求對外擴張之全域性性建言共有兩次。第一次是在漢末建安十三年（西元 208 年）：

太祖破荊州，欲順江東下。詡諫曰：「明公昔破袁氏，今收漢南，威名遠著，軍勢既大；若乘舊楚之饒，以饗吏士，撫安百姓，使安土樂業，則可不勞眾而江東稽服矣。」（摘自《三國志・魏書・賈詡傳》）

第二次是在曹魏黃初年間：

帝（指魏文帝曹丕）問（賈）詡曰：「吾欲伐不從命以一天下，吳、蜀何先？」對曰：「攻取者先兵權，建本者尚德化。陛下應期受禪，撫臨率土，若綏之以文德而俟其變，則平之不難矣。吳、蜀雖蕞爾小國，依阻山水，劉備有雄才，諸葛亮善治國，孫權識虛實，陸議見兵勢，據險守要，泛舟江湖，皆難卒謀也。用兵之道，先勝後戰，量敵論將，故舉無遺策。臣竊料群臣，無備、權對，雖以天威臨之，未見萬全之勢也。昔舜舞干鏚而有苗服，臣以為當今宜先文後武。」

他這兩次進獻的計策之主旨皆是所謂的「不戰而屈人之兵」。裴松之針對他的第一次建言已經做了非常精闢的評論。

（賈）詡之此謀，未合當時之宜。於時韓（遂）、馬（超）之徒尚狼顧關右，魏武不得安坐郢都以威懷吳會，亦已明矣。彼荊州者，孫、劉之所必爭也。荊人服劉主之雄姿，憚孫權之武略，為日既久，誠非曹氏諸將所能抗禦。故曹仁守江陵，敗不旋踵，何撫安之得行，稽服之可期？將此既新平江、漢，威懾揚、越，資劉表水戰之具，藉荊楚楫棹之手，實震盪之良會，廓定之大機。不乘此取吳，將安俟哉？至於赤壁之敗，蓋有運數。實由疾疫大興，以損凌厲之鋒，凱風自南，用成焚如之勢。天實為之，豈人事哉？然則魏武之東下，非失算也。詡之此規，為無當矣。

其實，賈詡第二次在黃初年間的建言亦是如此：曹丕伐吳，並非是他的部將之中沒有諸葛亮、陸遜那樣的英才，其失利之關鍵在於曹丕本人好戰而不善戰、剛愎而又自用，當然是勞而無功。他若大膽建議曹丕放手任用臧霸、曹休、夏侯尚等人，令他們各當一面、各盡所長，必能大有斬獲，又豈會在伐吳之役中鬱鬱而歸？

其實，深究下去，我們可以發現：裴松之只看到了賈詡之計「未合當時之宜」的一面，而未洞徹賈詡獻上此類「保守之計」的真正用意。賈詡念念以自保門戶為重，深知「無過便是有功」。他表面上建議曹操父子以「不戰而勝」為上策，說得是冠冕堂皇，而實則是讓曹操父子「不戰則無錯，無錯則無咎，無咎則不遷怒於己」。

歸根到底，他如此進言，還是為了巧妙保全自己的地位和利益。這也符合他一貫的處世風格：「多言則多失，少言則少失，不言則不失。」他寧可在曹操父子面前說得四平八穩、滴水不漏，亦絕不破格出奇、授人以柄。就憑這一點，賈詡堪稱三國時期最為精緻的利己主義者。

正是靠著這一份精緻的利己主義作風，他才在魏宮奪嫡之爭達到最激烈的關頭精準出手，隱在幕後以劉表父子、袁紹父子之事例警醒曹操，為自己未來的主君曹丕獻上了一份「大禮」。所以，曹丕剛一登基便回報了賈詡的暗助之功，立刻將他從亭侯升為了鄉侯，從虛職升到了高位，還實打實地增邑三百戶。

然而，賈詡如此之作為，終究是「功在一人而不在天下」，故而才被孫權譏笑為「沐猴而冠、德不配位」！

官渡之戰幕後的「無間道」

漢末建安五年（西元200年）的官渡之戰是曹操勢力集團蕩定中原、稱雄天下的關鍵一戰。袁紹兵強馬壯、糧足械備，擁眾十餘萬，遠遠勝過曹操的三四萬兵卒。然而，最終的結局卻是曹操以弱勝強、轉危為安，率兵狙襲烏巢，一舉擊潰了整支袁軍。

《三國志》裡是這樣誇讚曹操的：

> 初，桓帝時有黃星見於楚、宋之分。遼東殷馗善天文，言後五十歲當有真人起於梁、沛之間，其鋒不可當。至是凡五十年，而公（指曹操）破（袁）紹，天下莫敵矣。

簡直把曹操吹噓得天花亂墜、出神入化。難道這一切真是曹氏集團神機妙算、出奇制勝所致嗎？透過深入剖析《三國志》裡留下的「草蛇灰線」式的各種史料，我們可以推斷出：官渡之戰的大勝，其關鍵在於曹方運用了「無間道」和「反間計」，從情報戰入手，乘隙擊敗了袁方。

回顧一下當時的歷史情形，《三國志》在描寫官渡之戰初期袁紹一方的兵力實況是：

> 眾數十萬，以審配、逢紀統軍事，田豐、荀諶、許攸為謀主，顏良、文醜為將率，簡精卒十萬，騎萬匹，將攻許。

面對如此嚴峻的局勢，許都漢室的太中大夫孔融和尚書令荀彧之間便有了一場「神奇」的對話，其準確度堪與數年後南陽茅廬裡的劉備和諸葛亮之「隆中對」比肩。我們可以稱之為「孔荀對」。

（建安）太祖（指曹操）既破張繡，東擒呂布，定徐州，遂與袁紹相拒。孔融謂（荀）或曰：「（袁）紹地廣兵強；田豐、許攸，智計之士也，為之謀；審配、逢紀，盡忠之臣也，任其事；顏良、文醜，勇冠三軍，統其兵：殆難克乎！」

或曰：「紹兵雖多而法不整。田豐剛而犯上，許攸貪而不治。審配專而無謀，逢紀果而自用，此二人留知後事，若（許）攸家犯其法，必不能縱也，不縱，攸必為變。顏良、文醜，一夫之勇耳，可一戰而擒也。」（摘自《三國志．魏書．荀彧傳》）

筆者之所以認為這段「孔荀對」很神奇，是因為荀彧的每一句答語都在後來的現實中完全應驗了：

審配以許攸家不法，收其妻子，攸怒叛紹；顏良、文醜臨陣授首；田豐以諫見誅：皆如彧所策。

莫非荀彧真的是未卜先知、百發百中、算無遺策的「神人」？

這個世界上，當然沒有什麼「未卜先知、百發百中」的神人。荀彧再聰明再睿智，也不是神人。他能夠謀算得如此精準，只能證明他有著極為可靠的情報管道。而這一切的答案，就隱藏在這段「孔荀對」裡，但需要細細地剖析方能有所發覺。

「孔荀對」的第一條內容，是孔融提出了「（袁）紹地廣兵強」，乃其「殆難克乎」的因素之一。而荀彧的答覆是「紹兵多而法不整」，所以不足為懼。確實，袁紹的軍隊因缺乏法紀之約束而比較散漫，這已是袁、曹雙方的共識。袁紹自己一方的骨幹謀士沮授也稱袁軍是「上盈其志，下務其功」、「將驕主汰」，有「驕兵必敗」之深憂。兵驕則備荒，備荒則法不肅，法不肅而易潰亂。果然，在戰爭末期，當袁軍烏巢糧倉被曹操阻襲之際，袁軍主將張郃、高覽猛攻曹軍大本營而始終不能得手；而烏巢糧倉少頃被曹操一舉拿下之後，消息傳到大本營前線那邊，張郃、高覽頓時鬥志盡喪，立即便歸降了曹方，而袁紹的主力部隊受此波及則是一潰千里。袁紹的十餘萬精兵就這樣「雪崩」式地垮掉了。不能不說荀彧的這一答辯確有先見之明。但這亦是荀彧以常理而推斷，郭嘉、荀攸等人皆有同樣之看法，還算不上「神奇」。

第二條內容，孔融提出了「顏良、文醜勇冠三軍，統其兵」，也是袁紹「殆難克乎」的因素之一。荀彧的答覆是：「顏良、文醜，一夫之勇耳，可一戰而擒也。」荀彧的看法也是依常理而斷：顏良、文醜雖是勇猛，但曹營這邊亦有關羽、張繡、張遼等猛將，以勇敵勇，倒也不怕。果然，在後來的白馬之戰中，顏良於陣前被關羽一刀斬殺；而文醜亦在延津之戰中墜入荀攸的「餌敵」之計，為亂軍所誅。荀彧在這一點上的論斷，似乎也稱不上「神奇」。

第三條內容，也是最關鍵的內容，孔融和荀彧的對答才是最為「神奇」、也最為蹊蹺的。孔融提出：「田豐、許攸，智計之士也，為之謀；審配、逢紀，盡忠之臣也，任其事，（袁紹）殆難克乎！」荀彧是這樣答覆的：「田豐剛而犯上，許攸貪而不治。審配專而無謀，逢紀果而自用，此二人留知後事，若（許）攸家犯其法，必不能縱也，不縱，攸必為變。」

對比前面兩條對話內容的思維邏輯來看，荀彧在這三條對答之上便顯得超乎常理了。依前所言，針對孔融所提「田豐、許攸之智」，他應該回答：「我方亦有荀攸、郭嘉、賈詡之智以敵之。」針對孔融所提「審配、逢紀之忠」，他應該回答：「我方亦有夏侯惇留守之忠以敵之。」可是，在現實情景中，荀彧卻沒有這樣回答，而是非常具體地描繪了一個富有畫面感的推斷：田豐剛而犯上，定會為氣度偏狹的袁紹所不容，不容則必棄；審配或逢紀不顧大局，一定會借貪墨之事緊逼身為袁軍謀主的許攸，而許攸則必會歸降曹氏。

這一切就很值得細細推敲了。

第一，荀彧的第三條對答及推論與前兩條內容的視角站位毫不相同，是立足於袁營自身內部的情形來研判的。他的隱性依據就是袁營內部的劇烈黨爭。在袁紹的手下，一直存在著多個朋黨派系：許攸系南陽郡人氏，是豫州系朋黨的首領；田豐是鉅鹿郡人氏，審配是魏郡人氏，是冀州系朋黨之骨幹；逢紀雖是豫州人氏，卻又與審配甚為交好。他們彼此之間爭權奪利，平時便暗鬥得十分激烈。而袁營內部這種朋黨交爭的具體情況，應該只有袁營內部的重要人員才能瞭如指掌。而荀彧身為袁氏之外敵，遠在許都，竟能對其內部這一切情形知曉得一清二楚，豈非「神」哉？豈非怪哉？

第二，官渡大戰在即，袁營內部原本是應該一致對外的。依常理而言，許攸在前線時時刻刻陪侍著袁紹，哪裡有餘暇去貪墨賄賂乎？他的家人又能打著他什麼樣的旗號去貪財違法呢？而審配在後方留守，又何至於非要抓捕許攸家人入獄判罪不可？難道是他嫉妒許攸在官渡前線會因謀立功，所以才在後邊非要把他拉下馬來不可？故而，他一拿到許攸家人犯法的「把柄」，便不顧一切地狠下重手了？如此看來，他確是「專而無謀」，「無謀」到「打草驚蛇」了：他在後方抓了許攸家人，卻置前方作戰的許攸於何地？不知不覺之中，他替袁紹把許攸逼到了絕路之上！——所以，這裡邊必定有某個神祕人物在適當的時候將許攸家人貪贓違法的「重磅炸彈」或直接或間接地提供給了「專而無謀」的審配，然後造成了一連串「蝴蝶效應」事件的發生。但最蹊蹺的是，身在千里之外的荀彧居然在事先便預料到了這一戲劇性事件的發生及其後續影響，輕鬆自然得就像一個熟練的編劇在解說自己的「劇本」一樣。

正所謂：「物反常，則必有因。」在這重重疑雲之中，一個名字浮出了水面——荀諶。他是荀彧的兄長，同時也是袁紹南征而來的三大謀主之一。他本和田豐、許攸齊名，然而卻在「孔荀對」之時從孔融的口中莫名其妙地「消失」了。

荀諶，字友若，陳群曾經評論：

> 荀文若、公達、休若、友若、仲豫，當今並無對。

他一早就投附在袁紹幕府之中，並替袁紹出面說服原冀州牧韓馥主動向袁氏獻出了冀州。憑著這一份實打實的大功勳，奠定了他在袁府的謀主地位。

> （公孫）瓚遂引兵而至，外託討董卓，而陰謀襲（韓）馥。（袁）紹乃使外甥陳留高幹及潁川荀諶等說馥曰：「公孫瓚乘勝來南，而諸郡應之。袁車騎引軍東向，其意未可量也。竊為將軍危之。」馥懼，曰：「然則為之奈何？」諶曰：「君自料寬仁容眾，為天下所附，孰與袁氏？」馥曰：「不如也。」「臨危吐決，智勇邁於人，又孰與袁氏？」馥曰：「不如也。」「世布恩德，天下家受其惠，又孰與袁氏？」馥曰：「不如也。」諶曰：「渤海雖郡，其實州也。今將軍資三不如之勢，久處其上，袁氏一時之傑，必不為將軍下也。且公孫提燕、代之卒，其鋒不可當。夫冀州天下之重資，若兩軍併力，兵交城下，危亡可立而待也。夫袁氏將軍之舊，且為同盟。當今之計，莫若舉冀州以讓袁氏，必厚德

將軍，公孫瓚不能復與之爭矣。是將軍有讓賢之名，而身安於太山也。願勿有疑。」馥素性恇怯，因然其計……乃避位，出居中常侍趙忠故舍，遣子送印綬以讓紹。紹遂領冀州牧。（摘自《後漢書．袁紹傳》）

荀諶身居袁營，而荀彧身在曹方，也符合漢末以來世家大族「兩面下注、長線投資」的慣用方略。只不過到了建安五年（西元200年）左右，曹、袁之爭進入關鍵階段，荀諶必須在其間做出最後的抉擇。很顯然，荀諶最終投向了曹操。而荀彧在「孔荀對」中的這個「劇本」，其實就是荀諶所提供的。所以，孔融在評論袁紹身邊的智計之士會很自然地「漏掉」荀諶這個名字，那是因為他早就成了自己人。同樣，整個「孔荀對」中所有的蹊蹺之處，也因荀諶投曹而變得無比清楚了。

筆者認為，隱藏在「孔荀對」幕後的事實真相應該是這樣的：在官渡之戰即將最後對決的前夕，荀諶暗中投向了曹操一派。他在臨行前留下了後招，將許攸家人嚴重貪墨違法的「把柄」適時透露給了許攸的政敵審配、逢紀，於是引爆了「許攸叛逃」事件。畢竟許攸亦和曹操有故舊之交，確實具有通曹的可能。而以袁紹「外寬而內忌」之心性，也難免不會對許攸滋生猜疑之念。袁府之中黨爭極烈，許攸稍遭疏離則必然難保善終。所以，許攸只有叛逃而出，投奔了曹操，並給曹操帶去了令袁軍致命的情報。

在《三國志》中，對這件事情的真相還有一個輔證。《三國志．魏書．荀彧傳》記載：

太祖（指曹操）保官渡，（袁）紹圍之。太祖軍糧方盡，書與（荀）彧，議欲還許以引紹。彧曰：「今軍食雖少，未若楚、漢在滎陽、成皋間也。是時劉、項莫肯先退，先退者勢屈也。公以十分居一之眾，畫地而守之，扼其喉而不得進，已半年矣。情見勢竭，必將有變，此用奇之時，不可失也。」太祖乃住。

在這段話裡，荀彧斬釘截鐵地斷言「必將有變」，與他之前對孔融所講的「（許）攸必為變」，可謂同出一轍、互相呼應。他讓曹操堅持在最後關頭稍待數日，其實等候的就是審配發難而致許攸叛變。果然，一切如他所言，全部應驗了。許攸一叛變，帶來的便是袁軍各部隊的虛實底細和烏巢糧倉的情報！掌握了這些關鍵情報，曹軍自能避實就虛、出奇制勝、所向披靡！

這一出「大戲」的編劇，誠然只有十分熟悉袁營內情的荀諶才能擔當。況且，以袁紹「多疑而內忌」之心性，他本也容不下荀諶的弟弟荀彧效忠漢廷與曹操的，終究會遷怒於荀諶。荀諶亦只好「見幾而作」，順水推舟，就地「埋雷」，然後遁入了曹營，坐待後續一系列「蝴蝶效應」事件的發生。

他的「無間道」任務圓滿完成之後，荀氏一門不想因他而背的污名，一定是安排了他歸隱山林、不問世事。所以，他才會突然消失在史簡深處。負「收留叛主之徒」但曹魏上下永遠都記著他這一份特殊功勳：既不能報之於其人之身，便報之於其人之後。故而，荀諶的兒子荀閎一入仕就擔任了曹丕的太子文學掾之近職，頗受親用，並最終做到了魏朝的黃門侍郎之高位。曹丕還在《與鍾繇書》中誇讚荀閎的文風是「荀閎勁悍，往來銳師，真君侯之勍敵，左右之深憂也」。

他在誇獎荀閎的同時，是否也想起了他的父親荀諶，曾經也是口才出眾、筆鋒無匹，以三寸之舌而拿下了整座冀州？曾經也在官渡之戰中步步設計，令袁紹臂助盡失，直至一敗塗地？而今，斯人卻「事了拂袖去，深藏功與名」，只留下一個沉默而神祕的背影令人無限懷念。

第九章 「天下之定，彧之功也」——儒聖荀彧

《左傳》有言：

（襄公）二十四年春，穆叔如晉。

范宣子逆之，問焉，曰：「古人有言曰，『死而不朽』，何謂也？」

穆叔未對。

宣子曰：「昔匄之祖，自虞以上，為陶唐氏，在夏為御龍氏，在商為豕韋氏，在周為唐杜氏，晉主夏盟為范氏，其是之謂乎？」

穆叔曰：「以豹所聞，此之謂世祿，非不朽也。魯有先大夫曰臧文仲，既沒，其言立。其是之謂乎！豹聞之，太上有立德，其次有立功，其次有立言，雖久不廢，此之謂不朽。若夫保姓受氏，以守宗祊，世不絕祀，無國無之，祿之大者，不可謂不朽。」

「世祿世卿、代代顯宦」是自古以來士庶百姓在現實生活中最為著意的追求。但以賢者的視角來看，它們終是遠遠不及立德、立功、立言之「三不朽」流芳百世、天長地久。唐代鴻儒孔穎達是這樣解析「三不朽」的：

立德，謂創制垂法，博施濟眾；立功，謂拯厄除難，功濟於時；立言，謂言得其要，理足可傳。

「三不朽」，即是三千年來中國仁人志士追求自身生命圓滿的三項最高目標。然而，在那麼多的高人賢士當中，能夠同時實現這三大目標者，實為屈指可數。便是在後世追封為「大成至聖文宣王」的孔子，畢生之中也僅在立德、立言上有所建樹，而於「立功」則鬱鬱乎未能得志。

可以這麼說，在荀彧之前，「三不朽」目標於儒生而言，算是一個遙不可及的夢想，彷彿只能存在於書簡中。其實代漢立新的王莽也曾經接近過「三不朽」之境界，可惜他的後半生卻因自己的作為「華而不實、大而無當」全部搞砸了，成了一個莫大的笑話。

荀彧能夠實現「三不朽」，則是自有其大本大源的。他的先祖荀子便是儒家事功派的大宗師，其門下親傳弟子李斯輔佐秦始皇掃除六國、一統天下，厥功至偉，而荀彧本人素來深受家學之薰陶涵育，毫無凡夫俗儒之迂鈍淺薄，年紀輕輕就被人們譽為「王佐之才」——這也可見他的才能之出類拔萃了。既是「王佐之才」，他想建功立業，又有何難哉？

《易經》有云：「唯深也，故能通天下之志；唯幾也，故能成天下之務；唯神也，故不疾而速、不行而至。」

以荀彧的職業生涯來看，他堪稱「唯深也，唯幾也，唯神也」之三達德的大賢。他的一生只當過潁川郡主簿、漢廷守宮令、曹操幕府司馬、漢廷尚書令等四個職務。這些職務都是輔佐性的。而荀彧卻在這四個職務上建立了張良之勳、蕭何之業，令曹操也由衷地讚嘆道：

天下之定，（荀）彧之功也！

荀彧的德行、功業、建言，可以從以下幾個方面細細講述。

知人料事，洞若觀火

東漢末年，戰火方起。荀彧遁歸潁川故鄉，「謂父老曰：『潁川，四戰之地也，天下有變，常為兵衝，宜亟去之，無久留。』鄉人多懷土猶豫……（董）卓遣李傕等出關東，所過虜略，至潁川、陳留而還。鄉人留者多見殺略」。他這一預測禍福的能力確實是「洞穿七札」。

避居袁紹主政的冀州鄴城之後，袁紹待荀彧以「上賓之禮」，並準備予以重用。然而，荀彧見他「外忠而內奸，外寬而內忌」，終不能成大事，立刻棄之而去，選擇了在當時看似忠勇勤王的曹操。曹操終於得到了他，大悅道：「吾之子房也。」

荀彧歸入曹操麾下沒多久，就發生了一件大事：興平元年（西元194年）曹操南下征討陶謙之際，曹操原部下張邈、陳宮突然謀反，引入呂布作亂。

（呂）布既至，（張）邈乃使劉翊告（荀）彧曰：「呂將軍來助曹使君擊陶謙，宜亟供其軍食。」眾疑惑。彧知邈為亂，即勒兵設備，馳召東郡太守夏侯惇，而兗州諸城皆應布矣。時太祖悉軍攻謙，留守兵少，而督將大吏多與邈、宮通謀。惇至，其夜誅謀叛者數十人，眾乃定。（摘自《三國志．魏書・荀彧傳》）荀彧在這一事變當中反應之敏銳、及時、到位，堪稱雷厲風行、立竿見影，須臾之間便弭危難於無形。

同時，豫州刺史郭貢也率兵馬數萬人來到鄄城之下，意圖不明。

或言與呂布同謀，眾甚懼。（郭）貢求見彧，彧將往。（夏侯）惇等曰：「君，一州鎮也，往必危，不可。」彧曰：「貢與邈等，分非素結也，今來速，計必未定；及其未定說之，縱不為用，可使中立，若先疑之，彼將怒而成計。」貢見彧無懼意，謂鄄城未易攻，遂引兵去。又與程昱計，使說范、東阿，卒全三城，以待太祖。（摘自《三國志・魏書・荀彧傳》）

荀彧準確地把握到了郭貢的心理動態，所以能夠「單騎赴會而無畏無懼」，實在是大勇大謀，非庸常之文士所能比擬。

可見荀彧目光如炬，確有知人之明、先見之明與料事之明。他「因明而生智」「因明而生勇」，故能在紛紛複雜的萬機庶務之中持重而應，所料無有不中，所行無有不成。

算無遺策、功濟於時

漢末興平元年左右，曹操剛剛穩定了兗州後方，見到徐州牧陶謙暴亡，便起意去奪徐州，荀彧（西元 194 年）進行了勸阻：

荀彧入諫曰：「昔高祖保關中，光武據河內，皆深根固本以制天下，進足以勝敵，退足以堅守，故雖有困敗而終濟大業。將軍本以兗州首事，平山東之難，百姓無不歸心悅服。且河、濟，天下之要地也，今雖殘壞，猶易以自保，是亦將軍之關中、河內也，不可以不先定。今以破李封、薛蘭，若分兵東擊陳宮，宮必不敢西顧，以其間勒兵收熟麥，約食畜穀，一舉而（呂）布可破也。破布，然後南結揚州，共討袁術，以臨淮、泗。若捨布而東，多留兵則不足用，少留兵則民皆保城，不得樵採。布乘虛寇暴，民心益危，唯鄄城、範、衛可全，其餘非己之有，是無兗州也。若徐州不定，將軍當安所歸乎？且陶謙雖死，徐州未易亡也。彼懲往年之敗，將懼而結親，相為表裡。今東方皆以收麥，必堅壁清野以待將軍。將軍攻之不拔，略之無獲，不出十日，則十萬之眾未戰而自困耳。前討徐州，威罰實行，其子弟念父兄之恥，必人自為守，無降心，就能破之，尚不可有也。夫事固有棄此取彼者，以大易小可也，以安易危可也，權一時之勢，不患本之不固可也。今三者莫利，願將軍熟慮之。」

曹操聽從了他的建議，專心致志經營兗州，終於徹底鞏固了大後方，所以才能在諸侯交戰中進退自如、遊刃有餘。

在撫定兗州作為根據地後，荀彧做出了一生最關鍵的建言，勸說曹操西迎漢獻帝劉協入許定都，實施「奉主上以從民望，大順也；秉至公以服雄傑，大略也；扶弘義以致英俊，大德也」之宏圖，從而在四方諸侯中占據了政治制高點和策略主動權，令袁紹、袁術等割據勢力處處受制，落於下風。

掃除袁術、呂布之後，荀彧又建議曹操布好三面格局，然後北上抗擊袁紹：立基於兗、豫二州，以鍾繇穩住關中西翼，以臧霸等人穩住青州東翼，以夏侯惇留守許都，而由曹操親臨官渡阻擋袁紹。

而在官渡大戰之前，荀彧與孔融的一番對話，顯示了他對平北滅袁已有絕對的信心與把握。從荀彧的答辯來看，他是深得科學思維方式之真諦：「去偽存真、去粗取精、由表及裡、由此及彼。」

南宋名士陳亮曾講：

所貴乎謀夫策士者，為其能審料敵情以釋人君之憂也。

對照此言，荀彧可謂完全做到了。

求賢若渴，樹人自補

《三國志》裡稱荀彧「領典樞機，好士愛奇」。他既身為國之輔政，自然對人才選拔極為重視。而且荀彧識人辨才，確是獨具慧眼、鮮有人及。

郭嘉素來不治行檢、不與俗接，而荀彧舉他為幕府謀主，果然是神機妙算；杜畿一向簡傲少文、孤岸自立，而荀彧舉他為河東太守，果然是「在職十六年，常為天下最」。《三國志．魏書．荀彧傳》注引《荀彧別傳》記載：

荀彧前後所舉者，邦邑則荀攸、鍾繇、陳群，海內則司馬宣王，及引致當世知名郗慮、華歆、王朗、荀悅、杜襲、辛毗、趙儼之儔，終為卿相，以十數人。

曹操也深深讚道：

荀令君之進善，不進不休。

對真才實學之士，荀彧自是傾心相待，無不稱平。而且他也從不濫舉、亂任無能之輩。《三國志．魏書．荀彧傳》注引《荀彧別傳》道：

其在臺閣，不以私慾撓意。彧有群從一人，才行實薄，或謂彧：「以君當事，不可不以某為議郎邪？」

彧笑曰：「官者所以表才也，若如來言，眾人其謂我何邪！」其持心平正皆類此。

正是在荀彧的大力栽培之下，中原名門世族集團的主幹得以成熟壯大。他舉薦的鍾繇、陳群來自潁川系，華歆來自青州系，王朗來自兗州系，杜畿來自關中系，辛毗來自冀州系，各地人才濟濟一堂，難免會有摩擦。然而，荀彧「折節下士，坐不累席」，以自己的謙和包容之量，團結了各大派系的名士大夫。二十年間竟無一起朋黨內鬥之事發生。曹操能夠後顧無憂，東征西戰，正是完全得益於此。這與袁紹陣營內部朋黨交爭、效率低下形成了鮮明的對比。

而曹操集團也正是在荀彧去世之後，才開始日漸分裂、內力渙散的。擁漢派和擁曹派的內鬥，爆發了吉本、耿紀、韋晃等漢臣狙殺曹府長史王必之事；新秀派和宿舊派的暗爭，爆發了丁儀兄弟以「文字獄」暗害崔琰、毛玠等老臣的惡性事件。而這一切，大大耗損了曹氏集團內部的凝聚力。同時，這一切在荀彧生前是絕無可能出現的。

興文倡學，重鑄太平

在荀彧看來，濟世安民、撥亂反正的關鍵不僅在於武功隆盛，還在於文治斐然。《三國志·魏書·荀彧傳》注引《荀彧別傳》記載，荀彧曾向曹操進言：

今公外定武功，內興文學，使干戈戢睦，大道流行，國難方弭，六禮俱治，此姬旦宰周之所以速平也……宜集天下大才通儒，考論六經，刊定傳記，存古今之學，除其煩重，以一聖真，並隆禮學，漸敦教化，則王道兩濟。

也正是在荀彧的勸諫下，曹操在自己的丞相府裡設定了文學署，又設立了文學掾、文學屬等官職。「博學洽聞、伏膺儒教」的司馬懿就是第一任丞相府文學掾。

是時徵役草創，制度多所興復，彧嘗言於太祖（指曹操）曰：「昔舜分命禹、稷、契、皋陶以揆庶績，教化征伐，並時而用。及高祖之初，金革方殷，猶舉民能善教訓者，叔孫通習禮儀於戎旅之間，世祖有投戈講藝、息馬論道之事，君子無終食之間違仁。今公外定武功，內興文學，使干戈戢睦，大道流行，國難方弭，六禮俱治，此姬旦宰周之所以速平也。既立德立功，而又兼立言，誠仲尼述作之意；顯制度於當時，揚名於後世，豈不盛哉！若須武事畢而後制作，以稽治化，於事未敏。宜集天下大才通儒，考論六經，刊定傳記，存古今之學，除其煩重，以一聖真，並隆禮學，漸敦教化，則王道兩濟。」彧從容與太祖論治道，如此之類甚眾，太祖常嘉納之。（摘自《三國志・魏書・荀彧傳》）

有這樣的專職專人專管此事，漢末的典章文學事業，終於蓬勃發展起來：一方面，曹操、曹丕、曹植、王粲、陳琳、阮瑀等文豪詩英，理明詞暢，文質彬彬，「傲雅觴豆之前，雍容衽席之上，灑筆以成酣歌，和墨以藉談笑」（摘自南朝梁劉勰《文心雕龍・時序》），精品佳作層出不窮，風流韻味歷久嶄新；另一方面，王朗、王肅、孫炎、董遇、薛夏等儒士高賢，歷注經傳以發明，採會同異以出新，使義理之學昌明於世、普及於眾。

卓然立節，身後淵流

官渡之勝後，建安八年（西元 203 年）之際，曹操上了一份情真意切的奏表，為荀彧請功：

臣聞慮為功首，謀為賞本，野績不越廟堂，戰多不逾國勳。是故曲阜之錫，不後營丘，蕭何之土，先於平陽。珍策重計，古今所尚。侍中守尚書令彧，積德累行，少長無悔，遭世紛擾，懷忠念治。臣自始舉義兵，周遊征伐，與彧戮力同心，左右王略，發言授策，無施不效。彧之功業，臣由以濟，用披浮雲，顯光日月。陛下幸許，彧左右機近，忠恪祗順，如履薄冰，研精極銳，以撫庶事。天下之定，彧之功也。宜享高爵，以彰元勛。

荀彧自稱「無野戰之勞」，不願受賞。曹操又親筆寫信給他：

與君共事已來，立朝廷，君之相為匡弼，君之相為舉人，君之相為建計，君之相為密謀，亦以多矣。夫功未必皆野戰也，願君勿讓。

荀彧這才接受了萬歲亭侯的爵賞。但他沒有料到曹操這是一招「先予後取」之術：曹操如此推崇於他，是希望他盡蕭何之職、竭張良之智，為自己接下來的代漢大業主動效力。然而，當曹操提出「復古置九州」之動議，準備擴大自己身為冀州牧所占的地盤，並為下一步榮升魏公預做鋪墊之時，荀彧卻站出來溫言軟語地勸阻了他。

也就是從這一天起，荀彧和曹操在未來的政治取向上分道揚鑣。其實，筆者倒認為荀彧並非愚忠於漢。

他先前每次在激勵曹操時，從來都是以漢高祖、光武帝為楷模而寄望於他的，在心中已然暗中期許曹操能成為第二個漢高祖、光武帝。如果曹操似漢高祖、光武帝一般肅清萬里、總齊八荒了，那麼他代漢而立是水到渠成、當之無愧的，荀彧也自當順從。

如果曹操生前不能吞吳滅蜀、一統四海，那他就不能丟掉漢室正統這面大旗，當以「虛君實相」之模式繼續平定天下。曹操一旦強行篡漢，則是對「奉天子以討不臣」大略的破壞，荀彧亦唯有阻之。

在現實中，曹操急功近利、不擇手段的舉動，讓荀彧深深地失望了。曹操剛一打下河北，就迫不及待地要做第二個袁紹了！心急火燎地給自己戴上「稱王稱霸」的冠冕！他如此躁動，是對「奉天子以討不臣」策略的偏離，只會令自己離千秋帝業越來越遠。在這一點上，荀彧之真知灼見，無愧於「張良重生、蕭何再世」之美譽，而曹操卻確實有憾於「漢高祖」之寄望。既然以曹操之根底，只能成就霸業，又與袁紹何異？袁紹尚且不能長久，曹操又何以突破這個極限？

在沉思之中，荀彧停住了一切繼續扶持曹操的動作。只因曹操配不上帝業，那麼他也無須向曹操空費文韜武略了。

他回過頭來，只想在朝廷之中培植新的棟梁之材以濟世安民。鍾繇已經替他公開宣稱：「非聖人不能致太平。」曹操肯定不是「聖人」，他無法像光武帝那樣「身致太平」。那麼誰才行呢？「雅好人倫典籍」的司馬朗曾經講過：

> 伊（指伊尹）、顏（指顏回）之徒，雖非聖人，使得數世相承，太平可致。

於是，心有靈犀的他，從此全力栽培司馬朗那個「聰亮明允、剛斷英特」的二弟司馬懿成為「顏回」之大材，向他傳授治世之心法，使他茁壯成長，並漸漸取代自己成了這個時代未來的「命世之英」與「萬夫之望」。

後來，司馬懿及其家族果然不負他之所望，平吳吞蜀，總齊八荒，成就了真正的帝業。而司馬懿本人對荀彧是敬佩之極也感謝至極。他時常說：

書傳遠事，吾自耳目所從聞見，逮百數十年間，賢才未有及荀令君者也。

他在掌權後一手提拔荀彧之子荀做了散騎侍郎，並將女兒嫁給了荀彧的孫子荀粲為妻室，以回報荀彧當年的栽培輔導之恩。

直到數十年後，司馬懿挾高平陵事變之勝而成為第二個曹操時，他在最後關頭仍然遵循著荀彧當年給曹操的建議：

本興義兵以匡朝寧國，秉忠貞之誠，守退讓之實。

始終沒有接受魏廷頒下的相國之尊、郡公之爵和九錫之禮。

光耀千秋，萬古流芳

建安十七年（西元212年）之冬，荀彧逝世於壽春。

噩耗傳來，《後漢書》記載：「帝（指漢獻帝）哀惜之，祖日為之廢宴樂。」那個時代最傑出的文學家曹植寫了一篇極為真切的文章來悼念他。

如冰之清，如玉之潔。法而不威，和而不褻。百僚士庶，唏噓沾纓。機女投杼，農夫輟耕。輪結轍而不轉，馬悲鳴而倚衡。

百年之後，裴松之對他做了最客觀的評價，歷久而稱真。

> 夫欲翼讚時英，一匡屯運，非斯人之與而誰與哉？是故經綸急病，若救身首，用能動於嶮中，至於大亨，蒼生蒙舟航之接，劉宗延二紀之祚，豈非荀生之本圖、仁恕之遠致乎？及至霸業既隆，翦漢跡著，然後亡身殉節，以申素情，全大正於當年，布誠心於百代，可謂任重道遠，志行義立。

所以，當荀彧去世之後，漢廷上下奉獻給他的謚號為「敬侯」。確實，普天之下，誰人不對荀彧之高才碩德敬而戴之？一個「敬」字，足以讓荀彧光耀汗青！

在此，筆者亦送上一首短詩，向「一代完人」荀彧致以崇高的敬意：

> 扶漢匡曹皆為民，底定中原立偉績。
> 超凡入聖三不朽，流芳百世成傳奇。

世之論者，多譏（荀）彧協規魏氏，以傾漢祚；君臣易位，實彧之由。雖晚節立異，無救運移；功既違義，識亦疚焉。陳氏此評，蓋亦同乎世識。臣松之以為斯言之作，誠未得其遠大者也。彧豈不知魏武之志氣，非衰漢之貞臣哉？良以於時王道既微，橫流已極，雄豪虎視，人懷異心，不有撥亂之資，仗順之略，則漢室之亡忽諸，黔首之類殄矣。夫欲翼讚時英，一匡屯運，非斯人之與而誰與哉？是故經綸急病，若救身首，用能動於嶮中，至於大亨，蒼生蒙舟航之接，劉宗延二紀之祚，豈非荀生之本圖、仁恕之遠致乎？及至霸業既隆，翦漢跡著，然後亡身殉節，以申素情，全大正於當年，布誠心於百代，可謂任重道遠，志行義立。（摘自《三國志．魏書．荀彧傳》）

第三篇　英雄莫問出處

第十章　劉備創業史

劉備集團「幫派化」特徵及其轉軌之淺述

清代著名學者趙翼在《二十二史札記》中評論道：

人才莫盛於三國，亦唯三國之主各能用人，故得眾力相扶，以成鼎足之勢。而其用人亦各有不同者，大概曹操以權術相馭，劉備以性情相契，孫氏兄弟以意氣相投，後世尚可推見其心跡也。

曹操、孫權兄弟之用人方略，筆者在此不做申論。唯有劉備用人聚賢之「以性情相契」，可謂是準確地說到了劉備勢力集團內部人事架構的根本特徵——「幫派化」。

自古至今，便有劉備、關羽、張飛桃園三結義的傳說，經久不息。而在《三國志》裡，也稱「先主（指劉備）與（關、張）二人寢則同床，恩若兄弟。而稠人廣坐，侍立終日，隨先主周旋，不避艱險」。這些故事和傳說，非常具體地描繪了劉備集團幫派化的形態：劉備、關羽、張飛三人幾乎是以平等的合夥入股方式進行壯大的。從這個初始性的組織形態出發，劉備集團後來的發展歷程一直都深深打上了「幫派化」的烙印。

在早期，劉備的這種「幫派化」組織還是比較有凝聚力的。劉備兩次在徐州牧任上遭到嚴重挫敗，張飛和關羽都對他不離不棄。關羽甚至放棄了曹操的竭力拉攏，「過五關，斬六將」，也要跑到劉備身邊並肩打拚。

但是，劉備集團這種「幫派化」特徵也讓中原世族名門對他們疏而遠之：世族名門希望投身於中的是「以禮法相維」的正規組織，例如曹操治下的許都小朝廷，而絕不會是劉備集團這種「以性情相契」的幫派組織。即使中途曾經有陳群、袁渙等名士大夫在劉備帳下效力過，他們出於文化底蘊及門戶背景的差異，也無法與劉備集團進行深度融合，最後只能分道揚鑣。而且，劉備的核心組織架構裡，在中原爭霸的時候，居然一直都缺少了「蕭何」這個代表世族名門的角色。沒有蕭何，劉備集團又怎能吸引世族名士們為之效勞呢？

到了中期，劉備顯然很深刻地意識到了這一點。為此，他做出了改造「幫派化」組織架構的第一步，也是非常關鍵的一步：自己主動屈駕三顧茅廬，請來諸葛亮這樣優秀的外部人才，出任自己集團的「蕭何」，為自己的「幫派化」組織注入新鮮血液。

他的改造行為立刻遭到了關羽、張飛的不滿和排斥。

> 先主曰：「善！」於是與（諸葛）亮情好日密。關羽、張飛等不悅，先主解之曰：「孤之有孔明，猶魚之有水也。願諸君勿復言。」羽、飛乃止。（摘自《三國志・蜀書・諸葛亮傳》）

雖然劉備終於將諸葛亮拉進了集團核心並確立了應有的地位，但「桃園三人幫」中的關羽、張飛還是在不少場合表現出了明顯的排外性。建安末年，當劉備進位漢中、大封「五虎上將」之時，關羽公開跳出來對與自己比肩的馬超、黃忠等新進將領表示了輕蔑和異議。在表面上，他是針對自己僅得「五虎上將」的名號與職位不滿，而在實質上則是對劉備以「君臣等級關係」取代桃園三人幫的「兄弟（夥伴）同盟關係」有所不滿。至少，關羽肯定認為自己不應該屈居於「前將軍」的位號，而應該掛銜太尉、司空等三公之兼職。

後來，在劉備的示意下，前去授予關羽「前將軍」位號的欽差大臣費詩在勸說關羽時，明確點了「王（劉備）與君侯（關羽）譬猶一體，同休等戚，禍福共之」。這番說辭完全符合關羽的心理預期，於是他不再「鬧事」了。劉備給出這番說辭的同時，還附帶給了他 根大大的「胡蘿蔔」——「假節鉞」的特權，這就讓關羽的「夥伴同盟關係」得到了實打實的授權認可。劉備這種半姑息半縱容的行為，將會為蜀漢集團帶來無可挽回的嚴重後果。

果然，關羽為了突顯自己在劉備陣營中的特殊地位和面對其他「五虎上將」的優越感，利用「假節鉞」的特權，先斬後奏，在各方面條件都不夠成熟的情況下，悍然發動了襄樊之役。

在這場戰役中，關羽自忖其地位特殊，倨傲自大，甚至逼反了劉備的妻弟麋芳。麋芳尚且如此受辱，其他士大夫在關羽那裡又會是什麼待遇呢？這是不言自明的。

而劉備、諸葛亮也無力遠端遙控關羽在建設性的軌道上穩步前進，只能眼睜睜地看著他像一匹幾乎脫韁的野馬在荊棘林中左衝右突。

終於，「最後一隻靴子」應聲落地：關羽遭到曹操、孫權的腹背夾擊，敗走臨沮，被擒身亡。劉備集團在東翼的軍事基地幾乎全部淪陷。

關羽之死，荊州之失，其實是劉備集團「幫派化」問題副作用的密集展現。但關羽倘若不死，且還奪取了許都，囊括了中原，建下了不世之功業，那他帶來的問題似乎更大。試想一下，面對大功在身而又兵權在手的關羽，憑著「桃園三人幫」的特殊地位，誰還制衡得了他？那時候，休說諸葛亮，便是劉備也拿他的驕橫跋扈沒轍！萬一劉備不在了，關羽豈不是蜀漢集團裡真正的「一枝獨大」？

關羽死了，以此為契機，劉備集團「幫派化」轉型的問題終於擺上了桌面，從根本上開始得到解決。

與關羽同樣驕悍難馭的劉備養子劉封，在因私怨逼反孟達、丟掉東三郡後，單身逃回成都請罪。諸葛亮卻以「易世之後終難制禦」的理由勸說劉備將其處決了。這是蜀漢集團「幫派化」轉型過程中一個重要的象徵事件：為了保護劉備一系的皇權穩定，任何宗親關係、任何「夥伴同盟關係」都必須做出犧牲。

然而推動這一轉型過程的主要人物，就是諸葛亮。其實，作為一位卓越的政治家和劉備集團內部的文官領導人，諸葛亮很早便洞察到了劉備集團「幫派化」問題帶來的一系列危害。他明白一個政權組織若要長治久安，只能是「以綱紀相維」來取代「以性情相契」，以君臣等級制度來取代夥伴同盟關係。早在入蜀之際，諸葛亮就拿出了實際行動來撥亂反正。

劉璋闇弱，自焉已來有累世之恩，文法羈縻，互相承奉，德政不舉，威刑不肅。蜀土人士，專權自恣，君臣之道，漸以陵替；寵之以位，位極則賤，順之以恩，恩竭則慢。所以致弊，實由於此。吾（指諸葛亮）今威之以法，法行則知恩，限之以爵，爵加則知榮；榮恩並濟，上下有節。為治之要，於斯而著。（摘自《三國志・諸葛亮傳》）

他的這套舉措明面上針對的是原益州牧劉璋賴以立足的益州土人集團，暗地裡也針對劉備集團本身的「幫派化」組織問題。他在成都把「以綱紀相維」的理念貫徹下來了，搭成了新的組織架構，那麼張飛、關羽之流若是入川任職，也只能接受這種制度體系的制衡。

（諸葛）亮刑法峻急，刻剝百姓，自君子小人咸懷怨嘆，法正諫曰：「昔高祖（劉邦）入關，約法三章，秦民知德，今君假借威力，跨據一州，初有其國，未垂惠撫；且客主之義，宜相降下，原緩刑弛禁，以慰其望。」

亮答曰：「君知其一，未知其二。秦以無道，政苛民怨，匹夫大呼，天下土崩，高祖因之，可以弘濟。劉璋闇弱，自焉已來有累世之恩，文法羈縻，互相承奉，德政不舉，威刑不肅。蜀土人士，專權自恣，君臣之道，漸以陵替；寵之以位，位極則賤，順之以恩，恩竭則慢。所以致弊，實由於此。吾今威之以法，法行則知恩，限之以爵，爵加則知榮；榮恩並濟，上下有節。為治之要，於斯而著。」

數年過去，時移勢變，張飛死於非命，劉備又因夷陵之敗而薨於白帝城。當年「桃園三結義」形成的幫派化核心成員均已去世。此時此刻，諸葛亮亦以顧命首輔大臣的身分一躍而為蜀漢集團的真正掌門人。他大權在握之下，放開手來撥亂反正、肅清綱紀，自然是再無掣肘。

根據史書記載，第一個撞到諸葛亮「律法之刃」上的是廖立。廖立本是劉備集團中才能堪與龐統比肩的荊州派要員。他仗著自己的資歷，「自謂才名宜為諸葛亮之貳，而更遊散在李嚴等下，常懷怏怏」。而實際上，廖立身居內廷要職——長水校尉，已是相當級別的高官。他後來和關羽一樣口無遮攔，竟對諸葛亮的北伐方針和用人方略進行公然指責。諸葛亮毫不手軟，立刻以「坐自貴大」的罪名把他廢為庶人，流放到了汶山郡。

後來，來敏、李嚴等人或恃才自傲，或恃位爭權，全被諸葛亮依律一一剪除。從此，蜀漢集團「上下儼然、綱紀分明」，成為三國之中皇權集中程度最高的國家。以至於諸葛亮死後，坐擁雄兵、資歷深厚的大將魏延企圖作亂，卻落得單騎受死、無人跟從。而像姜維這樣的軍事強人，在蜀漢的嚴律明令之下，也不敢像魏國的司馬懿父子一般坐大成勢、威脅皇權。

「俠帝」劉備

漢末三國時期，風雲滌盪，群雄逐鹿，神州大地到處充滿了競技的平台和磨練的契機。只要身負才學者，均可嶄露頭角：或以三寸之舌，或以滿腹經綸，或心算而智取，或勇武而力爭，或一言可定天下安，或一語可攪四海動，或一劍可斬上將首，或一計可使江山傾。

但遍觀《三國志》之典籍，取偌大一部《魏書》為例，裡面記載有數百名公卿大夫，如陳群、崔琰、盧毓，幾乎全是名門出身、世家背景。而僅有賈詡、張既、蔣濟等寥寥數人來自寒門庶族。可見，漢末以來，各地諸侯縱有巨大的人才需求量，然而治下絕大多數的職務和爵位還是由世家子弟們所壟斷。

故而，能於寒士之中脫穎而出者，極為難得；再又能於寒士之中雄視百代者，更是鳳毛麟角。而蜀漢昭烈皇帝劉備就是這　流寒士當中的不世之傑。

我們把劉備歸為寒門庶族，實則毫無爭議。他雖然頂著一個「西漢中山靖王劉勝之後裔」的名號，但到了他這一輩時，不過是一介平民。他的祖父只當過范縣縣令，他的父親也只是郡縣小吏。他自己「少孤，與母販履織蓆為業」。古有「士農工商」四大階層，劉備已然淪落到身為小商販一流的境地。

在三國之雄當中，曹操雖是出身於宦官之家，但宦官集團正是漢末最有權勢的階層之一。所以，曹操年紀輕輕便能出任洛陽北部尉、頓丘令、議郎、濟南相等顯官要職。而孫權則是典型的「權二代」，父親孫堅、兄長孫策替他奠定了厚實的江東基業，他一接任就是官秩二千石以上的討虜將軍之職。

相比之下，只有劉備背景最薄、起點最低，他事業上的第一桶金是由張世平、蘇雙兩個商人贊助的。藉著這一桶金，他拉起了一支二三百人的小隊伍，與黃巾軍拚死拚活才立下戰功，卻只當了一個小小的安喜縣尉。他的前半生，一直是在下密縣丞、高唐縣尉、平原縣令等四百石左右的官職上兜兜轉轉、翻翻滾滾。

若是其他庸常之士，早已在這坎坎坷坷的長期折騰中磨滅了鬥志、銷光了理想，就此沉淪下去。而劉備則全然不是這樣。他一路意氣風發，一路高歌奮進，一路披荊斬棘，一路屢戰屢敗，終於功分三國、登壇稱帝。那麼，他這一份強大的精神底蘊是從何而來呢？

《三國志·蜀書·先主傳》記載，早年的劉備「不甚樂讀書，喜狗馬、音樂、美衣服」，同時「好交結豪俠，年少爭附之」。這完全是一副「市井俠士」的形象。《史記》也是這樣描寫他的先祖劉邦的：

仁而愛人，喜施，意豁如也。常有大度，不事家人生產作業。

由此可以看出，劉備真的繼承了漢高祖劉邦的精神底蘊——「豪俠之氣」，渾身流淌著俠士的血液。這一點，是劉表、劉虞、劉璋等其他文縐縐、虛晃晃的同姓諸侯所不能比擬的。而劉備敢與呂布、袁術、曹操等梟雄們逐鹿中原，所憑恃的也全是這一股暢快淋漓、揮灑自如的「俠氣」！

因為這一股「俠氣」，所以他面對機遇，能夠「以命相搏」。《三國志·蜀書·先主傳》記載：「遇賊於野，（劉）備中創佯死，賊去後，故人以車載之，得免。」

因為這一股「俠氣」，所以他交結人士，能夠「以義相合」。《三國志·蜀書·先主傳》記載：

劉備外禦寇難，內豐財施，士之下者，必與同席而坐、同簋而食，無所簡擇，眾多歸焉。

故而，多年以後，一代名相諸葛亮仍在《出師表》裡念念不忘：

然侍衛之臣不懈於內，忠志之士忘身於外者，蓋追先帝（指劉備）之殊遇，欲報之於陛下（指劉禪）也。

因為這一股「俠氣」，所以他不屑於以計賺人，而能「以理相服」。孔衍《漢魏春秋》記載：

> 劉琮乞降，不敢告（劉）備。備亦不知，久之乃覺，遣所親問琮。琮令宋忠詣備宣旨。是時曹公在宛，備乃大驚駭，謂忠曰：「卿諸人作事如此，不早相語，今禍至方告我，不亦太劇乎！」
>
> 引刀向忠曰：「今斷卿頭，不足以解忿，亦恥大丈夫臨別復殺卿輩！」遣忠去，乃呼部曲議。或勸備劫將琮及荊州吏士徑南到江陵，備答曰：「劉荊州臨亡託我以孤遺，背信自濟，吾所不為，死何面目以見劉荊州乎！」乃駐馬呼琮，琮懼不能起。琮左右及荊州人多歸先主。

因為這一股俠氣，習鑿齒才會盛讚他：

> 先主雖顛沛險難而信義愈明，勢逼事危而言不失道。追景升之顧，則情感三軍；戀赴義之士，則甘與同敗。觀其所以結物情者，豈徒投醪撫寒含蓼問疾而已哉！其終濟大業，不亦宜乎！

我們可以這麼說，劉備是繼劉邦之後的又一位「俠帝」。他不像司馬懿那樣藏身在體制內以陽謀暗算而「移天易日」，他一輩子都在自己所厭棄的曹魏體制外真刀真槍地殺開一條血路來「頂天立地」。他的所作所為，令「歷世著名」的徐州陳氏一族之首領陳登也對之充滿欽佩：

> 雄姿傑出，有王霸之略，吾敬劉玄德（劉備字玄德）。

我們還可以這麼說，漢末鼎分諸雄之中，得國最正者，莫過於劉備。劉備既無曹操父子「代漢自立」之異志，又無孫權兄弟「借人成資」之歧念，三顧茅廬以取英傑，自立自強而成大業，所以蜀漢君臣始終親如一體而無綱紀之亂。

到了三國終局之際，曹魏有「高平陵之變」，孫吳有「兩宮奪嫡之禍」，而蜀漢直至滅亡的最後一刻，連蜀帝劉禪都已俯首投降了，還有姜維、蔣斌等忠臣義士投袂奮起、為國捐軀、九死不悔！

關羽之驕，蜀漢之殤

三國時期盛產英雄和名士，而且他們所達到的成就之高是後世人才難以企及的。在這其中，除了蜀相諸葛亮被民間各派推崇為神機妙算的「智聖」之外，還有一位名將也被三教九流之徒推上了神壇。他，就是關羽。

到明清時期，關羽已被神話為「武聖人」和「財神爺」的化身。他甚至得到了歷代官方的禮儀認可——他的關帝廟，是除皇室之外唯一可以擁有「二龍戲珠」圖飾的祭祀場所。而「龍」這個權力圖騰，在古代寓意著什麼，是不言自明的。

可是，關羽身後的滔滔榮譽，並不能掩飾他生前的重大敗跡。《三國志》裡評價他「剛而自矜，以短取敗」。說具體一些，就是指關羽因驕致敗、痛失荊州，使蜀漢的國策「隆中對」方略成為一紙空言。這個咎責，是關羽終身的重大瑕疵。

當然，也有部分讀者會覺得這個評價對關羽不太公平。畢竟當時關羽是在以弱抗強，於寡不敵眾的情形下還取得了「水淹七軍、活捉于禁、攻克樊城」的大捷，後來又是被曹操集團和孫權集團聯手絞殺的。因此，關羽可謂雖敗猶榮。

但是，從當時的各方情勢與實力對比來看，關羽身在荊州，坐擁江陵數郡，「外拓雖不足，自守則有餘」。況且，蜀漢最高統治集團交給關羽的根本任務是「固守荊州」而絕非「妄興北伐」。關羽在建安二十四年（西元219年）之際發動襄樊之役，完全是對自己這一根本任務的「本末倒置」。

而造成這一「本末倒置」情況出現的根本原因，就是關羽的驕傲自負。關羽驕矜到自以為可以「孤掌而鳴」，自以為可以倚仗一己之力來實現「一上將將荊州之軍以向宛洛」的隆中對東進方略！

當然，關羽之驕傲自大，在他自己看來，也許是有資本的。宋代兵策名著《何博士備論》中講：

> 夫以功就天下者，常有強臣；以力致天下者，常有驕兵。臣非故強也，恃勳賞之積而卒至於強；兵非故驕也，恃戰役之勤而卒至於驕。

關羽多年追隨劉備出生入死、建功立業，又有「桃園三結義」的幫派夥伴關係，他在劉備集團內部恃驕而為是有著堅實底氣的。在這方面，連劉備集團文官之首諸葛亮甚至都不敢輕易捋他的「虎鬚」。

關羽的驕氣，在自守荊州的前幾年還沒有過多地表露。那時候，江東集團的西翼主將魯肅出於「聯劉抗曹」的大局需要，對他在荊州的種種挑釁行為給予了最大程度的包容。但關羽可能反倒認為是江東集團怕了他的武力，絲毫沒有從內心深處意識到隆中對方略裡「東和孫權以抗曹操」的重要性。

直到劉備征取漢中、大封「五虎上將」之際，關羽的驕氣才徹底爆發了，他對馬超、黃忠的傲視之情，可謂是溢於言表。

（關）羽聞馬超來降，舊非故人，羽書與諸葛亮，問：「超人才可比誰類？」亮知羽護前，乃答之曰：「孟起兼資文武，雄烈過人，一世之傑，黥、彭之徒，當與益德並驅爭先，猶未及髯之絕倫逸群也。」羽美鬚髯，故亮謂之髯。羽省書大悅，以示賓客。（摘自《三國志・蜀書・關羽傳》）

先主為漢中王，遣（費）詩拜關羽為前將軍。羽聞黃忠為後將軍，怒曰：「大丈夫終不與老兵同列！」不肯受拜。（摘自《三國志・蜀書・費詩傳》）

雖然最終在諸葛亮、費詩的勸說下，關羽一時抑制住了自己的驕氣，沒有釀成公開化的衝突。但關羽終究是明服而暗不服的。他為了彰顯自己比馬超、黃忠更為驍勇和優秀，終於不顧實際情況，先斬後奏，利用「假節鉞」的便宜之權，悍然發動了「襄樊之役」。

在史書記載中，沒有劉備、諸葛亮對襄樊之役的任何表態。而且，剛剛經歷過漢中爭奪戰的劉備、諸葛亮亦是喘息未定，實在無力再從荊州方面對曹魏進行單翼作戰。所以，基本上劉備集團最高層對關羽的這一場軍事突擊行動是既難以提供後勤支持，又難以增補投放兵力。而關羽也分明是沒有和劉備、諸葛亮在事先充分溝通、協調的。他的「襄樊之戰」，幾乎是孤注一擲的冒險行動。

就是在荊州集團內部，關羽也未曾整合好絕大多數部屬的思想和力量來發動這場戰役。傅士仁、麋芳、潘濬等地方實力派人物，對這場即將發動的襄樊之戰，都抱有不同程度的猶豫和質疑，但在關羽的「咄咄」虎威之下，他們選擇了沉默。

建安二十四年（西元219年）的這場虎頭蛇尾的襄樊之戰，從根本上便是關羽一個人推動起來的。

在這場戰役中，關羽的驕氣畢露無奈，表現在他的極度輕敵之上：一是對盤踞中原十餘年的曹魏集團的極度輕敵，二是對虎視在側的江東孫權集團的極度輕視。

首先，在關羽與曹魏荊襄集團作戰初期，他得天時之利而「水淹七軍」，擒于禁、斬龐德、爭樊城，一時威震華夏，險些嚇得曹操要遷都。這也進一步滋長了關羽的驕氣，讓他頭腦發熱，難以冷靜。

然而，曹操身邊謀士如雲、良將如雨，其綜合實力之強絕非關羽所能匹敵。在謀略層面，曹操接受了司馬懿的獻計，啟動了「聯孫制關」之方略，「許割江南以封（孫）權」，與孫權腹背夾擊關羽；在軍事層面，曹操調遣大將徐晃赴臨襄陽馳援，同時他自己也親率二十四營勁旅殿後而發。這一下，僅有區區數萬兵馬的關羽如何抵擋得住？他此刻迅速回防江陵、南郡等地，應是上上之策。可是，從他背後射來的「暗箭」，已經令他難以回頭了。

射來「暗箭」的，正是孫權集團。孫權集團利用了關羽的驕氣，對他進行了全方位的麻痺矇敝和欲擒故縱。

孫權集團的第一招是先讓呂蒙裝病返回建業，使關羽誤以為「眼中釘」已被拔除而防備生懈。

（呂）蒙上疏曰：「羽討樊而多留備兵，必恐蒙圖其後故也。蒙常有病，乞分士眾還建業，以治疾為名。羽聞之，必撤備兵，盡赴襄陽。大軍浮江，晝夜馳上，襲其空虛，則南郡可下，而羽可擒也。」遂稱病篤，權乃露檄召蒙還，陰與圖計。羽果信之，稍撤兵以赴樊。（摘自《三國志．吳書．呂蒙傳》）孫權集團的第二招則是故意換上貌似文弱的陸遜來代領呂蒙之職，對關羽示以謙卑，屯守陸口要塞，先行布局籌備。

（陸）遜至陸口，書與羽曰：「前承觀釁而動，以律行師，小舉大克，一何巍巍！敵國敗績，利在同盟，聞慶拊節，想遂席捲，共獎王綱。近以不敏，受任來西，延慕光塵，思廩良規。」又曰：「于禁等見獲，遐邇欣嘆，以為將軍之勳足以長世，雖昔晉文城濮之師，淮陰拔趙之略，蔑以尚茲。聞徐晃等少騎駐旌，窺望麾葆。操猾虜也，忿不思難，恐潛增眾，以逞其心。雖云師老，猶有驍悍。且戰捷之後，常苦輕敵，古人杖術，軍勝彌警，願將軍廣為方計，以全獨克。僕書生疏遲，忝所不堪。喜鄰威德，樂自傾盡。雖未合策，猶可懷也。儻明注仰，有以察之。」羽覽遜書，有謙下自託之意，意大安，無復所嫌。遜具啟形狀，陳其可擒之要。（摘自《三國志．吳書．陸遜傳》）

孫權集團的第三招，便是孫權親自出馬，假意表態親領雄師以助關羽北伐中原，而實則取道來襲關羽。

（關）羽圍樊，（孫）權遣使求助之，敕使莫速進，又遣主簿先致命於羽。羽忿其淹遲，又自已得于禁等，乃罵曰：「狢子敢爾，如使樊城拔，吾不能滅汝邪！」權聞之，知其輕己，偽手書以謝羽，許以自往。（摘自《三國志．蜀書．關羽傳》）孫權集團這一整套「組合拳」下來，關羽誤以為他們個個不足為懼，遂將本境南部的兵力撤走大半，導致後方空虛，被呂蒙以「白衣渡江」之計一舉抄底偷襲。

至此，在曹、孫兩派的腹背夾擊之下，關羽進退兩難，不得不收斂驕氣，連呼東三郡的劉封、孟達等火速來援。但東三郡的實際情形卻十分嚴峻：孟達最為圓滑，已經看出關羽敗局難挽，肯定是不想為此而虛擲自己的私家兵；申儀、申耽兄弟亦是「牆頭草」，關鍵時刻頂不上用。唯有劉封是劉備集團的骨幹成員，他在道義層面上是最應該馳援關羽的。但劉封與關羽的關係又不甚融洽，而且他也是驕悍成性，所以他選擇了袖手旁觀。

就這樣，曾經不可一世的「戰神」關羽陷入了孤立無援的境地，最後敗走麥城，被擒身亡。

縱觀襄樊事件本末，我們可以發現，每到關羽一方遭到暗算狙擊的緊要關頭，竟無一名得力謀士站出來為關羽出謀劃策，防患於未然。曹操身邊有司馬懿、蔣濟，孫權身邊有呂蒙、陸遜，關羽身邊又有什麼名士呢？整個襄樊之役，似乎都是關羽自斷自行、自負其咎。史書稱關羽「善待卒伍而驕於士大夫」，正是戳中了關羽的性格要害，因為「善待卒伍」，關羽故能似李廣一般將兵一心、可戰可捷；因為「驕於士大夫」，所以關羽剛愎自用，有賢而不敬，有才而不用，無法集思廣益，在驕橫之路上越來越偏、越走越遠。

一個「驕」字，使關羽身歿麥城、荊州盡失，也使蜀漢東翼基地全無，從此只能偏居割據，難以問鼎中原。

關羽之驕，實乃蜀漢之殤！

第十一章　陳登：以武立業的名士先驅者

漢末建安初年之際，中原的政治勢力格局基本已經定型：袁紹、袁術憑家世而拓業，呂布、劉備仗勇武而割據，孫策、孫權兄弟占地利而定基，曹操挾天子正統而崛起。這一階段的主線是「大吞小」、「強吞弱」，零散而小股的地方性勢力從此亦基本上難成氣候。

在這樣日漸固化的勢力格局版圖之中，絕大多數的名流之士已然失去了獨立發展的外部空間：孔融、陳群等人投靠了許都的曹操，田豐、沮授等人依附了冀州的袁紹，張范兄弟和許汜等人也被迫歸入了袁術麾下。他們只能成為「依人成資型」的僚臣，而難以自立一方。即使以司馬懿兄弟之博學多才、能文能武，卻也唯有在曹操幕府之中身任掾吏。

然而，在這諸多名士當中，只有下邳陳登「以文入武」、「以戰立業」，終至雄踞東南、崛立一方，成了當時名士大夫裡邊的「異類」。雍容座談、華而不實的許汜之流稱他是「湖海之士，豪氣不除」。其背後的緣由，只是這些清談之徒對陳登的奮發有為「羨慕嫉妒恨」罷了。

《後漢書》記載：陳登出身下邳盛族，其陳氏一門「歷世著名」，其祖父陳球貴為太尉，其父陳圭身居沛國相，其叔父陳瑀位居揚州刺史。而陳登本人亦是「忠亮高爽，沈深有大略，少有扶世濟民之志。博覽載籍，雅有文藝，舊典文章，莫不貫綜」。（摘自《三國志．魏書．陳登傳》）

陳登家族在漢末時期最先效力的對象是陶謙。他們起初也只想「依人而成勢」，定位於輔臣僚吏。可惜，陶謙年老不堪，並無餘力去拓展大業，最終在內外交困中去世。他臨終之際，卻將徐州牧之印轉授給了外來將領劉備。

此時，劉備卻故作姿態地謙讓了起來，素來敬服劉備「雄姿傑出，有王霸之略」的陳登親自出馬，和劉備之間有了一場鏗鏘震耳的對話。

> 下邳陳登謂先主（指劉備）曰：「今漢室陵遲，海內傾覆，立功立事，在於今日。彼州殷富，戶口百萬，欲屈使君撫臨州事。」
>
> 先主曰：「袁公路近在壽春，此君四世五公，海內所歸，君可以州與之。」
>
> 登曰：「公路驕豪，非治亂之主。今欲為使君合步騎十萬，上可以匡主濟民，成五霸之業，下可以割地守境，書功於竹帛。若使君不見聽許，登亦未敢聽使君也。」（摘自《三國志．蜀書．先主傳》）

在這番對話中，陳登是代表徐州系本土世族集團和劉備交涉的，談吐之間有理有據、不卑不亢，盡顯其「湖海之士」之本色，令劉備甚為欣賞。多年之後，劉備還向劉表稱讚道：

> 若元龍（陳登字元龍）文武膽志，當求之於古，造次難得比也。

儘管陳登有心輔佐劉備在徐州打出一個新天地來，可惜當時群敵環攻，呂布、袁術等梟雄實力雄厚，劉備終是勢單力薄，不到一年就被趕出了徐州。粗鄙無文、有勇乏謀的呂布及并州系武將集團強占了徐州。

陳登對呂布自然是不屑一顧的，只因他兵強勢大而不得不佯裝順從。但暗底下，陳登已經聯繫上了在許都「奉天子以討不臣」的曹操，準備內外呼應共取呂布。曹操對陳登亦十分重視，「拜（陳）登為廣陵太守，臨別，太祖（指曹操）執登手曰：『東方之事，便以相付。』令登陰合部眾以為內應」。

陳登終於有了朝廷的任命書作為自己的政治保障，可以名正言順地自立門戶了。《三國志》記載：

> （陳）登在廣陵，明審賞罰，威信宣布。海賊薛州之群萬有餘戶，束手歸命。未及期年，功化以就，百姓畏而愛之。登曰：「此可用矣。」

他建立起一支屬於自己的獨立嫡系武裝力量，從此在徐州地域取得了舉足輕重的地位。後來，曹操親來下邳征討呂布時，也需要他的兵力為助。陳登率軍為討呂先鋒，打得呂布焦頭爛額，竟至拿陳登的三個弟弟為人質來要挾他退兵。陳登執意不撓，毫不屈服，進圍日急。

最後，在陳登的大力協助下，曹操將呂布徹底蕩定。陳登也因功晉爵，似東漢馬援一樣受封為伏波將軍，終於在已經固化的中原勢力格局版圖中冒出頭來，成了持節一方的封疆大吏。

他的突然崛起，首當其衝而受到威脅的便是江東孫策兄弟。孫策意欲在袁曹交戰之際狙襲許都，第一步需要解決的就是陳登。加上陳登「甚得江淮間歡心」，又有「吞滅江南之志」，孫策視他為「臥榻之虎」，非得除他不可。《三國志》記載：

孫策遣軍攻（陳）登於匡琦城。

賊初到，旌甲覆水，群下咸以今賊眾十倍於郡兵，恐不能抗，可引軍避之，與其空城。水人居陸，不能久處，必尋引去。

登厲聲曰：「吾受國命，來鎮此土。昔馬文淵之在斯位，能南平百越，北滅群狄，吾既不能遏除凶慝，何逃寇之為邪！吾其出命以報國，仗義以整亂，天道與順，克之必矣。」乃閉門自守，示弱不與戰，將士銜聲，寂若無人。

登乘城望形勢，知其可擊。乃申令將士，宿整兵器，昧爽，開南門，引軍詣賊營，步騎鈔其後。賊周章，方結陳，不得還船。登手執軍鼓，縱兵乘之，賊遂大破，皆棄船迸走。登乘勝追奔，斬虜以萬數。賊忿喪軍，尋復大興兵向登。登以兵不敵，使功曹陳矯求救於太祖。

登密去城十里治軍營處所，令多取柴薪，兩束一聚，相去十步，縱橫成行，令夜俱起火，火然其聚。城上稱慶，若大軍到。賊望火驚潰，登勒兵追奔，斬首萬級。

連續兩次擊潰孫軍來犯，陳登可謂聲名大噪，威震江東。他若是繼續在徐州深耕細作、日漸坐大，難保不會取孫策兄弟而代之，成為曹操新的心腹之患。而曹操自知以功以德均不足以鎮服陳登，遂對他猜疑日盛。

其實，曹操應該也曾想過用自己的譙沛系將領夏侯惇、曹仁、夏侯淵等人來代替陳登收服江東。然而，北邊官渡對峙正急，他始終無法抽出譙沛系將領去處置江東。同時，他又十分擔憂陳登坐大成勢，於是不顧一切，藉著孫策暴亡、孫權繼位、江東暫安之機，以緩和與江東孫氏之關係為明面上的理由，強行把陳登遷轉到東城郡擔任太守，遠離了他的基業之地——廣陵。

當陳登遷轉之時，「廣陵吏民佩其恩德，共拔郡隨登，老弱襁負而追之」（摘自《三國志・魏書・陳登傳》）。面對此情此景，曹操自然是又憂又喜：憂的是陳登果然才能出眾，久必為患；喜的是自己見幾而作，制敵於無形，終於把陳登「雪藏」了。

而陳登何等聰敏，亦洞察到了曹操心底深處的種種謀算。他自知再也無法展翼凌空，不久之後便鬱鬱而終。

但曹操很快就後悔了——他這種自剪羽翼的做法終於造成了嚴重後果：失去陳登制約的孫氏勢力在後面的幾年裡急遽膨脹，拓展了六郡之地，一直將勢力的前鋒逼近了荊州外圍，並最終聯合劉備集團在赤壁把曹方打得潰不成軍。

陳登個人雖然壯志難酬、懷才不遇，但他擁軍持節、獨當一面的經歷，卻揭示了整個時代的一股大趨勢：名士大夫終將領軍掌權、出將入相，作為新興勢力登上歷史的舞臺，而且這一程序終究是不可阻擋的。在他之後，魏國的賈逵、司馬懿，蜀漢的諸葛亮，東吳的陸遜，紛紛持節而起、揮師而戰，憑藉軍功武力改寫了各方的政治格局。從這一點而談，他其實並非許汜口中的「異類」，而是這個時代以武立業的名士先驅者。

在後世千百年間，陳登更是成了「豪傑之士」的代名詞。辛棄疾、陸游等文人墨士皆以他的事蹟為楷模，激勵著自己昂揚有為。

明代著名詩人高啟有一首名為《念奴嬌・策勛萬里》的佳詞寫得極好。

策勛萬里，笑書生骨相，有誰相許？壯志平生還自負，羞比紛紛兒女。酒發雄談，劍增奇氣，詩吐驚人語。風雲無便，未容黃鵠輕舉。

何事匹馬塵埃，東西南北，十載猶羈旅？只恐陳登容易笑，負卻故園雞黍。篋裡關山，樽前日月，回首空凝佇。吾今未老，不須清淚如雨。

這首佳詞中，「只恐陳登容易笑」，成為對每一位在逆境中奮起的有志之士的一個強而有力之鞭策。

第十二章　承父兄之業的東吳之主孫權

孫權用人立國的「得」與「失」

明末史學家王夫之在《讀通鑑論》裡講過：

蜀漢之義正，魏之勢強，吳介其間，皆不敵也，而角立不相下：吳有人焉，足與諸葛頡頏；魏得士雖多，無有及之者也。

他認為，正是孫權富於知人之明，選用顧雍、陸遜等人為群臣領袖，這才奠定了江東鼎立之業近六十年的堅實基礎。所以，《三國志·吳書》記載：

魏文帝（指曹丕）出廣陵，望大江，曰：「彼有人焉，未可圖也。」乃還。

直接證明了孫吳旗下人才濟濟，令強敵也不敢輕易侵犯。孫權本人曾言：

天下無粹白之狐，而有粹白之裘，眾之所積也。夫能以駁致純，不唯積乎？故能用眾力，則無敵於天下矣；能用眾智，則無畏於聖人矣。

他是這麼說的，在實踐中大部分時間也是這麼做的。故而，他憑藉自己的知人之明、用人之才，「舉賢任能、各盡其心」，這才抗魏拒蜀、卓然而立，實屬難能可貴。

但孫權用人立國，既有其四大長處，又有其四大弊病：在創基立國的早期、中期，他的長處發揮得多、弊病克制得住，所以群策群力、屢戰屢勝；到了晚年，他的長處發揮得少、對弊病克制不住，就出現了「兩宮奪嫡」、「朋黨交爭」、「立嗣之危」等各種敗筆。

在此，筆者一一剖析。

首先，我們來詳細談一談孫權早年用人立國的長處。

選賢用能，以「準」見長

江東基業既定，而國之首輔最為重要。孫權捨張昭而任顧雍，足見其選賢之精準。他自己說得對：

> 領丞相事煩，而此公（指張昭）性剛，所言不從，怨咎將興，非所以益之也。

他認為張昭性剛而固執，是非太過分明，難以容人之異議，亦難以諒人之小過，會激化群臣內部矛盾。而顧雍為人寬厚沉穩，「其所選用文武將吏各隨能所任，心無適莫」。這展現了他的公平性。同時，顧雍「於公朝有所陳及，辭色雖順而所執者正」。又展現了他進言、辦事的靈活性與原則性結合得較好。所以，他選對了顧雍為相，以致政令平和、刑賞寬簡，使國之根基立於厚實之地，非淺局薄德之袁紹、袁術可比。

在對外征伐之上，他選任的三位西翼主將：魯肅、呂蒙、陸遜，亦是各有千秋。當與劉備集團聯手抵抗曹操之時，他選用「臨事不苟」的魯肅，以大局為重，調和了劉備集團和孫吳集團的矛盾，令曹操在外無隙可乘；當與劉備集團不得不因重大策略利益而刀兵相見之時，他又選用「籌略奇至」的呂蒙，以白衣渡江之計一舉拿下荊州，鞏固了江東的整體利益；當與來勢洶洶的劉備硬碰硬接之時，他又選用文武雙全的陸遜，以持重而伺機，用「火攻」之策擊潰了劉備四十餘座連營。由此可見，孫權對於在什麼時機、什麼地方應該使用什麼樣的人才來克敵致勝，一向是謀算得十分精到的。在這一點上，他絲毫不亞於曹操和劉備。

任人授權，得「專」而彰

陸機曾作《辨亡論》評價孫權道：

推誠信士，不恤人之我欺；量能授器，不患權之我逼。

實際上指出了孫權在任人授權方面素來是放手使用、專一不疑的。

例如《三國志・吳書・孫皎傳》裡記載：

後呂蒙當襲南郡，（孫）權欲令（孫）皎與蒙為左右部大督，蒙說權曰：「若至尊以徵虜（指徵虜將軍孫皎）能，宜用之；以蒙能，宜用蒙。昔周瑜、程普為左右部督，共攻江陵，雖事決於瑜，普自恃久將，且俱是督，遂共不睦，幾敗國事，此目前之戒也。」權寤，謝蒙曰：「以卿為大督，命皎為後繼。」禽關羽，定荊州，皎有力焉。

又如《三國志·吳書·陸遜傳》寫道：

時事所宜，（孫）權輒令（陸）遜語（諸葛）亮，並刻權印，以置遜所。權每與（劉）禪、亮書，常過示遜輕重可否。有所不安，便令改定，以印封行之。

他這樣做的效果就是：以專人而行專職，可以最大限度地減少牽絆，最大限度地提高辦事效率。另外，當有人從中行讒離間之時，孫權亦能洞明無疑、不受欺蔽。《三國志·吳書·諸葛謹傳》記載：

時或言（諸葛）瑾別遣親人與（劉）備相聞，（孫）權曰：「孤與子瑜（諸葛瑾字子瑜）死生不易之誓，子瑜之不負孤，猶孤之不負子瑜也。」

他還大膽起用諸葛瑾，「遷左將軍，督公安，假節，封宛陵侯」，使諸葛瑾以下的流寓派士族們從此安下心來，共保江東。

育才培基，由「勤」而成

孫權創立吳基，以「用眾力、用眾智」對抗魏、蜀，本著「人一己百」的原則多方培育各類人才以充實軍國之用。

例如《三國志·吳書·呂蒙傳》引用《江表傳》記載：

初，（孫）權謂（呂）蒙及蔣欽：「卿今並當塗掌事，宜學問以自開益。」蒙曰：「在軍中常苦多務，恐不容復讀書。」

權曰：「孤豈欲卿治經為博士邪？但當令涉獵見往事耳。卿言多務孰若孤，孤少時歷詩、書、禮記、左傳、國語，唯不讀易。至統事以來，省三史（潘眉注曰：是時謝承《後漢書》尚未成，吳主所謂「三史」指《史記》、《漢書》及《東觀記》也）、諸家兵書，自以為大有所益。如卿二人，意性朗悟，學必得之，寧當不為乎？宜急讀孫子、六韜、左傳、國語及三史。孔子言「終日不食，終夜不寢以思，無益，不如學也」。光武當兵馬之務，手不釋卷。孟德（指曹操）亦自謂老而好學。卿何獨不自勉勖邪？」

蒙始就學，篤志不倦，其所覽見，舊儒不勝。後魯肅上代周瑜，過蒙言議，常欲受屈。肅拊蒙背曰：「吾謂大弟但有武略耳，至於今者，學識英博，非復吳下阿蒙。」

在三國君主之中，親自教導臣下閱書開智者，孫權可謂第一人。而且，他不單是在卿士大夫的個體化培養上痛下功夫，對江東本土化士族的群體化栽培也是不遺餘力。《世說新語》裡寫道：

吳四姓舊目有云：張文、朱武、陸忠、顧厚。

「張、朱、陸、顧」四大士族都是吳郡人氏，都是孫權的同鄉，對穩固孫氏基業造成了非常重要的作用。而且，這四大士族與中原名門世族自有其深遠淵源不同，基本上都是孫權以皇權一手拱托而起的：

顧氏一族以顧雍為首，只有其曾祖父顧奉一人當過漢朝潁川郡太守，他的家族是在易漢入吳之後才興盛起來的；

張氏一族以張溫為首，其祖上未有高高厚名，從他的父親張允擔任孫權幕府的東曹掾起，他的家族才在仕途上嶄露頭角；

陸氏一族以陸遜為首，其祖陸紆曾任漢朝城門校尉，其父陸駿曾任九江縣都尉，發跡得比其他三大士族較早較好一些，但他的家族後來達到「一門出二相、五侯、十餘位將軍」的鼎盛狀態也是在易漢入吳後實現的；

朱氏一族以朱桓、朱據為首，其祖上更是寂寂無聞，他們完全是憑藉部曲武力追隨孫權南征北戰而以軍功發家旺族的。

由此可見，這江東本土四大士族先前休說「四世三公」，就連中原名門世族「三世二千石」的基本標準也未達到。他們的勃然而興，均由孫權全力促成，授任陸遜、顧雍為丞相之榮，又提拔張溫為選曹尚書，放手使用朱桓、朱據為方面大將，並帶動他們的子弟嫡親大面積地入仕吳室。這才使四大士族形成了吳國政權的四大支柱。

並且，他們在迅速發展的過程中，還自覺地塑造出了「文」、「武」、「忠」、「厚」的獨特門風，令吳主「取文則用張、舉武而用朱、納賢則用陸、行厚則用顧」，深度影響了吳廷人事選任之導向。

吳國若能一直以此四大士族為根底而拱衛皇權，豈非與東漢一朝相媲美乎？

可惜，後來張氏一族因捲入「暨豔一案」被廢，剩下的「陸、顧、朱」三大士族又遭「兩宮奪嫡」之禍而牽連受挫，使得江東元氣大傷。但也虧了陸氏一門後續有陸凱、陸抗等匡濟時艱，與孫吳國運相始終：直至陸抗死後，司馬氏才能乘隙滅吳。這亦可以歸功於孫權生前孜孜不倦的育才培基之舉。

獎賞激勵，以「實」為本

孫權對有功有為的臣下通常是不吝賞賜、毫無遲滯的。他素不以虛榮而鄙人，專以實惠而服人。例如《三國志·吳書·全琮傳》記載：

建安二十四年（西元219年），劉備將關羽圍樊、襄陽，（全）琮上疏陳羽可討之計，（孫）權時已與呂蒙陰議襲之，恐事洩，故寢琮表不答。及禽羽，權置酒公安。顧謂琮曰：「君前陳此，孤雖不相答，今日之捷，抑亦君之功也。」於是封陽華亭侯。

《三國志·吳書·陸遜傳》又記載：

（陸）遜自為中部，令朱桓、全琮為左右翼，三道俱進，果衝（曹）休伏兵，因驅走之，追亡逐北，徑至夾石，斬獲萬餘，牛馬騾驢車乘萬兩，軍資器械略盡。休還，疽發背死。諸軍振旅過武昌，（孫）權令左右以御蓋覆遜，入出殿門，凡所賜遜，皆御物上珍，於時莫與為比。

在呂蒙襲取荊州之後，《三國志·吳書·呂蒙傳》寫道：

以（呂）蒙為南郡太守，封孱陵侯，賜錢一億，黃金五百斤。蒙固辭金錢，（孫）權不許。封爵未下，會蒙疾發，權時在公安，迎置內殿，所以治護者萬方，募封內有能愈蒙疾者，賜千金。

以（呂）蒙為南郡太守，封孱陵侯，賜錢一億，黃金五百斤。蒙固辭金錢，（孫）權不許。封爵未下，會蒙疾發，權時在公安，迎置內殿，所以治護者萬方，募封內有能愈蒙疾者，賜千金。時有針加，權為之慘慽，欲數見其顏色，又恐勞動，常穿壁瞻之，見小能下食則喜，顧左右言笑，不然則咄唶，夜不能寐。病中瘳，為下赦令，群臣畢賀。後更增篤，權自臨視，命道士於星辰下為之請命。年四十二，遂卒於內殿。時權哀痛甚，為之降損。

試想，若遇到這樣一位獎勵十分到位、體貼細緻入微的伯樂型領導，誰會不盡心竭力為之效忠呢？

綜上所述，孫吳政權在三國鼎立中能夠始終屹立不倒，繼曹魏、蜀漢之後直至最終一個被滅國，完全在於孫權以各種手法「用賢任能、各盡所長、各得其所」，將「人和」的力量發揮到了極致，這才撐起了江東頂上的這一片天空！

但是，隨著晚年他對身後之事焦慮愈多，他的用人行事變得愈發煩苛，對臣下的猜疑防制也愈加嚴重，終於釀成「兩宮奪嫡之爭」和「三大士族俱廢」之大錯，為孫吳政權親手埋下了種種隱患。

總結起來，他在晚年的用人方略上存在著「四大弊病」。

信用酷吏而壓斂臣權

孫權在開基建吳之後，一時自以為外無大敵、內政平和，遂開始著意貪求強勢皇權，對臣下的職權多方侵蝕。

他仿效曹操，大張申、韓法家之術，設定「校事府」，提拔各類酷吏，對臣下百般牽制。《三國志．吳書．顧雍傳》寫道：

久之，呂一、秦博為中書，典校諸官府及州郡文書。（呂）一等因此漸作威福，遂造作榷酤障管之利，舉罪糾奸，纖介必聞，重以深案醜誣，毀短大臣，排陷無辜，（顧）雍等皆見舉白，用被譴讓。

《三國志．吳書．潘濬傳》也記載：

時校事呂一操弄威柄，奏按丞相顧雍、左將軍朱據等，皆見禁止。

呂一等人其實只是孫權用以壓斂臣權的政治「黑手套」。他在晚年啟用這些酷吏，完全是為了打壓公卿大夫而擴張吳室皇權。像魏國內部陳矯竟敢據理抗君、孫禮竟敢違旨行義等現象，孫權是絕不容忍類似情況出現在自己吳廷之上的。但酷吏們「摘抉細微、吹毛求疵、重案深誣，輒欲陷人以成威福」（摘自《三國志．吳書．步騭傳》）等劣行也進一步惡化了孫吳的君臣關係，造成政局動盪，容易引發內訌外患。

寬於武將而苛於文臣

孫權在對待文臣與武將兩個群體時，所採用的手法是迥然不同的。他對武將較為偏重，故而對他們的違法亂紀之舉多有寬縱，甚至是不聞不問。《三國志．吳書．朱桓傳》記載：

（全）琮以軍出無獲，議欲部分諸將，有所掩襲。（朱）桓素氣高，恥見部伍，乃往見琮，問行意，感激發怒，與琮校計。琮欲自解，因曰：「上自令胡綜為督，綜意以為宜爾。」桓愈恚恨，還乃使人呼綜。綜至軍門，桓出迎之，顧謂左右曰：「我縱手，汝等各自去。」有一人旁出，語綜使還。桓出，不見綜，知左右所為，因斫殺之。桓佐軍進諫，刺殺佐軍，遂託狂發，詣建業治病。權惜其功能，故不罪。

《三國志．吳書．呂範傳》記載：

（呂範）其居處服飾，於時奢靡，然勤事奉法，故（孫）權悅其忠，不怪其侈。

《三國志．吳書．潘璋傳》寫道：

（潘璋）性奢泰，末年彌甚，服物僭擬。吏兵富者，或殺取其財物，數不奉法，監司舉奏，權惜其功而輒原不問。

但對待文臣儒官，孫權往往則是執法從嚴、毫不手軟。例如《三國志．吳書．張溫傳》記載：

（孫）權既陰銜（張）溫稱美蜀政，又嫌其聲名大盛，眾庶炫惑，恐終不為己用，思有以中傷之，會暨豔事起，遂因此發舉。

實際上，張溫一介文吏，無兵無權，僅有虛名在外，又無違法犯罪之跡，孫權卻以「莫須有」之罪名加之，實屬濫權。《三國志．吳書．陸績傳》又寫：

孫權統事，闢（陸績）為奏曹掾，以直道見憚，出為鬱林太守。

孫權只因怕了陸績「直道而行」，就把他遠放鬱林郡，可見他的容人之量終是不廣。《三國志．吳書．虞翻傳》又寫道：

（虞）翻性疏直，數有酒失。（孫）權與張昭論及神仙，翻指昭曰：「彼皆死人，而語神仙，世豈有仙人也！」權積怒非一，遂徙翻交州。

醉徒之語，確無分寸，但也不必太過較真。然而孫權卻抓住這些醉言醉語，將虞翻流放外地，難逃「嚴苛」之名。

他寬縱武將，後來造成名地「私家軍」氾濫，而令皇權難有依託；他苛待文臣，後來釀成「兩宮奪嫡之爭」與「三大士族俱廢」等惡性事件，使名士大夫與吳廷離心離德，終至皇權孤立而潰。

蔽於私愛而暗於大體

晚年的孫權很少有壯年之際的冷靜與清醒，時常被自己的私慾矇蔽了頭腦。他的長女孫魯班，人稱「全公主」，腹有權謀而居心不正，因與太子孫和及其母王夫人有隙，遂「欲廢太子、立魯王（孫霸）」。像她這樣懷有私怨而介入立嗣之爭的人，除了壞事、添亂、火上澆油，又有何用？孫權稍為理性一些，本應該是對她拒而遠之，不留給她任何興風作浪的機會。可是，孫權卻溺於私愛，因孫魯班為自己的「掌上明珠」，遂絲毫不加節制，對她言聽計從，受讒而枉害太子孫和，動搖國本，釀成「兩宮奪嫡之禍」。

《三國志．吳書．孫和傳》記載了孫魯班讒害孫和母子的全部過程。

是後王夫人與全公主（孫魯班）有隙。（孫）權嘗寢疾，（孫）和祠祭於廟。和妃叔父張休居近廟，邀和過所居。全公主使人覘視，因言太子不在廟中，專就妃家計議，又言王夫人見上寢疾，有喜色。權由是發怒，夫人憂死，而和寵稍損，懼於廢黜。

在這期間，孫權不加考核使輕信了孫魯班的所有讒言，可謂昏聵已甚。

同時，在他身邊，執掌機密要務的吳國中書令孫弘亦是一個「佞偽險詖」（摘自《三國志‧吳書‧張休傳》）之徒，在「兩宮奪嫡之爭」中先後讒害了東宮派張休、朱據等大臣；在接受孫權遺詔輔政之後，他又想除掉同為輔臣的諸葛恪而專權獨裁。孫權晚年竟與此等奸徒為伍，不疑不棄，反倒信任有加，又如何不會種下無窮後患？

重於流寓而輕於本土

自開國以來，孫吳政權本有三大支柱：一是宗親派武將集團，以孫靜、孫賁、孫輔等及其子孫為主幹；二是外來流寓派士族集團，以周瑜、張昭、諸葛瑾父子、呂據父子等為主幹；三是江東本土派士族集團，以陸遜、顧雍、朱據、張溫等四大士族為主幹。

在孫權掌權的早期，外來流寓派士族集團是他的政治後盾，所以才有「內事不決問張昭，外事不決問周瑜」的說法。到了中晚期，孫權大力推行「吳室政權江東化」的方略，江東本土派士族集團漸漸成了他的權力支柱。這時候，「內事不決問顧雍、外事不決問陸遜」成為他的政治常態。

直至孫吳赤烏年間，孫權有鑑於曹魏政權被中原名門世族集團「喧賓奪主」的現實狀況，唯恐江東本土派士族集團也會坐成大勢，於是刻意挑起太子孫和與魯王孫霸的「兩宮奪嫡之爭」，將「陸、顧、朱」三大士族捲了進來，然後借宗親派、外戚派（指孫魯班和她背後的步氏家族、全氏家族）等兩大勢力集團之手狠狠予以打擊，逼死陸遜、流放顧譚兄弟、賜死朱據，使江東本土派士族集團元氣大傷，從而導致吳廷的權力格局嚴重失衡。

孫權原來很武斷地認為：外來流寓派士族集團根基單薄，易於操控，所以要重點扶持；江東本土派士族集團根深葉茂，難以制約，所以要重點防範。但他沒料到自己刻意壓下江東本土派集團，又強行推舉外來流寓派集團登上歷史櫃檯的中央大位，卻終是難以制衡以孫峻、孫綝堂兄弟為首的宗親派集團侵吞皇權，並導致少帝孫亮被無過而廢的惡性事件發生。他「重流寓而輕本土」，令吳室的權力根基「本末倒置」，一直內亂頻頻、難得安定，禍莫大焉！

歷史上任何一位英主明君，無論是秦皇漢武也罷，還是唐宗宋祖也好，都不是十全十美的完人。孫權亦不例外。在早年，他曾是「仁而多斷」的明君；然而到了晚年，他卻成了「苛而多猜」的昏君。在早年，他曾是「好俠養士」的英主；然而到了晚年，他卻成了「好殺嫉士」的庸主。這是令人非常惋惜的。

不過，他用人立國，既有「四大長處」，又有「四大弊病」，可算是為後人提供了正反兩面的經驗教訓，永遠值得後人借而鑑之以揚長避短、勵精圖治。

孫權晚年立嗣顧命問題之探隱

裴松之深研孫吳歷史，認為：

> 袁紹、劉表謂（袁）尚、（劉）琮為賢，本有傳後之意，異於孫權既立（孫）和而復寵（孫）霸，坐生亂階，自構家禍，方之袁、劉，昏悖甚矣。

清人李慈銘在《越縵堂讀書筆記》中亦言：

唯大帝（指孫權）號稱賢主，而太子（孫）和被廢之際，群臣以直諫受誅者，如吾粲、朱據、張休、屈晃、張純等十數人，被流者顧譚、顧承、姚信等又數人，而陳正、陳象至加族誅，吁，何其酷哉！自是宮闈之釁，未有至此者也。

他們都看出了孫權晚年「坐生亂階、自構家禍」，而且牽涉面極廣，在「昏悖」「酷烈」的表象之下似乎又深藏用意，令人有些捉摸不透。

《三國志．吳書．孫和傳》裡引用殷基的《通語》裡記載：

初（孫）權既立（孫）和為太子，而封（孫）霸為魯王，初拜猶同宮室，禮秩未分。群公之議，以為太子、國王上下有序，禮秩宜異，於是分宮別僚，而隙端開矣。自侍御賓客造為二端，仇黨疑貳，滋延大臣。丞相陸遜、大將軍諸葛恪、太常顧譚、驃騎將軍朱據、會稽太守滕胤、大都督施績、尚書丁密等奉禮而行，宗事太子，驃騎將軍步騭、鎮南將軍呂岱、大司馬全琮、左將軍呂據、中書令孫弘等附魯王，中外官僚、將軍、大臣舉國中分。

透過這段文字，我們可以分別看清孫和的「東宮黨」和孫霸的「魯王黨」各自的名單：「東宮黨」這邊，有陸遜、顧譚、朱據、諸葛恪、滕胤、施績、丁密等高官；「魯王黨」那邊，有步騭、全琮、呂岱、呂據、孫弘等要員。在這兩份名單當中，「魯王黨」這些骨幹成員於「兩宮奪嫡之爭」中無一人受損，均是全身而退；而「東宮黨」這些重臣，卻是多遭孫權的嚴厲制裁——陸遜被孫權遣中使逼責而死，顧譚及其兄弟被流放交州，朱據先貶出京而後被半途追殺，慘不忍睹。

但我們研判一下陸遜、顧譚、朱據這三人的門戶背景，卻發現他們均出身於江東本土派士族集團，並在該集團中為首領人物。於是，一個明確而驚人的答案躍然而出：原來，孫權故意藉著這一場「兩宮奪嫡之爭」，引誘「陸、顧、朱」江東三大本土士族出頭參與，然後對他們分而削之、壓而抑之。對這個結論，三國史學家們幾乎俱有研究，而且其中還不乏精深之見解。

不過，大多數的三國史學家只是止步於這個結論，卻不曾「透過現象洞察本質」：對孫權為什麼要在立嗣之爭專科門打壓江東本土派勢力、為什麼其他派系的首領們卻能全身而退、為什麼後來又賜死魯王孫霸以及「兩宮之爭」結束之後的後續立嗣程序狀況等一系列問題並未深入剖析，而只是用「昏悖」、「酷烈」等評價性詞句給孫權晚年立嗣顧命之重大問題草草畫上了句號。

筆者則認為，孫權晚年的立嗣顧命之所有舉措背後皆蘊含著精密而深遠的政治謀算。孫權當時已年屆七旬，掌權執政五十餘年，目睹了劉備「白帝託孤」、諸葛亮剪除李嚴、魏文帝「嘉福殿顧命」、魏明帝臨終託孤、司馬懿與曹爽爭權內訌、「高平陵事變」等一系列事件，遂以它們為龜鑑，結合吳國自身的現實權力格局情勢，在不同時期、不同階段，對立嗣顧命之大事做出了種種動態化布局，力求面面俱到、萬無一失。然而，俗話講：「人算不如天算。」孫權雖然殫精竭慮、費盡心機，終因現實時勢的急遽變化，讓他的所有布局都一一落空了。

而這一跌宕起伏、峰迴路轉的演變過程，筆者在此盡量貼近史實地描繪出來，以供讀者探而索之。

孫權於赤烏八年至赤烏十三年的立嗣布局

孫吳赤烏八年（西元245年），正是孫和與孫霸「兩宮奪嫡之爭」進行到如火如荼的時候。但他倆萬萬沒有料到，超然在上的父皇孫權早已對這一場立嗣之爭和本末底細洞若觀火，並有了全新的想法和謀劃。

《三國志‧吳書‧孫和傳》裡引用殷基的《通語》記載：

（孫）權患之，謂侍中孫峻曰：「子弟不睦，臣下分部，將有袁氏之敗，為天下笑。一人立者，安得不亂？」於是有改嗣之規矣。

孫權已然明白：如今「兩宮奪嫡之爭」既然如此激烈，孫和立則孫霸一派必危；反之，孫霸立則孫和一派亦危。畢竟孫和、孫霸都是自己的兒子，孫權還是希望他們兩不相危。而使他們「兩不相危」，孫權就只能將他們「兩不得立」。那麼，便只有「改嗣」——改立第三個東宮候選人為太子。後世的唐太宗李世民就是這樣做的：他把參與奪嫡之爭的太子李承乾和魏王李泰雙雙廢除，改立第三者晉王李治為嗣，以維護宗室的手足相安。

同時，孫權覺得「兩宮奪嫡之爭」的戰火既然已經燃燒起來了，倒也不妨把它看作一個重要的契機——一個對朝廷原有的權力格局展開「大洗牌」的契機。

在「兩宮奪嫡之爭」前的孫吳高層權力格局情況是這樣的：宗親派武將集團、江東本土派士族集團、外來流寓派士族集團三股勢力共同撐起了吳室皇權。可是，孫權觀察到曹魏內部的中原名門世族集團已經急遽膨脹到威脅皇權的地步，這讓他怵目驚心。他反觀本國的內部情形，察覺到江東本土派士族集團也在暗暗坐大——「陸、顧、朱、張」四大家族的子弟姻親幾乎遍布吳廷上下，潛在勢力極大。於是，孫權對江東本土派士族集團產生了極為強烈的猜忌之心。他不想見到第二個吳國的「司馬懿」出現，便藉著這一場「兩宮奪嫡之爭」的契機，實施了自己狙擊江東本土派士族集團的謀略。

其實，「魯王黨」的勢力原本十分脆弱，根本不能與「東宮黨」相比。而孫魯班、全琮夫婦作為外戚派勢力代表，是孫權默許他們加入「魯王黨」的第一股勢力。而驃騎將軍步騭、鎮南將軍呂岱、越騎校尉呂據、中書令孫弘等名將要員，若無孫權的暗中授意，也是不可能無故支持魯王孫霸的。孫霸本人也拿不出什麼條件可以「蠱惑」他們。所以，歸根到底，這都是孫權隱在幕後自導自演的一出「大戲」。

這出大戲的具體內容是這樣的：孫權以明面上的「兩宮奪嫡之爭」為陷阱，以孫和、孫霸兩個兒子為「誘餌」，以孫魯班、全琮父子和旁系宗室孫弘、孫峻等人為「黑手套」，以步騭、呂據、呂岱等其他派系重臣為助手，實施了一場對江東本土派首領們「定點清除」的殘酷圍剿。在這場無形的圍剿中，陸遜被逼死、顧譚兄弟被流放、朱據被賜殺，江東本土派士族集團實力大損，再也無法參與吳室最高「權力遊戲」的角逐。

在這裡，我們可以舉出顧雍的長孫、顧氏一族的新秀骨幹顧譚所遭受的打壓來進一步說明孫權的用意。顧譚在「兩宮之爭」中的職位是太常之官。太常之官是吳廷一個關鍵性的職位。孫吳名臣潘濬就曾經擔任過太常卿，眾人皆以為他必將接替顧雍出任丞相。《三國志．吳書．潘濬傳》就寫道：

黃門侍郎謝厷語次問（呂）一：「顧公（雍）事何如？」一答：「不能佳。」厷又問：「若此公免退，誰當代之？」一未答厷。厷曰：「得無潘太常得之乎？」一良久曰：「君語近之也耳。」厷謂曰：「潘太常常切齒於君，但道遠無因耳。今日代顧公，恐明日便擊君矣。」一大懼，遂解散雍事。

而今，顧譚身居太常之位，明顯是江東本土派士族集團所青睞的候選接班人。到了「兩宮奪嫡之爭」的尾聲，孫權卻將他流放交州，把他的太常之位轉授給了身為帝婿的滕胤。而滕胤後來果然以外戚派代表的身分入列新帝輔政團隊。這一系列的動作，將孫權竭力打壓江東本土派勢力的用意表現得畢露無餘。

祖父（顧）雍卒數月，（顧譚）拜太常，代雍平尚書事。（摘自《三國志．吳書．顧譚傳》）

最後，孫權用步騭取代了陸遜的丞相之位，用呂據取代了朱據的驃騎將軍之職，又以流寓派士族集團新秀骨幹諸葛恪為大將軍，「假節，駐武昌，代（陸）遜領荊州事」。（摘自《三國志．吳書．諸葛恪傳》）在這一次吳室最高階層的「權力大洗牌」中，江東本土派勢力被完全踢了出去。

當然，孫權也不是百分之百地信任其他派系的大臣們。他為了試探諸葛恪的忠心，以「貶黜朋黨」為名，將投附孫霸的諸葛恪之長子諸葛綽交付給他，「令更教誨」。而諸葛恪也毫不含糊，立即鴆殺諸葛綽以自證忠節。對此，孫權甚為滿意，於諸葛恪的倚重之情愈來愈盛。

當江東本土派士族集團遭到嚴重摧殘後，孫權於赤烏十三年（西元 250 年）初就「緊急煞車」，制止了「兩宮奪嫡之爭」。鑑於魯王孫霸野心勃發、不擇手段地害兄奪位，孫權狠下心來將他賜死。「魯王黨」的一些小角色，例如楊竺、全寄、吳安、孫奇等，全被孫權誅殺，當作是對擁護正統的禮法派人士們的一個交代。同時，太子孫和也被幽禁而廢。

此刻，究竟立定誰為嗣君，成了朝野上下最為關注的重大問題，牽動著吳室諸臣的政治神經。

孫權於赤烏十三年冬至太元二年的立嗣布局

赤烏十三年（西元250年）十一月左右，在太子位空懸了兩個多月之後，孫權做出了這一生最為重要的一個決斷：立年僅八歲的幼子孫亮為東宮太子。

在此之前，他仔細思量了一番。在他的皇子當中，還有孫奮、孫休及孫亮三個可以入列東宮候選人。但孫奮為孫霸之胞弟，素來暗懷野心，選他就等於選孫霸，所以他被第一個排除出局。孫休個性沉穩，但他的母族從來不為孫權所寵信，而且孫休之妻又是朱據的女兒，與江東本土派士族集團關係甚密，所以孫權也不會選他為嗣。那麼，最後的候選人就只剩下孫亮了。

孫亮太過年幼，這是他最大的劣勢。可是孫亮背後有孫魯班等人的全力支持，其妻又為全琮的姪兒全尚之女，是外戚派集團所中意的東宮人選。且孫亮的母親潘夫人出自罪人之家，與江東本土派士族集團毫無瓜葛，背景十分單純。綜合種種考慮，孫權只得立他為嗣。

但是確立孫亮之後，孫權始終還是放心不下的。不久前發生在曹魏的「高平陵事變」強烈地觸動了他。他感覺自己若是立定孫亮為嗣，就極有可能讓「高平陵事變」這樣的悲劇在吳廷重演！畢竟，

「主少國疑」、「主少臣強」，是歷朝歷代滅亡之覆轍啊！西漢末年幼帝在位，結果被王莽篡了大位；東漢末年幼帝在位，結果竟釀成董卓之亂。這些前車之鑑歷歷在目，令孫權再一次猶豫了、動搖了。

太元元年（西元251年）十一月，孫權得了風疾。在重病中，他意識到原太子孫和並無過錯，於是想召回孫和重新改嗣。

此時，以孫魯班為代表的外戚派集團和以孫峻、孫弘為代表的宗親派集團已經與孫和變成了死敵，怎會允許他復立太子之位？！他們一齊向孫權施加壓力，逼迫孫權停止妄想，仍以孫亮為嗣。

這個時候的孫權，實際上已是重病在床，根本無法正常行使皇權。他縱有自己的獨立之見，也難以落實。於是，召回孫和之事無疾而終。孫權最後一次扭轉大局的努力歸於失敗。

他臥病在床，無力改變和無力制約的事情還有很多：孫魯班、孫弘等人為了防止孫亮的母後潘氏坐大爭權，於是聯手暗殺了她，使孫亮愈發依賴自己的姻戚——全氏一門。皇權的根本已然岌岌可危。

孫權既已明白確立孫亮為嗣之事實不可逆轉，他只有接受現實，苦心孤詣地謀求建立起一套最優化的權力制衡體系，為孫亮提供一個合適的輔政團隊。

第一，他最終確定了諸葛恪為首輔大臣。擢拔諸葛恪為首輔，孫權是經過反覆思量的。他也嫌過諸葛恪的性格「剛愎自用」，但先前原太子孫登臨終遺表裡，就將東宮所交之友中的諸葛恪列為首位，稱他為「才略博達、器任佐時」。又加上宗親派首領孫峻大力推薦，再結合諸葛恪殺子以明忠的表現，孫權終於決定他為顧命首輔大臣，並出任太子太傅。

第二，為了防止諸葛恪權勢過重，孫權又以宗親派首領孫峻、孫弘和外戚派代表滕胤三人共為輔政大臣，以「三對一」的方式來制衡諸葛恪。

第三，為了提高輔政團隊的廣泛性及忠誠度，孫權最後又調取了出自大內宿衛體系的呂據為末位輔政大臣，由他出任孫亮的太子右部督，專職貼身護衛孫亮。至此，孫權為幼帝孫亮搭建的輔政團隊完全成型。

即使如此，他依然不能完全放心。為了從外部制約整個輔政團隊，孫權使出了最後一招：以藩王居外而拱衛帝室。他「立故太子（孫）和為南陽王，居長沙；子（孫）奮為齊王，居武昌；子（孫）休為琅琊王，居虎林」（摘自《三國志・吳書・吳主傳》）。這三位成年藩王全被安插到「江濱兵馬之地」。依照孫權的構思，他們可以在吳室危急的關鍵時刻舉兵入京勤王護駕。

完成了這四步布局，孫權自覺已經做到了吳室權力制衡體系的極致。到了這時，他才感到自己似乎可以安心地去世了。

可是，他萬萬沒有料到，自己剛一駕崩，他這一系列繁複而又細緻的身後布局很快就「散架」了。

孫亮登基後的遺留問題及皇權危機

孫權在確定諸葛恪為首輔大臣之際，就很清醒地認識到他有著「剛愎自用」的缺點，不適合入相輔國。但在孫峻等宗派集團首領的竭力保舉之下，他只得勉強俯從了。

其實，諸葛恪「剛愎自用」這個缺點，如果放在他還是一方將領時，也不會造成多大的負面影響。若是他此刻已然坐擁相權，那麼這個缺點便容易惡性膨脹、流為大患而害人害己。

果然，幼帝孫亮剛一登基，諸葛恪剛一執政，他就引發了兩起惡性事件。一是他不經訊問，便以強硬手段擅自處決了另一位輔政大臣、中書令孫弘。或許孫弘真有對諸葛恪不利的想法，但諸葛恪對他的處置亦應該如同他的叔父諸葛亮處置李嚴一樣依其罪狀及供詞而免官禁錮即可。他的「以暴制敵、擅殺天下」，開啟了後邊吳國輔政大臣「自相殘殺」的先河。

二是他為了便於自己獨斷專行，公然違背孫權的遺詔，把齊王孫奮、琅琊王孫休等兩位藩王從「江濱兵馬之地」調離。《資治通鑑》裡寫道：

（諸葛）恪不欲諸王處江濱兵馬之地，乃徙齊王（孫）奮於豫章，琅琊王（孫）休於丹陽。

這期間他又唯獨漏掉了原太子孫和，讓他繼續留在長沙，顯得有些不公不平。孫魯班、孫峻等曾經反對孫和為嗣的人們難免會聯想到：諸葛恪先前在「兩宮奪嫡之爭」中擁立過孫和，且又是孫和之妃張氏的舅舅，他如此厚待孫和，莫非另有企圖？從此，諸葛恪在朝廷內外於無形中為自己樹立了不少政敵。

而且，更令朝臣們心生忌憚的是，自孫弘死後，諸葛恪在整個吳國輔政團隊裡便成了徹徹底底的「一枝獨大」：滕胤和他是兒女親家，他倆是天然的「政治同盟」；呂據又和他同屬流寓派士族集團，不會與他為難。而剩下的唯一一個宗親派代表孫峻又只是武衛將軍，手頭僅有為數不多的禁軍，遠遠不及諸葛恪坐擁雄師。所以，長此以往，諸葛恪必將發展成為吳國的司馬懿。

本來，在這套輔政團隊之外，還是有一股強大的勢力——江東本土派士族集團可以制約諸葛氏的。「陸、顧、張、朱」四大家族只要有一兩位菁英代表入列輔政團隊，吳國的最高權力格局就不會偏倚失衡。但孫權生前自毀長城，刻意將江東本土派士族集團排斥疏遠，又怨得誰來？

《三國志．吳書．諸葛瑾傳》裡記載孫權當年曾經公開評論過曹丕的「嘉福殿託孤」之事而道：

> 聞任陳長文（指陳群）、曹子丹（指曹真）輩，或文人諸生，或宗室戚臣，寧能御雄才虎將以制天下乎？夫威柄不專，則其事乖錯。如昔張耳、陳餘，非不敦睦。至於秉勢，自還相賊，乃事理使然也。又長文之徒，昔所以能善守者，以（曹）操笮其頭，畏操威嚴，故竭心盡意，不敢為非耳。逮（曹）丕繼業，年已長大，承操之後，以恩情加之，用能感義。今（曹）叡幼弱，隨人東西，此曹等輩，必當因此弄巧行態，阿黨比周，各助所附。如此之日，奸讒並起，更相陷懟，轉成嫌貳。一爾已往，群下爭利，主幼不御，其為敗也焉得久乎？所以知其然者，自古至今，安有四五人把持刑柄，而不離刺轉相蹄齧者也！強當陵弱，弱當求援，此亂亡之道也。

富有諷刺意味的是，他這段評語結果竟在他自己身後的吳國輔政團隊裡完全應驗了：諸葛恪獨掌大權不久，在對魏國的合肥新城攻堅戰失敗後威名頓損，加之他隱隱暴露出復立原太子孫和的企圖，被孫峻、孫亮採用行刺狙殺的手法除去；孫峻執政沒幾年也暴病而亡，臨終卻將首輔大臣之權擅自轉授給自己的堂弟孫綝；滕胤、呂據等人不甘不服，準備聯手廢掉孫綝，反被孫綝藉機剷除。孫綝專制朝政之後，又對吳主孫亮不恭不敬。孫亮按捺不住，意欲聯合孫魯班和全氏一族消滅孫綝。不料，又被孫反撲成功，孫亮遂被廢除天子之位。至此，孫吳高層權力內鬥達到了極端惡劣的地步。孫權生前的顧命託孤之布局被打得粉碎。若不是孫綝僅有二十六歲，資歷太淺、功德太薄、民望太低，他肯定會成為吳國的司馬師、司馬昭。

儘管孫吳後來有了孫休意外崛起而稍稍做了些許撥亂反正之舉，但吳國已是因為頻繁而激烈的權臣內鬥而幾乎耗盡了元氣，終於如同江河日下，不可逆轉地走向了覆亡。

那一年，江東有童謠紛紛泛起：「庚子歲當頭，青蓋入洛陽」；那一年，吳國末帝孫皓走投無路，只得親筆向逼臨石頭城下的晉軍寫下了求降書；那一年，在孫吳衛國的最後一戰中，卻全然沒了江東本土世家菁英們的挺身而出。而這一切，都可以追溯到二十八年前孫權那份臨終時的顧命輔政大臣名單之上：他缺掉了最關鍵的幾個姓氏。

第十三章　三國時期的官場選任特點

三國時期的官場盛產各類人才，但它終究不是脫離現實的「真空地帶」，也充斥著各式各樣的特殊之處。在那個時代，有人因為懂得這些特殊之處而如魚得水，也有人因為不懂這些特殊之處而步步維艱。無論是雄才大略的曹操、劉備、孫權，還是聰明睿智的諸葛亮、司馬懿、陸遜，他們都只能在這些特殊之處中騰挪翻轉，爭取以最巧妙的技巧來實現自身的政治利益最大化。

「九品中正制」的正反面

漢末三國時期，「鄉舉里選」、「察舉徵辟」等人事選任制度和魏朝所建的「九品中正制」都是並軌執行的。在所有的官方文章中，「任人唯賢」、「唯才是舉」是主旋律，是大書特書的，也是不容置疑的。曹操率先垂範，提拔了一大批才能出眾的菁英，從而使自己「周公吐哺，天下歸心」的政治形象深入人心。

而與之相對應的「任人唯親」、「為人擇官」則是眾所唾棄的，是不許通行的。連漢末尚書令荀彧那樣的高官顯要，也不敢輕易擢選自己身邊的親隨侍從來「示人以私」。可是，魏國名臣、太中大夫杜襲卻公開講破了當時人事選任制度背面的另一個讓眾人心照不宣的特點：

唯賢知賢，唯聖知聖，凡人安能知非凡人耶？

所以，司徒府也罷，選曹署也罷，中正官也罷，他們自然是「賢人」，否則他們怎麼去選「賢人」呢？這也就是說，你若當了官，便不「賢」也得「賢」了，這樣你才可以「舉爾所知」。所謂的「唯賢知賢、唯聖知聖」的另一層含義就是「唯親知親、唯故知故」。《後漢書》記載：

南陽陰修為潁川太守，以旌賢擢俊為務，舉五官掾張仲方正，察功曹鍾繇、主簿荀彧、主記掾張禮、賊曹掾杜佑孝廉，荀攸計吏，郭圖為吏，以光本朝。

後來，荀彧擔任漢廷尚書令後，舉薦鍾繇為司隸校尉、姪兒荀攸為尚書之官。而且由於杜佑和他是同郡鄉親，荀彧又舉薦了與杜佑同宗的杜襲出任曹操的軍祭酒。廟堂之上，連世稱「好士愛奇」、「不以私欲撓意」的荀彧亦是如此選任人才，又何況德行在他之下的眾多卿官呢？

實際上，「九品中正制」也好，「鄉舉里選制」也好，三國官場選官用人的真正特點就是：在對外的政治口號上要高喊「任人唯賢」，而且一定要高調、高調、再高調；但於暗底下的實際操作中卻在大多數的時候遵循著「任人唯親」，當然最好是像荀彧舉薦荀攸一般選用「親而且賢」的人才為官入仕。如此便可以更有效地堵住「悠悠眾口」了。這樣的做法，《世說新語》有一則故事可作輔證。

許允為吏部郎，多用其鄉里，魏明帝遣虎賁收之。其婦出誡允曰：「明主可以理奪，難以情求。」既至，帝問之，允對曰：「『舉爾所知』，臣之鄉人，臣所知也。陛下檢校，為稱職與不？若不稱職，臣受其罪。」既檢校，皆官得其人，於是乃釋。允衣服敗壞，詔賜新衣。

「以行而求名，以名而立身」的真相

《三國志．魏書．杜畿傳》注引《杜氏新書》稱：

（李）豐砥礪名行以要世譽。

《三國志．魏書、諸葛誕傳》亦稱：

言事者以（諸葛）誕、（鄧）颺等修浮華、合虛譽。

從這些詞句，我們可以總結出漢末三國時期士人們當官入仕的主要方法是：「以行而求名，以名而立身」，即：必須要以自身的德行、事蹟和才藝表現而迎合當時的主流輿論，爭取獲得一定的名氣，方能脫穎而出、步步高昇。

在這方面做得最好的就是王祥的「臥冰求鯉」故事和時苗的「去官留犢」故事。

父母有疾，（王祥）衣不解帶，湯藥必親嘗。母常欲生魚，時天寒冰凍，祥解衣將剖冰求之，冰忽自解，雙鯉躍出，持之而歸。母又思黃雀炙，復有黃雀數十飛入其幕，復以供母。鄉里驚嘆，以為孝感所致焉。（摘自《晉書・王祥列傳》）

這便是王祥以「孝」行而求到「孝廉」的故事。

（時苗）又其始之官，乘薄軬車，黃牸牛，布被囊。居官歲餘，牛生一犢。及其去，留其犢，謂主簿曰：「令來時本無此犢，犢是淮南所生有也。」群吏曰：「六畜不識父，自當隨母。」苗不聽，時人皆以為激，然由此名聞天下。（摘自《三國志・魏書・時苗傳》）

這便是時苗以廉行求得「清廉」之美名的故事。

他倆的「事蹟」，可謂時人之中立名造勢最為成功的案例。所以，王祥一路做到了大司農、太尉、太保等高官；而時苗也做到了太官令、郡中正、典農中郎將等顯職。

這就是漢末三國時期士人們改換門庭、衣紫佩金的著力點：以行揚名，立竿見影。

但人人俱有孝廉之行，人人都會花樣百出，你若無人脈背景加以提攜，便只能將自己的孝廉之行做得出人意表、做得盡人皆知，哪怕是刻意作秀，也定會為上官所賞識。說到底，不會「包裝」自己言行的士人，在漢末三國時期想要出人頭地，那真的是難上加難。

從某個角度而言，這種應仕模式其實比後世只做「表面文章」的科舉考試更為務實可觀，也更富有技術含量。

不賄不禮，官路不順

在漢末時期的官場上，以「人情往來」的名義向上官行賄送禮是必不可少的。但上官亦非愚蠢，你若明面上送禮行賄，必難成功。所以，將行賄送禮磨練成一門「巧之又巧」、「妙之又妙」的技術工作，就成了朝廷各級官吏的「必修課」。

在這方面，蜀漢叛將孟達的父親孟他便做得十分精妙。《三國志·魏書·明帝紀》注引《三輔決錄》中記載：

（漢）靈帝時，中常侍張讓專朝政，讓監奴（掌管家務的奴僕）典護家事。（孟）他仕不遂，乃盡以家財賂監奴，與共結親，積年家業為之破盡。眾奴皆慚，問他所欲，他曰：「欲得卿曹拜耳。」奴被恩久，皆許諾。時賓客求見（張）讓者，門下車常數百乘，或累日不得通。他最後到，眾奴伺其至，皆迎車而拜，徑將他車獨入。眾人悉驚，謂他與讓善，爭以珍物遺他。他得之，盡以賂讓，讓大喜。他又以蒲桃酒一斛遺讓，即拜涼州刺史。

孟他只為求官而來，並不看重錢財。他對自己佯裝為張讓貴客而騙來的錢一分一文也不敢中飽私囊，而是全部交給了張讓。張讓也非庸常之人，他所看重的則是孟他對自己的不欺不瞞，覺得孟他完全可以出任方州擔當自己在外藩撈錢的「黑手套」，於是才提拔他做了涼州刺史。

《三國志·魏書·張既傳》注引的《魏略》中另一則故事講道：

（張）既世單家，為人有容儀。少小工書疏，為郡門下小吏，而家富。自唯門寒，念無以自達，乃常蓄好刀筆及版奏，伺諸大吏有乏者輒與之，以是見識焉。

張既的行賄手法就是「以小謀大」、「積漸成勢」。他利用上官們貪圖小便宜的心理弱點，很巧妙也很隱蔽地將賄禮送了出去。最終，上官們覺得禮足意滿，便將他推薦出去當了孝廉、茂才。張既就此把官越做越大，直至官拜涼州牧、爵封西鄉侯、食邑四百戶。

所以，即使在漢末三國時期，士人們也切勿以為天下吏治澄清便無孔可入。你看，張既、孟他之流別出心裁、巧妙而為，甚至是在一代雄主曹操的治下，依然能夠以禮「開道」、官運亨通。

上雖偽飾，下必投機

古時，上官們幾乎都很矯情，他們越是在明面上強調不能做某些事情，而實際上在暗底下可能卻非常歡迎下屬替他們做那些事情。

對這個現象，下層官吏們切莫存有僥倖心理，只能是「勿問上之不欲，但問己之不行」。《三國志・魏書・王思傳》裡有一則故事就給我們很生動地上了一堂「活課」，其主要角色是曹魏嘉平年間的弘農郡太守劉類，他「外託簡省，每出行，陽敕督郵不得使官屬曲修禮敬，而陰識不來者，輒發怒中傷之」。

這件軼事還告訴我們：在當時的官場內部，許多事情永遠是「表裡不一」的。

我們可以再透過《三國志》中另外一位大名士楊俊的遭遇來加深印象。

（魏文帝曹丕）車駕南巡，未到宛，有詔百官不得干預郡縣。及車駕到，而宛縣令不解詔旨，閉市門。帝聞之，忿然曰：「吾是寇耶？」乃收宛令及太守楊俊。

楊俊和宛縣令沒有主動做好迎駕工作，信了「有詔百官不得干預郡縣」的虛文，末了竟遭斬首之刑，你說他倆是冤枉不冤枉呐？

兩面下注，長線投資

漢末三國時期是曠日持久的大亂世。在這樣的亂世謀生存求發展，尤為不易。其中各個家族為使自身長久安全，通常會使用「兩面下注、長線投資」的深遠方略。而且，這樣的例項可謂是不勝列舉。

汝南袁氏一族自漢末以來，為免宦黨政爭之害，一方面使偏房庶子袁赦淨身進入禁省，官居中常侍；另一方面又使嫡傳子弟袁隗、袁逢等從政於朝，位列三公。這樣一來，他們外有袁隗、袁逢以清流面孔而坐鎮，內有袁赦以近宦之權而暗助，所以能做到「累世臺司、富貴綿綿」。甚至在兩次波及千百戶名門世家的大規模「黨錮之禍」中，袁氏一門也仍是安若磐石、毫髮未損。

再如潁川荀氏，自命為「荀子之後」，素為儒林之冠；他們族中亦是做了兩手布局，荀彧全力輔佐曹操以安漢平亂，其兄荀諶則為袁紹之謀主而縱橫河北，然後居中擇全勝者而決之。

河內司馬氏也是如此施為：司馬懿出任魏國太子曹丕之中庶子一職，而其弟司馬孚則出任曹植之平原侯府的中庶子。他倆各為其主、各盡其忠。所以，在魏宮立嗣之爭中，無論是曹丕還是曹植最終勝出，其實都影響不了司馬家族左右逢源之大局。

琅琊諸葛氏之綢繆部署更是高明之極，一門三傑分魏、蜀、吳三國，彼此遙相呼應：諸葛亮在蜀漢位居丞相，名重天下；其兄長諸葛瑾在東吳官居大將軍，身領豫州牧，亦是非比尋常；其族弟諸葛誕則在魏國官拜徵東將軍，節制淮南，獨立成勢。他們一族之布局如此恢宏深遠，委實令人咋舌。

而諸葛亮之姪、諸葛瑾之子諸葛恪一家又在東吳「南魯兩宮」之爭中各自入注：諸葛恪擁立太子孫和為嗣，他的長子諸葛綽則為魯王孫霸之心腹，父子二人均可謀利上位。

當然，我們也不能說這些世家大族的謀劃和做法有違「從一而終」的道義。畢竟，亂世之間風險莫測，保全族人整體利益為上。在家族內部實行宗親子弟「多元化投資」，既是一種寬容，更是一種難得的明智。

「有權就能任性」

「權大於法」、「權大於理」是三國官場的通例。《三國志．魏書》記載，魏文帝曹丕因為治書執法官鮑勳多次對他「唱反調」，並且多次頂撞得他下不來臺，心頭極為不滿，遂借小小過失給鮑勳扣了一個「指鹿為馬」的大帽子，要把他置於死地。

但廷尉署認為鮑勳罪不至死，於是以司法為武器，和曹丕所代表的皇權展開了一場激烈異常的較量。

《三國志．魏書．鮑勳傳》寫道：

> （魏文帝）詔曰：「勳指鹿作馬，收付廷尉。」

廷尉卿高柔看到皇帝扣了這麼大一頂「帽子」下來，只得適度逢迎了一下。

> 廷尉法議：「正刑五歲。」

想讓鮑勳服五年苦役就算了。不料，他手下的廷尉署「三官」，即「廷尉正」、「廷尉監」、「廷尉平」三名屬官卻聯署駁回了高柔的意見。

> 依律罰金二斤。

高柔無可奈何，便將他們三人的駁回意見上呈給了曹丕。

曹丕一見，勃然震怒。

（鮑）勳無活分，而汝等敢縱之！收三官以下付刺奸，當令十鼠同穴！

直接以誅殺之刑來威脅這些司法官員。

高柔展現出了自己的擔當：「固執不從詔命。」於是，曹丕使出最後的「殺手鐧」——

帝（指曹丕）怒甚，遂召（高）柔詣臺；遣使者承旨至廷尉考竟（鮑）勳，勳死，乃遣柔還寺。

當時，太尉鍾繇、司徒華歆、鎮軍大將軍陳群、侍中辛毗、尚書衛臻等一大批高官重臣與高柔一道向曹丕求情赦免鮑勳。曹丕盡皆不許，終是處死了鮑勳。

這就是三國時期「強權壓倒律法」的一個明證。曹丕身為一國之君，知法枉法，以權壓法，為各州郡執法帶來了極大的負面影響。而在這樣的專制環境之中，即使是像高柔一樣剛正不阿的直臣，也是「手臂擰不過大腿」。

「知恩圖報」背後的權權交易

漢末三國時期，官場裡有一種祕而不宣的內部規則：官員之間彼此提拔對方的親戚子弟，在「己欲立而立人、己欲達而達人」的道德口號之下進行人事舉薦上的權權交易。

這樣的例子很多：漢末靈帝時期，司馬防曾任洛陽令之職，舉薦曹操當了洛陽北部尉，使曹操順利地邁出了仕途的第一步。後來，建安元年（西元 196 年）左右，曹操位居司空，有了開府置吏之權，便辟召司馬防之長子司馬朗做了自己幕府中的僚屬，並最終官至主簿。到了建安十三年（西元 208 年）左右，曹操升為丞相，又辟召司馬防之次子司馬懿當了府中文學掾。

漢獻帝建安末年，曹操府中曹丕、曹植兩兄弟立嗣之爭十分激烈。太中大夫賈詡在關鍵時刻力挺曹丕正位東宮，並為他出謀劃策而暗助之。曹丕後來代漢稱帝，一登基便任命賈詡為太尉之尊，增邑封侯，毫不吝惜。

司馬懿早年深受漢末尚書令荀彧大力拔擢之恩，後來他官居太尉，大權在握，不顧潁川荀氏因當年擁漢反曹而有禁錮之嫌，硬是一手將荀彧之子荀顗越級提拔為散騎侍郎之官，讓他一步就跨進了朝廷中樞之職。

在那個時代，這樣的「權權交易」是儒家「有恩則必報，不報則不義」之理念的一種具體表現。它既不違法，也不越矩，反而為時人所津津樂道。

高官們的必學絕技：「愛士養名」

「愛士養名」這個詞語摘自《後漢書．袁紹列傳》：「（袁）紹有姿貌威容，愛士養名。」通常而言，漢末三國時期的達官顯貴，都或多或少地懂得禮遇那些名士。因為，那些名士就是「活的廣告招牌」。他們在朝野間專門替達官顯貴們吹捧誇讚，提升達官顯貴們的知名度和美譽度。只有善待名士，才能使自己的名氣好起來——這是大多數達官顯貴們的潛在共識。

曹操、孫權、司馬昭等這樣的首腦人物自不必說，他們手下的僚吏幾乎全是名流之士，自然會為他們極力鼓吹。在朝野間，即使是曹真、張郃、李典等著名武將，也頗為懂得如何去「愛士養名」。

《三國志．魏書．曹真傳》記載，魏明帝下詔公開稱讚大司馬曹真是「內不恃親戚之寵，外不驕白屋之士」。可見，曹真平素就是一副「平易近人」的姿態，善於拉攏名流之士為自己傳揚美名，而不致遭到魏明帝及其近臣們的猜忌。

《三國志．魏書．李典傳》記載：

（李）典好學問，貴儒雅，不與諸將爭功。敬賢士大夫，恂恂若不及，軍中稱其「長者」。

以一介武將而獲「長者」之譽，李典禮敬賢士之成效確為顯著。

《三國志．魏書．張郃傳》寫道：

（張）郃雖武將而愛樂儒士，嘗薦同鄉卑湛經明行修，（魏明帝）詔曰：「昔祭遵為將，奏置五經大夫，居軍中，與諸生雅歌投壺。今將軍外勒戎旅，記憶體國朝。朕嘉將軍之意，今擢湛為博士。」

張郃把自己的同鄉儒士舉薦入朝，實際上是向名士階層極力示好，不希望被他們視為武夫而輕鄙之。而且，他憑藉這一舉動，不僅為自己獲得了生前的佳譽，還爭取到了身後的美名——他死後被名士們評謚為「壯侯」。《謚法》稱：「威德剛武曰壯，勝敵克亂曰壯。」於兵敗木門道、中箭身亡的張部而言，這既是美謚，更是佳評。

而與之相反的例子則是吳質、關羽和賈充。倘若你不善待士人，不僅你生前的美譽得不到，就連你身後的罵名也難以洗脫。吳質雖然身為魏文帝的寵臣、司馬懿的親家翁，又官至振威將軍，「假節都督河北諸軍事」，可謂位高權重。但他得罪過魏國名門世族集團的首領陳群，臨終時竟然被「有司」（指有關部門）評謚為「醜侯」。《謚法》中有「怙威肆行曰醜」。這些名士大夫也真是把吳質貶損到家了。

《三國志．蜀書．關羽傳》記載，關羽生前「善待卒伍而驕於士大夫」，所以他死後亦遭評謚為「壯繆侯」。《謚法》中有「名與實爽曰繆」，暗指關羽的武功、才能是名不符實的。看來，關羽在蜀漢士大夫階層裡的口碑確實是不太好。而張飛生前「愛敬君子而不恤小人」，故而他死後獲謚為「桓侯」。《謚法》中「闢土服遠曰桓，武定四方曰桓，克敵服遠曰桓」，是貨真實在的美謚。這想必大部分要歸功於他平日裡的「愛敬君子」了。

晉朝開國之相賈充的遭遇更為尷尬。本來，賈充素來「頗好進士，每有所薦達，必終始經緯之，是以士多歸焉」（摘自《晉書．賈充傳》）。但他位極人臣，卻「無公方之操」，又指揮死士弒殺過魏少帝曹髦，還得罪過朝中其他派系集團的不少人士。所以，他死之後，敵對派中的名士們便評謚他為「荒公」（賈充的爵位是公爵）。《謚法》裡稱：「好樂怠政曰荒，昏亂紀度曰荒。」這對賈充可是大大的貶斥。幸好，賈充生前也養了不少喉舌之士，他們站出來為賈充正名顯功，要求和蜀相諸葛亮一樣評謚為「武公」。《謚法》中：「威強睿德曰武，克定禍亂曰武。」這可是無可置疑的美謚。

雙方交鋒之下，最後由晉帝司馬炎親自拍板，方才定了賈充之謚為「武公」。看來，賈充生前若無養士之功，死後必遭惡名之辱。

說到底，「愛士養名」背後的真實邏輯就是：得罪誰都可以，但就是不能輕易得罪那些握有筆桿子的文士儒生。

「權二代」的成才捷徑

在漢末三國時期，名門世族集團日漸崛起。他們後嗣的「權二代」「官二代」等人自然擁有比常人子弟更為優厚的各種資源，因而在求學或求仕之上亦是順風順水、路路亨通。

《三國志．魏書．曹純傳》注引《英雄記》中寫道：

（曹）純字子和。年十四而喪父，與同產兄（曹）仁別居。承父業，富於財，僮僕人客以百數，純綱紀督御，不失其理，鄉里咸以為能。好學問，敬愛學士，學士多歸焉，由是為遠近所稱。年十八，為黃門侍郎。

曹純是兼「官二代」、「富二代」於一身，具有宦官子弟與沛郡世家的雙重人脈背景。所以，他在鍛鍊軍事能力時，有「僮僕人客以百數」的家兵、家將作為操練演習之用；他在學習典籍文章時，又能請來諸多學士「一對一」上門教授，並獲得學士們的「美譽」口碑；他入仕從政之時，年僅十八便一舉登上了黃門侍郎之位，其仕途起點不知高出那些庶族子弟多少倍！有這樣的各種鋪墊，曹純自是一日千里，以曹氏「虎豹騎」統領之職而做到高陵亭侯之爵，聲威振於天下。其子曹演也官至曹魏的領軍將軍。須知：曹純受封高陵亭侯之爵時，尚書令荀彧也才僅為萬歲亭侯！

《後漢書·鄭泰列傳》記載：

鄭泰字公業，河南開封人，司農（鄭）眾之曾孫也。少有才略。靈帝末，知天下將亂，陰交結豪傑。家富於財，有田四百頃，而食常不足，名聞山東。

鄭泰身為「官二代」，坐擁良田千金，自能散財於眾以求名譽，果然，出仕便身任內廷侍御史，躋身高層權力圈之中。

據此而論，漢末三國時期確是人才濟濟，英豪輩出。但他們中間大多數皆擁有「權二代」、「官二代」、「富二代」等背景關係，這就等於他們在起點之初就擁有了豐富的政治資源、經濟資源及文化資源。所以，他們大多能夠「文武兼備、出將入相、大有所為」，亦是不足為奇了。

第四篇　三分歸晉

第十四章　揭司馬懿為什麼會是最後的贏家

真實的司馬懿：儒梟・隱雄・全才

在人才輩出、群星薈萃的三國時代，比起個性鮮明的曹操、高風亮節的荀彧、八面玲瓏的賈詡、志氣雄遠的諸葛亮、英姿倜儻的周瑜等英雄奇士來，司馬懿無疑是一個神祕得有些乏味的異數。他像一匹孤狼一樣游移於漢末建安年間，又如一座奇峰一樣平地崛起於曹魏黃初、太和、青龍、景初等年間，最後更是在曹魏正始、嘉平年間濃墨重彩地給自己描下了「一鳴驚人」的大手筆！所有的人，直到最後一刻才發現：司馬懿，原來竟是整個三國最後的也是最大的贏家。

自古以來，司馬懿都被人們指斥為「野心家」、「陰謀家」的代表。「老奸巨猾」、「老謀深算」，幾乎是他從古到今都難以擺脫的個人標籤。

然而，僅僅憑著「野心家」、「陰謀家」這兩個稱號，就可以給司馬懿蓋棺論定了嗎？趙高、董卓、李林甫等這一流的貪權嗜利、禍國殃民之輩，能和司馬懿相提並論嗎？司馬懿在他生前，可是實實在在的「伊尹」、「周公」形象啊！他清廉剛正、才能出眾，可是朝野公認的——曹植就曾經這麼稱讚他：

魁傑雄特、秉心平直。威嚴足憚、風行草靡。在朝廷則匡贊時俗、百僚侍儀；一臨事則戎昭果毅、折衝厭難。

他的政敵丁謐、畢軌等也不得不承認：

司馬懿有大志而甚得民心。

如果司馬懿所開創的晉朝沒有在後來沒落得那般慘淡，如果「八王之禍」、「永嘉之亂」的悲劇沒有發生，司馬懿在中國歷史上所享有的榮譽至少應該不會比隋文帝楊堅差。司馬懿其實是替他那些無能的後代背負了太多的罵名。

平心而論，就單從司馬懿本人一生的所言所行、所作所為來看，他幾乎是沒有多少遭人指摘之處的。在他漫長的一生之中：像曹爽一樣浮華奢侈、敗國亂政之舉他沒有；像曹丕一樣勞師動眾、急功近利之舉他沒有；像曹操一樣弒後逼君、獵取九錫之舉他也沒有。我一直認為，雖然曹操自稱「若天命在吾，吾為周文王矣」。其實，他這個「周文王」，當得還不及司馬懿這般圓融、到位。

在我看來，司馬懿算是古代從政之士的一個完美典範：儒家經典中「正心、誠意、修身、齊家、治國、平天下」的最高理想成功模式，完全被他演繹得無人能及！《晉書》上稱他「少有奇節，聰明多大略，博學洽聞」，你能說他修身做得不好？調教出了司馬師、司馬昭這樣兩個足以「子承父業、繼往開來」的麟兒，你能說他齊家做得不好？興軍屯而積糧，拔俊傑而備用、建綱紀而立威，取鄧艾於農瑣，引州泰於行伍，委以文武，各善其事，你能說他治國做得不好？掃平內敵、壯大國力，給子孫們奠定「肅清萬里，總齊八荒」的堅實基礎，你能說他平天下的功大不夠？

具體而言，司馬懿的身上有三重特色是十分鮮明的：儒梟、隱雄、全才。

司馬懿是貨真價實的儒梟。而且，他絕不是王莽那樣「為儒而儒」的偏執狂。《晉書》上稱他「伏膺儒教」、「常慨然有憂天下心」，這總讓我聯想起另一位憂國憂民、以天下為己任的儒學政治家范仲淹。但范仲淹的功業哪裡堪與司馬懿相比？他力抗西夏元昊而無功，推行「慶曆新政」而不終，徒有濟世之心而乏理亂之才，不如司馬懿遠甚！司馬懿開創的晉朝初年也曾出現過有「天下無窮人」的「太康之治」——雖然它來得短暫，但也是司馬懿「愛民而安，好士而榮」的施政綱領在他後代手中的貫徹和落實。司馬懿的一些隻言片語更是透出了濃濃的一股儒家雍雅氣息。

> 賊以密網束下，故下棄之。宜弘以大納，則自然安樂。

明末大思想家王夫之在《讀通鑑論》中亦這樣評價：

> 司馬懿執政，而用賢恤民，務從寬大，以結天下之心。於是而自縉紳以迄編氓，這是對司馬懿的儒道治國進行了肯定。

我們還可以看出，司馬懿的許多舉措都打上了深深的儒家烙印：他一生最為推崇的人，不是武功蓋世的曹操，而是一代儒宗荀彧；他的親家翁，是曹魏著名鴻儒、經學大師王肅；追隨他一道剪除曹爽的政治盟友，如高柔、王觀、孫禮等都是海瑞一樣的忠臣雅士。即便是在殄滅曹爽一黨之時，他也是以儒道為標尺來拿捏著分寸的：夏侯令女割鼻明志守節，魯芝護主盡忠而甘願受法，儘管他們是敵對一方，卻都受到了司馬懿的嘉獎與寬待——夏侯令女的事蹟還被寫進了《晉書・列女傳》，而魯芝後來則一直做到了晉朝的鎮東將軍、陰平侯。這比起袁紹器小量狹、惱羞成怒而濫殺臧洪、陳容等義士的荒悖之舉來，完全不可同日而語！

但同時，司馬懿剛重凌厲的梟雄本色亦是不可輕掩：該狠則狠，該猛則猛——他對遼東公孫氏割據勢力的連根拔除，對曹爽和王凌等政敵的趕盡殺絕，完全沒有了脈脈溫情，純然一派肅殺森嚴之氣。儒梟就是儒梟，再怎麼儒化，他的人格底蘊還是梟雄之質。

司馬懿是深不可測的隱雄。什麼是「隱雄」？「隱雄」就是指將韜光養晦、沉潛篤實之功做到登峰造極的梟雄。他的雄心壯志，絕不弱於曹操、劉備、孫權等亂世梟雄當中任何一人；他的真才實學，也絕不次於郭嘉、諸葛亮、周瑜等俊傑奇士中任何一人。但為了在合適的時機「一鳴驚人」、「一飛沖天」，他便自覺而主動地完全把它們隱藏起來，收入「鞘」中，伺機而動。

在隱忍潛伏的同時，他還善於未雨綢繆、見招拆招，運用「四兩撥千斤」的巧妙手法及時消除各方面的威脅與危機：當曹操對他深懷猜忌之時，他察言觀色、審時度勢，連忙抓住機會表示「漢運垂終，殿下（指曹操）十分天下而有其九，以服事之。（孫）權之稱臣，天人之意也。虞、夏、殷、周不以謙讓者，畏天知命也」。一段勸進之言，便立刻說到了曹操的心坎裡，一躍而任丞相府的心腹要職——主簿、軍司馬、長史！當魏明帝曹叡臨終前對他疑慮重重之時，他雖身在遼東卻以「人臣無私施，推美歸於上」的方法向曹叡表達了自己的絕對忠心，從而保住了自己的顧命輔政大臣之位。

司馬懿真的是一位「踏平坎坷終成大道」的隱雄：為了徹底實現自己「肅清萬里，總齊八荒」的大志，他數十年如一日地蟄伏隱忍著，暗暗磨礪著自己的鋒芒、強化著自己的實力，無論是居廟堂之高還是處邊疆之遠，始終是那樣穩居若泰山地頂住了來自對手、來自命運的一次次打擊與挫折。「芻牧之間，悉皆臨履」的卑賤生涯，未能磨滅他有朝一日掀天揭地的勃勃雄心；陳矯、高堂隆等政敵的明攻暗算，於他而言亦不過是秋風過耳，不值一提；面對小輩曹爽的欺侮和排擠，他也是裝出一副逆來順受的模樣……

這一切，都源於他心理素質的無比堅韌與無比強大！喜怒哀樂悲憂驚懼，所有的一切情緒，在他胸中被調控得深沉如海、波瀾不生！

他無畏無恐，當刺客的利劍就抵在自己的喉結上，他卻依然扮成風痹之狀而「堅臥不動」——須知那一年，他才三十歲！

他無怒無嗔，當諸葛亮送來「巾幗之辱」而激得帳下諸將個個火冒三丈之時，他卻依然笑稱這是在誇讚自己用兵「靜如處子」！

他無喜無縱，無論取得了什麼樣的成就和勝利，都不會讓他稍稍麻醉，他總是繼續埋下頭來冷靜沉著、苦心孤詣地把握著大局、規劃著未來……司馬懿就是這樣一位隱雄：韜晦隱忍之功堪稱出神入化，七情六慾完全做到了收放自如，理智和意志是他最有力的武器。

最後，他是一位集張良帷幄之智、蕭何匡濟之賢、韓信用兵之能於一身的全才。

在經國遠略方面，建安二十年（西元215年）之秋，他進獻了趁劉備與孫權交爭江陵之際乘隙吞蜀的妙計，可惜曹操沒有採用，失去了統一天下的一個良機。建安二十四年（西元219年）之冬，穩坐許都、聯吳制蜀、翻雲覆雨的方略是他給曹操建議的，結果「武聖」關羽被幹掉了，諸葛亮的「隆中對」被徹底破壞了。

在內政實績方面，軍屯興國、通漕淮南、開墾隴西等宏圖是在他手底完成的，這些後來成了魏國真正強大的關鍵。

在軍事作戰方面，西擒孟達、東拒諸葛、北平公孫、內夷曹爽、外襲王凌，神略獨斷，征伐四克，更是他的赫赫戰功。他的軍事才能之高超，令吳國國主孫權也不得不為之畏服：「司馬懿善用兵、變化若神，所向無前！」

的確，像他這樣一個合梟將、賢相、策士三才為一體的全能型高手實在是古今罕見。而且，他最高明的一點是——身負大本大源、大器大材，隨時準備著接受命運的考驗與挑戰！在什麼時候、什麼環境之下，需要突出自己哪一方面的能力以脫穎而出，他一向對此算計和把握得十分精確！也正因如此，他才能在漢末三國這樣一個競爭激烈的大時代裡悄然無聲而又不可遏制地勃然崛起、後來居上！

儒梟、隱雄、全才，是司馬懿整個人格形象的三面側影。朱元璋是「梟而不儒」，剛猛有餘而文治不足；王莽是「儒而不梟」，有心復古而無力治今；張良是「隱而不雄」，清虛自持而避權棄世；曹操是「雄而不隱」，鋒芒畢露而處處樹敵；諸葛亮是「全而不才」，面面俱到而樣樣不精；曾國藩是「才而不全」，為將則常敗而為相則迂鈍。他們每一個人比起司馬懿來，似乎都缺了那麼一點。所以，你不能不承認，司馬懿堪稱空前絕後的一個奇蹟。所以，中國歷史上只有一個從儒生變為開國之君的梟雄，他就是司馬懿。

無論後人如何刻意抹黑，司馬懿本身所散發出來的奇光異彩，永遠也不是歷史的塵垢所能掩蔽的。你越走近他，就越會深深地感到：假如有合適的機緣、合適的環境、合適的自我激勵，原來一個人內在的潛力居然能夠如同火山一般噴發到這麼高、這麼遠、這麼強！

司馬懿的登頂之路

司馬懿是三國歷史上一個至關重要的人物。如果沒有他，三國紛爭的歷史大概不會那麼快就結束，也許還會再演繹數十年，如果沒有他，大晉王朝順應民心的統一大業，也不可能那麼水到渠成、來得輕輕巧巧。是他，上承魏之強盛，下啟晉之統一，成就了秦皇漢武那樣的豐功偉業，將天下萬民從亂世爭戰之中解救出來。所以，他堪稱「命世之英，非常之雄」。

非常之人，必有非常之慮。《晉書》上稱司馬懿「少有奇節，聰明多大略，博學洽聞，伏膺儒教。漢末大亂，常慨然有憂天下心」。在筆者看來，最能突顯司馬懿善於實現自己人生「逆襲」的，便在「聰明多大略」這五個字上。以史書資料為依據，讓我們來看一看司馬懿是如何施展他的聰明才智在自己的事業之路上登峰造極的。

古人云：「良禽擇木而棲，賢臣擇主而事。」在封建社會，一個人事業上的建樹，主要在政治、軍事方面；而在政治、軍事方面有所建樹，則全憑個人與上級的關係如何。所以，根據司馬懿輔佐的四個君主，可以大致將他的人生規畫分為四個階段：魏武帝時期、魏文帝時期、魏明帝時期、魏少帝曹芳時期。而我們就可以從這四個時期分階段來觀察司馬懿的人生規畫。

魏武帝時期

首先，我們有必要了解一下魏武帝曹操的個性特色與為政風格。《三國志·魏書·武帝紀》上稱曹操「知人善察，難眩以偽，創造大業，文武並施」，同時又「持法峻刻，諸將有計謀勝出己者，隨以法誅之，及故人舊怨，亦皆無餘」，是一個名副其實的「雄猜之主」。

另外，曹操在自己的用人導向上存在著嚴重的「既重才，又忌才；既用人，又疑人」的雙重性。他很看重部下的才能和實力，但又不允許部下的才能與實力超出他和他的後人的可駕馭範圍。《三國志》上記載了這樣一個事例：荊州少年周不疑，年十七，少有異才，聰明敏達，曹操欲以女妻之，周不疑不敢當。曹操愛子曹衝，亦有過人之智，可與周不疑相比。後曹衝夭折，曹操心忌周不疑，欲除之。曹丕以為不可，曹操曰：「此人非汝所能駕御也。」遂遣刺客殺之。這一事例，完全證明了曹操用人路線的「雙重取向」。

司馬懿對曹操這種用人導向是認識得很深刻的。當年他出山任職時因不滿曹操挾天子而令諸侯的逆臣行徑，「知漢運方微，不欲屈節曹氏」，在曹操慕其名想把他收羅到帳下時，他假扮患「風痹」之症作為推辭的理由，並且還以「堅臥不動」的高超演技騙過了曹操派來刺探虛實的人。但騙得了一時，騙不過一世。曹操當了丞相之後，再次敦請司馬懿出仕，而且明確地發出了「若覆盤桓，便收之」的威脅。這時候的司馬懿，自知不足以與權勢顯赫的曹操相抗衡，只得「懼而就職」。君已無禮於先，臣又怎能忠事於後？！顯而易見，在這種極其被動的情況下，司馬懿雖已加入曹操陣營之中，卻很難馬上發揮其過人的抱負與謀略。

即便進了丞相府，司馬懿也是很不安全的。《晉書．宣帝紀》上記載：

魏武察帝（指司馬懿）有雄豪志，聞有狼顧相。欲驗之，乃召使前行，令反顧，面正向後而身不動。又嘗夢三馬同食一槽，甚惡焉。因謂太子丕曰：「司馬懿非人臣也，必預汝家事。」

可見，曹操對他的猜忌之深，達到了「必欲除之而後快」的地步。

司馬懿這時的人生「逆襲」第一個重點便是「韜光養晦，瞻前顧後，明哲保身」。他決定用自己的務實和苦幹換取曹操的信任，「於是勤於吏職，夜以忘寢，至於芻牧之間，悉皆臨履，由是魏武意遂安」。是啊，任何一位君主，看到有這樣公而忘私、廢寢忘食、盡心盡力的臣子為自己效忠，又怎會產生叵測之心以制之？曹操在最後終於接受了司馬懿的效忠，並對他進行了提升，所以他能從當初剛入丞相府的「文學掾」（文牘之官）一直做到丞相府主簿。

但在明哲保身的同時，司馬懿絲毫也沒有放鬆對自己的歷練。這是他這段時期人生歷程的第二個重點。他在當時的丞相府中找到了兩個榜樣——荀彧和曹操。應該說，在丞相府的歷練過程中，他時時處處都在學習這兩個榜樣的長處。但司馬懿注意到了這一點：荀彧作為高明的謀略家，他的長處僅僅局限於運籌帷幄之中，發展的空間太狹窄，始終只能隱在幕後，而無法馳騁疆場，登上歷史的大舞臺。而曹操不同，他就是一個「能謀能戰」的大梟雄，他的發展空間就比荀彧更廣闊。從注意到這一點開始，素懷「治國平天下」大志的司馬懿學會了有計畫、有步驟的自我鍛鍊，使自己逐步完善成為集曹操、荀彧二者之長於一體的「文武雙全、出將入相」的真正強者。

最後，我們來談司馬懿在魏武帝時期人生規畫中，最重要也是最精彩的一筆了——扶助曹丕成為太子。《晉書》上講他：

魏國既建，遷太子中庶子。每與大謀，輒有奇策，為太子所信重。

儒家學說裡講：「己欲立而立人，己欲達而達人。」司馬懿為了擺脫處於中層官僚的命運，直接在曹丕身上痛下苦功，只要將在奪嫡之爭中處於劣勢的曹丕推上太子寶座，他就可以成為輔佐元勛而進入魏國最高統治階層。於是，他想了種種策略，挫敗了曹丕的政敵——曹植一黨的攻擊，終於使曹丕登上了太子之位。而這一步棋的成功，直接影響了司馬懿的一生。從此，他逐漸邁進了魏國的最高統治階層。

這一時期，從司馬懿初入丞相府時算起，到魏武帝逝世時為止，他為了「一躍而起、一飛沖天」而整整耗去了十二年的時間。

在這十二年裡，可以看出司馬懿的人生規畫完全遵循儒家立身處世之道：修身、齊家、治國、平天下。司馬懿牢牢把握住了儒家之道的核心環節——「修身」。只有「修身」功夫做得實、做得好，「治國平天下」的大志才不會是無本之木、無源之水。

「修身」這一課題，在司馬懿看來，又可具體成「藏器於身，待時而動」八個字，也就是「識時務」：根據時勢的需要，密切聯繫實際情況，以治國平天下之大志為導向，扎實鍛鍊自身各方面的能力，隨時準備接受命運的考驗與挑戰。他最高明的一點就是——在什麼時候、什麼環境下需要突出自己哪一方面的能力以脫穎而出，他一向對此算計得十分精確。上司需要他做好文牘事務，他就埋首案幾，把文章典籍整理得井然有序；上司需要他當人事幹部，他就悉心觀察，為曹府精挑細選各類人才；上司需要他做軍事參謀，他就絞盡腦汁，為上司出謀劃策、設計多端。所以，司馬懿能在魏武帝時期悄然無聲而又不可遏制地崛起。

他的平步青雲，也真正印證了《荀子》裡那段名言：

> 無冥冥之志者，無昭昭之明；無惛惛之事者，無赫赫之功。

魏文帝時期

到了魏文帝曹丕時期，司馬懿才真正迎來了他順風順水的人生階段。

建安二十五年（西元220年）春正月，司馬懿當時剛滿四十歲，漢丞相、魏王曹操於洛陽病逝。當時魏王府外有前來奪權的曹彰問罪之師，內有諸路兵馬暴亂之跡，而曹丕則遠在鄴城留守，漢室遺臣們也有蠢蠢欲動之相。其情勢可謂岌岌可危！《晉書》上講得十分明白：

> 及魏武薨於洛陽，朝野危懼。

司馬懿在這個緊要關頭毅然挺身而出，「綱紀喪事，內外肅然」，用自己的卓異才識鎮住了危機四伏的時局，穩定了人心，並說服漢獻帝正式冊立曹丕為丞相、魏王，並和夏侯尚一道安全護送曹操的靈柩返回鄴城。

他這出顯身手之舉，更是進一步贏得了曹丕的信任和重用。當曹丕一立為魏王，立即封他為河津亭侯，並轉任丞相長史，成為魏王府中的核心人物之一。

這時，司馬懿已消除了魏武帝時處處受到壓制的威脅，可以大顯身手。他先是策劃了以魏代漢受禪的「大略」，後又為魏文帝南征而「留守許昌，內鎮百姓，外供軍資」，並被魏文帝稱為「蕭何之材。魏文帝病重時，仍不忘封他和曹真、陳群為顧命輔政大臣，並詔太子曹叡：

有間此三公者，慎勿疑之。

顯而易見，司馬懿已躋身於曹魏政權最高決策者的行列。

現在我們可以來分析司馬懿這段時期的人生「亮點」：首先，曹丕能當太子、能做魏帝，出力最多、功勞最大的，應屬司馬懿（史書上雖沒有清楚地描繪司馬懿的種種謀略，這更顯出了他的「陰」和「深」）。而曹丕本人對司馬懿亦是非常感激，所以司馬懿用不著再畏懼君主的猜忌了。加之，曹丕給了他寬鬆的發展環境和廣闊的歷史舞臺，這對他「成大器、勝大任」來說，是一種極佳的鋪墊。

但曹丕一向喜歡耀武揚威、好大喜功，自己並無軍事才能，又愛征戰殺伐。於是，在武事方面，司馬懿不敢暴露自己的真才實學，任由這個虛榮心極強的君主去大出風頭。他埋下頭來，扎扎實實擔負起了尚書臺右僕射的重任，在文政方面做到了有所建樹。這時候的司馬懿還不想鋒芒畢露，顯得有些低調，這是有原因的：雖說曹丕對他極為信任，但在軍事大政方面，他還是偏向於倚重自己的曹氏宗親，例如曹真、曹休、夏侯尚等。而司馬懿也沒有必要急於顯出掌握兵權的意圖——「先安內，後取外」，畢竟尚書臺主官之職，對司馬懿而言，亦可算是不錯的平台。

司馬懿立身行事的特長，我們這時也可以清楚地看出來了：目光遠大，計謀深沉，遇事主動，辦事縝密，滴水不漏，毫無瑕疵。所以他能在曹丕時期穩打穩紮地真正崛起，並始終立於不敗之地。

曹丕死時，司馬懿四十八歲。在曹丕為帝的七年裡，司馬懿迎來了嶄露頭角的輝煌時期，並在此期間成了朝中潁川系世族集團的首領。但這七年裡，他的舞臺還不夠廣闊，他只是默默地在後方夯實著魏室的基業。但司馬懿已不甘於隱在幕後了，他準備著走上歷史櫃檯大展身手。而這一機遇很快就要到來。

魏明帝時期

西元 227 年，魏太和元年，曹丕的兒子曹叡登基為明帝。他給了司馬懿表現軍事才能的機會。當時，東吳孫權率領數萬雄師圍困了魏國的江夏城，並派大將諸葛瑾、張霸攻打襄陽城。司馬懿立刻率軍出擊，大敗吳軍，諸葛瑾逃走，張霸被斬。司馬懿這一赫赫戰功，立刻得到了回報，他被任命為驃騎大將軍。

至此，司馬懿有了自己的辦事機構和軍隊，可以開府治事，培植自己的力量。作為曹丕「東宮四友」之一的老臣吳質也在曹叡面前稱讚他：「忠智至公，社稷之臣」，司馬懿的威望，日漸隆盛。

魏室最得力的宗室大臣曹真死後，司馬懿開始在魏國軍政界獨領風騷。魏明帝對他的放手任用，更加有利於他文韜武略的進一步發揮。在魏明帝時期，他從一個謀臣順利轉型為一個充滿戲劇色彩的武將。他深藏不露的軍事才能得到了淋漓盡致的發揮。他在明帝當政的十三年裡，南平叛臣孟達，西拒諸葛亮，北摧公孫淵，招招見血封喉、凌厲之極，連吳國國主孫權也不得不為之懼服：「司馬懿善用兵，變化若神，所向無前。」

司馬懿這時人生規畫的重點是：用顯赫的軍事業績鞏固自己的政治地位，同時利用「養寇以自重」的策略來慢慢蠶食魏室的軍政基業。

應該說，這時候的司馬懿目光並沒有局限於維護魏室的一國之安，他早已開始著手實施「肅清萬里、總齊八荒、平一天下」的大志與大略。他少年時代便「慨然有憂天下心」，到了接近老年時才終於獲得了「為天下解憂，為萬民解困」的機遇和條件。這個歷程，他苦心經營了三十多年！

首先來看司馬懿軍事上精彩的第一筆——旬月之間擒滅叛臣孟達。他是精於使用急行軍和潛行軍的大師，當他陡然從天而降兵臨上庸城下時，孟達還在做他的春秋大夢呢！於是，可憐的孟達便被他迅速而有力地一下掃平了，乾淨俐落，毫不拖泥帶水。這可以看出司馬懿的用兵特色：靜則隱於九地之下，令人無從發覺；動則發於九天之上，令人猝不及防。而從他與明帝論兵時自言：「凡攻敵，必先扼其喉而搗其心」，更見他善於集中優勢兵力直攻敵之要害。所以，他往往是不發則已，一發必中，殄敵於鬼神莫測之際。

但為什麼到了與諸葛亮對陣時，他又不採用這種敏捷、果決、剛猛的戰術呢？這正是筆者要講的——他人生規畫的重點並不是一味炫耀軍事才能，他要著手實施「掃平吳蜀，一統天下」的大略了！

下面我們來仔細分析諸葛亮和司馬懿的祁山之戰。這是一場持久戰，司馬懿從五十歲打到五十六歲，整整打了六年，打出了諸葛亮「鞠躬盡瘁，死而後已」的千古盛譽，也打出了司馬懿「掃平三國、統一天下」的雄厚資本。

受羅貫中《三國演義》的影響，人們總以為司馬懿軍事才能不如諸葛亮，處處被諸葛亮牽著鼻子走。然而根據史書記載來看，事實根本不是這樣的。

首先，我們要弄清他倆在祁山之戰的真正目的。諸葛亮的策略目的很簡單：攻下中原，消滅曹魏，光復漢室。司馬懿的策略目的就複雜多了：挫敗蜀軍進攻；積蓄力量，取曹魏而代之；養兵千日，伺機統一天下。

這多重性質的策略目的，讓司馬懿在表面上顯得似乎有些被動。但根據自己的策略目的，他第一步做到了維持現狀的平衡策略：一方面防止諸葛亮獲得大的優勢，對魏國和自己造成致命威脅；另一方面又不能擊潰諸葛亮，還要保持諸葛亮的攻擊力。

「空城計」這個故事自然是羅貫中在《三國演義》裡的虛構，但它也確實從側面暗喻了司馬懿的這個平衡策略——所以，他寧可被部下稱為「畏蜀如虎」，也不願衝進西城小縣抓住諸葛亮。真要是抓住了諸葛亮，司馬懿就只能重複歷代功臣「兔死狗烹」的戲劇性命運了。

第二步，司馬懿實施了「偷天換日」的篡位策略。在祁山之戰期間，他慢慢樹立了自己在軍隊中的絕對權威，並肅清了軍中的異己分子，重用牛金、郭淮等忠於自己的將領，夯實了自己的軍權基礎。我們可以透過後來的歷史來驗證，當他的兒子司馬師、司馬昭叛魏之時，魏國大臣很少有站出來反抗的，甚至史書上都是寥寥幾筆帶過。曹氏政權如同紙屋一般一下就崩潰了，這個量的累積可不是司馬師、司馬昭當時所能造就的，應該是司馬懿從掌握軍政實權開始就著手為兒子們做好的鋪墊。

第三步，司馬懿已在祁山之戰中開始積蓄「掃平吳蜀、統一天下」的資本了。他指揮大軍與諸葛亮對峙，大戰必避，小戰必迎，以實戰練軍士，以實戰養軍威，成功地建立了一支能征善戰的軍隊，為將來消滅吳蜀、統一天下做好了軍事上的準備。而魏國後期抗吳滅蜀的大將郭淮、胡遵、鄧艾等人才，就是司馬懿那時在祁山之戰中一手培養和提拔起來的。

第四步，司馬懿已著手歷練自己事業的繼承者——他的兒子司馬師與司馬昭。他讓兩個兒子參與到祁山之戰中，接受血與火、生與死的鍛鍊，為他倆將來順利繼承自己「一統天下」的事業做好了充足的素質準備。

這四步高招，是司馬懿在祁山對峙中真正的事業，也是他這段時期人生規畫中的神來之筆。雖然他在和諸葛亮的對抗中，似乎沒有取得表面上的勝利，但他的所有策略目的都達到了。這便是他的最大勝利——更何況他還拖死了積勞成疾的諸葛亮。

諸葛亮死後沒多久，司馬懿剛一返回朝廷，又被曹叡派往遼東攻打公孫淵。這是一場大規模的遠征戰役，但用兵如神的司馬懿只率四萬人馬，「往百日，返百日，攻百日，以六十日為休息」，僅僅用了一年的時間，便徹底掃平了公孫淵，鞏固了魏國的後方。

而這時曹叡已身患篤疾，一場朝廷權力交接戰又拉開了帷幕。司馬懿煞費苦心安插在明帝身側的「內應」——魏中書監劉放、中書令孫資拚死力爭，將遠在萬里之外得勝歸來的司馬懿再一次推上了顧命輔政之位。至此，身為「三朝元老」的司馬懿重返魏國政壇，新的征程在他腳下延伸開來。雖然這時司馬懿已年滿六旬，但他雄心不減當年，積極準備著繼往開來、再創輝煌。吳國、蜀國此刻才深深感到了司馬懿的巨大威脅，然而一切都晚了，他們國中已經沒有任何人可以與司馬懿對敵了。

魏少帝曹芳時期

魏少帝曹芳時，司馬懿已站到了權力的頂峰。這個時候能夠阻止他大展雄才的人已經沒有了。他挾「四朝元老」之威望，負「伊尹、周公」之才德，誰也不敢和他的遠見卓識相抗。他在魏國軍政大事上的每一次決策和行動，都是完美無缺的。

但另一個顧命輔政大臣曹爽卻害怕司馬家族終有一天會壟斷朝政。於是他用了「欲抑先揚」之術，敬事司馬懿如父，推舉他為「太傅」，外示尊崇，而實則奪了他的政務大權。

司馬懿處空名而無實權，一晃就是十年。在這十年裡，他處處示弱，隱忍不發，靜觀其變。果然，曹爽志得意滿之後走向了狂悖與淫慢。他作威作福，穢政橫行，以致大臣離心、物議沸騰，魏國國勢也漸趨衰弱。

這是司馬懿無法忍受的。他可以忍受曹爽奪權，也可以忍受曹爽胡作非為，但他絕不能忍受曹爽毀掉他辛辛苦苦為魏國夯實的「一統天下」的大業根基。他為自己「達則兼濟天下」的大志已不懈奮鬥了四十多年，怎麼可能讓無知小兒曹爽來阻斷！

於是，「高平陵事變」不可避免地發生了。曹爽一派被司馬懿用雷霆手段一舉摧滅。司馬懿在最後處置曹爽時，用了「斬草除根」之法，將曹氏宗親剪滅殆盡。這一舉措甚至招致了他的好友蔣濟的反對。但他必須這麼做。只有不留後患，才能保證朝局的穩定啊！況且，司馬懿已走上了一條與曹魏政權決裂的不歸之路。

西元251年，曹魏嘉平三年，司馬懿已經七十三歲了。他在除掉最後一個政敵王淩後，病死於洛陽，真可謂「生命不息，戰鬥不止」。

司馬懿臨終前，把兩個兒子司馬師、司馬昭叫到榻前說：

吾事魏歷年，官授太傅，人臣之位極矣；人皆疑吾有異志，吾嘗懷恐懼。吾死之後，汝二人善理國政，慎之！慎之！

對於司馬懿所言的「慎之」，也許有兩層意思可以理解：其一是讓二子善理國政，不可以心生異志；其二是讓二子善保國政，不可輕易託付他人。但是無論司馬懿本人有沒有異志，有一點是可以肯定的，那就是透過他的不懈經營和艱苦努力，已經為後人的事業創造了最佳的政治、軍事和經濟條件。司馬懿死後，司馬師和司馬昭分別被封為大將軍和衛將軍，總領尚書機密大事。從此對於曹魏而言，皇帝之勢微而國家之勢強，軍政大權，盡歸司馬氏專斷。

山海爭水，水必歸海，非海求之，其勢順也。（摘自《劉子》）繼司馬懿之後，呈現在司馬師、司馬昭、司馬炎面前的天下大勢，可謂「居高視下，勢如劈竹」。他們所要做的，只是順流而下，去完成歷史所賦予的某種必然。

西元262年，魏將鄧艾偷渡陰平、奇襲成都得手。次年，蜀後主劉禪降魏，至此，蜀漢政權歷二帝，前後四十二年，終於宣告結束。

西元266年，司馬昭之子司馬炎逼魏主曹奐禪位，司馬炎登基，改國號為晉；西元280年，司馬炎進討吳國，吳主孫皓降晉，吳國滅亡。從而結束了魏蜀吳三國之間長達六十年的混戰局面，這就是中國歷史上的「三分歸晉」。

最後，筆者認為，司馬家的奪權登頂功績介於霍光與曹操之間。司馬懿因三朝託孤而取得霍光之位，同時他也有軍功在身，自己也建立了權力網路。他比霍光更有自立之本。到了他兒子司馬師兄弟手裡，他倆大權在握，內有蕩平淮南之勳，外有滅蜀取漢之功，堪以比肩曹操。所以，司馬家能夠徹底成功。

總結

司馬懿是一個集政治家、軍事家、經濟家、權謀家於一身的儒家奇才。當然，這是他成功之後，人們給他定的性質。

人們會說，儒家以「忠孝」為本。司馬懿本就不是魏之純臣，也不盡忠於曹氏，怎麼還能說他是儒家奇才呢？其實，儒學的根基是一個「仁」字。司馬懿除魏之苛政、撫民於安樂，這不是「仁」嗎？司馬懿消亂世之紛爭，統一天下，拯萬民於戰火之中，這不是「仁」嗎？——「仁」比「忠」更大呀！這才是真正的儒者應持的觀點。

因為仁者無敵，所以司馬懿無敵。

司馬懿從一個有志有才的青年，到一個內政軍事名滿天下的奇才，再到一個治國平天下的英雄。這完全應歸功於他的人生謀略做得完美無缺。在他人生的每一個重要機遇期裡，他總能把握住最佳時機出手，而且一抓就是碩果纍纍，這是難能可貴的。

更可貴的，是他能忍——明末著名哲學家王夫之曾言：「忍者，至剛之用，以自強而持天下者也。忍可以觀物情之變，忍可以挫奸邪之機，忍可以持刑賞之公，忍可以畜德威之固。」而司馬懿人生「逆襲」過程中最璀璨的亮點，就是他苦心孤詣的「忍功」：堅百忍以圖功業之終成。一個「忍」字，貫穿了司馬懿的整個人生奮鬥歷程；一個「忍」字，造就了司馬懿。

司馬懿早年的「多職位」鍛鍊及成效

人的能力完全是從先天遺傳而來的嗎？不一定。人的能力完全是由後天學習而來的嗎？也不一定。人的能力是在立足於自身稟賦之上再扎扎實實地鍛鍊出來的。

晉宣帝司馬懿出將入相、文武雙全，運計若張良，治國同蕭何，用兵似韓信，御下如曹操，是一位超群出眾的全才型梟雄。但觀覽史書，我們可以發現他終究不是「生而知之、不學而成」的神人。他的這些能力，完全是從苦心孤詣的鍛鍊學習中獲得的。

少年時代的司馬懿，確實有著過人的天賦。河北儒林清流之首崔琰評價他：「聰亮明允，剛斷英特。」他的同郡名士楊俊，素有知人之明，讚譽他為「非常之器」。《資治通鑑》裡稱他：

少聰達，多大略。

可見，司馬懿自幼便是早慧型奇才，在好學善思方面實為稟賦不俗。俗諺說：「玉不琢，不成器。」在司馬氏嚴謹務實的家風薰陶之下，司馬懿各方面的潛能得到了最大限度的開掘和發揮。即使是在烽火連天的戰亂年代，司馬懿的大哥司馬朗亦是充當了嚴父明師的角色，「教訓諸弟，不為衰世解業」。《晉書・司馬孚傳》裡也寫道：

與兄弟處危亡之中，簞食瓢飲，而披閱不倦。

司馬懿在這樣的家庭環境下，自然是努力上進，造詣不凡。

很快，他的聰慧之譽遠播四方。河內郡官署立刻送來辟書，將司馬懿召為本郡的上計掾。這是司馬懿從政入仕的第一個職位。東漢時期，郡國上計掾是一個非常重要的職務，許多能臣幹吏都是在這個職務上鍛鍊出來的。「上計」職事自戰國時期已有淵源：各國地方長官，每年年初要把自己轄區的戶口、墾田、賦稅等各項預算數目寫在木券上，上報國君，並把木券剖分為二，國君執右券，臣下執左券。到了年終，官吏必須到國君那裡去報核。國君根據右券親自考核，或由丞相協助考核，根據考核結果，對相關官員予以「升、降、賞、罰」。

到了漢代，「上計」職事史加具體化了，是由地方長官定期向上級呈送上計文書，稟報本地治理情況。縣令或縣長於年終之際召上計吏將本縣戶口、墾田、錢糧、收入、獄訟狀況等專案編製為計簿（亦名「集簿」），呈送郡國。根據屬縣的計簿，郡國內設的上計掾再統計起來，編製出全郡的計簿，由郡守或國相審定後上報朝廷。朝廷據此而核定各地郡守、國相之政績，予以「升、降、賞、罰」。

司馬懿出任本郡上計掾，證明他確是精於計算的幹練之才。同時，司馬懿也在上計掾這個職位上鍛鍊出了自己「數位化管理」的卓越能力。東晉史學家干寶稱他「行數術以御物」，誠為不虛。數十年後，他以六旬之齡、太尉之尊遠征遼東公孫氏時，魏明帝問他：

往還幾時可定戰局？

司馬懿胸有成竹地回答：

往百日，還百日，攻百日，以六十日為休息，一年足矣。

果然，後面的戰事程序一如他之所料，分毫未差。而如此精確的謀算背後，卻是他在上計掾之職上年復一年的鍛鍊和鞏固而成的。

而且，上計掾一職，令司馬懿對軍國經濟之道深有心得。《晉書》裡寫道，後來他建議曹操「廣開軍屯，且耕且守」，令魏朝「務農積穀、國用豐贍」。晚年他坐鎮關中時，「穿成國渠，築臨晉陂，溉田數千頃，國以充實」。其源流均來自於此。

在此，我們可以看出，作為高門儒士出身的司馬懿，對這樣的卑職瑣務毫不嫌輕，這是難能可貴的。在東漢一朝，西涼名將皇甫規也曾任過本郡上計掾，堪與司馬懿交輝於一時。

這時，遠在許都的曹操聽聞了司馬懿於河內郡上計掾任上的優異表現，深感人才難得，便來書徵辟他到自己的司空府效力。司馬懿卻稱疾而拒之。

又過了幾年，曹操升任丞相，再一次召他擔任府中的文學掾職務。司馬懿難以推辭，只得就職。他這個嶄新的職位——「文學掾」裡的「文學」，不單單是後世所理解的「文學藝術」，而是漢代察舉科目「賢良文學」裡的「文學」，實際上包括了以「經學」為本的內容。漢代官方將「經學」造詣視為選舉人才之範本，而非後世的書畫辭賦之技。司馬懿身為丞相府文學掾，具體的職事應該是負責各州郡明經通學之士的選拔、考核及服務。

那麼，以司馬懿之學識，他配不配得上這個新職位呢？《晉書》裡寫他：

博學洽聞，伏膺儒教。

《太平御覽》也引用虞預所著的《晉書》評論他：

上（指司馬懿）雖服膺文藝，以儒素立德，而雅有雄霸之量。

這說明他在經學上的造詣確實相當高。他後來在勸諫曹操遠征西蜀時，講了一句「聖人不能違時，亦不失時矣」的箴言，它就是自《易經》中引用而來的。而司馬懿晚年所作的《述懷詩》：

天地開闢，日月重光。遭遇際會，畢力遐方。將掃群穢，還過故鄉。肅清萬里，總齊八荒。告成歸老，待罪舞陽。

全詩鏗鏘激越，文采斐然，可謂「華而且實」。所以，深通國典、暢曉詩文的司馬懿出任文學掾，自然是才符其職的。在這個職位上，他和四方匯聚而來的文人雅士們廣為交遊，取長補短，打成一片。所以，曹丕、陳群等士人菁英才會與他深交為友，並以文化為紐帶結成了利益共同體。而且，東海郡儒林高第王朗、王肅父子才會對他高看一眼，和他司馬氏結為「門當戶對」的姻親。

由於他在丞相府文學掾上做得有聲有色，很快又被許都朝廷調升為漢獻帝身邊的黃門侍郎兼議郎。這個新職位有助於他深度參與當朝軍國大事的謀劃、研討與決策。

在此過程中，他進一步提高了人生站位，拓寬了政治眼界。如果說先前的上計掾職務會讓他變得精明幹練，那麼黃門侍郎兼議郎這個職務就能使他變得高明深邃。在這個職位上，他平時接觸到的都是朝中三公九卿之流的高官大臣，對他拓展自己的人際關係亦是大有裨益。

文學掾、議郎（黃門侍郎）這兩個職位都是「坐而論道」的務虛之職，可以讓司馬懿的宏觀思維水平得到大大提高。但如果司馬懿一直在這樣類似的職位上長久地待下去，他的發展空間便會嚴重受限，至多也不過是成為光祿勳、太中大夫等一類的清望之官。

不久，司馬懿的職位生涯又發生了轉折——他重返丞相府，擔任了東曹屬之職。東曹署是丞相府內主管人事選任的機構，其主官為東曹掾，其副官為東曹屬。司馬懿身為東曹屬，職權「由虛入實」，輔佐東曹掾崔琰、毛玠等人「執掌銓衡、總齊清議」，令四方人才各得其所。而崔琰、毛玠都是知人甚明的奇士，做到了「文武群才，多所明拔，朝廷歸高，天下稱平」。司馬懿在他倆身邊潛心學習，也練出了一對知人善任的「火眼金睛」。他後來能識鄧艾於寒微、舉王昶於庸常、待州泰以虛席，便是得益於此。

相比之下，蜀相諸葛亮就沒有經過「東曹屬」這一職的歷練，在選才用人上始終不甚高明：一則任馬謖而溺其短，二則用楊儀而敗於躁，三則馭魏延而不得法。他在這一方面，終究是遠遠不及司馬懿的。

建安十九年（西元214年）左右，司馬懿從丞相府東曹屬之職轉任主簿，並隨同曹操西討張魯。主簿相當於丞相府的祕書長，專管文書往來、印鑑出納之事。丞相府本就是全天下機務消息交集之樞紐，而司馬懿在主簿職位上也得到了內外各類消息之辨識、權衡、歸納、推演等技巧磨練。他做到了能夠「見常人之所未見、謀常人之所未謀、斷常人之所未斷」。在平定漢中的戰役過程中，他第一次在軍事要務上提出了自己的真知灼見。

劉備以詐力虜劉璋，蜀人未附而遠爭江陵，此機不可失也。今若耀威漢中，益州震動，進兵臨之，勢必瓦解。因此之勢，易為功力。聖人不能違時，亦不失時矣。

當時，與他持有相同意見的，唯有淮南第一智士劉曄。可惜，曹操未能採納，失去了一次統一天下的大好機會。但司馬懿也憑著這一「非常之計」，深得曹操之青睞與倚重。他覺得司馬懿足智多謀、才堪大用，再一次提拔他為丞相府的軍司馬。

丞相府軍司馬，是丞相曹操在軍務上職級最高的輔弼之官，掌管軍謀、軍紀、軍備等庶務。同時，它也是司馬懿的職業生涯由文入武的關鍵一步。先前的司馬懿只是一直在文官圈裡兜兜轉轉，較少接觸到戎事軍務。倘若他始終不曾涉足軍界，那麼最多也就和陳群、王朗等人一樣做到「文臣之極、司徒之尊」而已。但正是司馬懿出任軍職，使其「出將入相，允文允武」的政治定位得以有力突顯。司馬懿超越了賈詡、陳群、荀彧而成為一代人傑的地方，正在於此。

司馬懿在軍司馬職位上妙招迭出，建樹非凡。同時，他表現得兢兢業業，「勤於吏職，夜以忘寢，至於芻牧之間，悉皆臨履」。但更令曹操對他刮目相看的，是他的「每與大謀，輒有奇策」。

建安二十四年（西元219年）之冬，關羽北上討曹，圍曹仁於樊城，又水淹七軍、活捉于禁，威震華夏。曹操欲遷都於河北而避其鋒芒。司馬懿進言建議曰：

（于）禁等為水所沒，非戰守之所失，於國家大計未有所損，而便遷都，既示敵以弱，又淮沔之人大不安矣。孫權、劉備，外親內疏，羽之得意，權所不願也。可喻權所，令掎其後，則樊圍自解。

曹操採而納之，依計而行。孫權果然配合曹方以「白衣渡江」之策狙襲公安，並擒殺關羽。司馬懿這一「聯孫制關」之計，終是大獲成功。

至此，司馬懿的「多職位」鍛鍊終於結出纍纍碩果，一位「全才型」梟雄就此基本成熟。對比之下，三國時期的其他幾位人傑在職業訓練上都不如司馬懿全面而扎實：諸葛亮早年只擔任過劉備的「軍師中郎將」和「軍師將軍」兩個職務，陸遜早年也只擔任過孫權的「討虜將軍府」東西曹令史、海昌縣屯田都尉、孫權「帳下右部督」等三四個職務。很顯然，諸葛亮的職位鍛鍊多集中在軍界，負責軍事參謀和後勤供應，但在用人行政、治國安民方面有所欠缺。而陸遜的職位基本上是「文武兼備」，既當過討虜將軍府東西曹的官員，在識人選賢的本領上有所磨練，又當過獨當一面的軍尉、獨立指揮過小規模的軍事戰爭。所以，他的職位鍛鍊比諸葛亮更為完善，但是比司馬懿還是稍有不及。

最後，我們可以這麼說，司馬懿在易漢入魏之後所擔任的尚書僕射、御史中丞、驃騎將軍、太尉、太傅等一系列高官要職，並取得了震古爍今的文治武功，其實不過是他早年多個職位的「更新版」履新罷了。

第十五章　開啟西晉的司馬家族

「奸雄」司馬昭的另一面

「路人皆知」的一代「奸雄」司馬昭，其實在歷史中還有另外一副真實的面貌。他雖然城府極深、心狠手辣、計謀多端，同時卻也不乏仁者情懷、高士氣度和雄豪風骨。而且，他上承父兄之志，下闢晉國之業，內平諸葛誕，外破吳軍，一步一步推動魏蜀吳三國從分裂割據而重歸大一統，取得了傲視當世的靖亂之功，令人稱絕。也正是看到司馬昭曲折入微的成功之路，我們才能對魏晉嬗變、三國一統背後的歷史密碼有所感悟。

那個著名的成語「司馬昭之心，路人皆知」，讓司馬昭在民間成了「野心家」、「陰謀家」兩個名詞的代言人。然而，司馬昭真的只是靠著野心和陰謀便能駕馭群雄、蕩平巴蜀、威服江東嗎？一個被羊祜、杜預、鄧艾等忠臣義士擁戴終身的司馬昭，只因篡奪了魏柄，真的就應該被歷史固化成「野心家」、「陰謀家」的臉譜？

篡位的野心、謀逆的陰謀，其實並不能涵蓋司馬昭異彩紛呈的個性與作為的全部內容。時至今日，我們觀史閱人，也不必再受「唯道德論」的束縛了。歷史上真正有所建樹的開國創業之君，誰人手中沒有沾上鮮血和骯髒？隋文帝楊堅從他的親外孫手裡公然竊取了大周天下，這並不妨礙他以「開皇之治」而名垂千古；唐太宗李世民發動「玄武門之變」弒兄奪位、逼父交權，這也毫不影響他開創的「貞觀之治」譽滿天下；就是魏武帝曹操，殺孔融、篡漢統、剪伏皇后、挾漢獻帝、自立魏公，一樁樁做得甚至比司馬昭更為出格，但史學界對他平定北方、統一中原的功績至今仍是津津樂道。後世之人強加給司馬昭的那副陳腐而又僵化的「野心家」、「陰謀家」的臉譜，也確實到了該被摘棄的時候了。

於是，在《晉書》裡，在《三國志》裡，在《資治通鑑》裡，我們看到了司馬昭真實而豐富的另一面：是他主持廢除了屯田客制度，把魏國數十萬戶被強制執行軍事化管理的屯田客們解放成了自耕農身分的編戶庶民，讓他們擺脫了沉重的賦稅和勞役；是他主持制定了《晉律》，削除煩瑣冗雜的律條，「去其苛穢，存其清約」，並注入了儒家人文關懷的理念，深深影響了三百多年後的隋唐時代；是他在打下壽春城後，一舉赦放了十多萬名叛兵，對敵國的降卒也是「一無所殺，分布三河近郡以安處之」，和曹操採取的「圍而後降者不赦」之屠城暴行形成了鮮明的對比；也是他最先垂範提倡了「清、慎、勤」為官三達德，為後世考核官德樹立了具體而切實的衡尺。著名史學家習鑿齒對司馬昭讚不絕口，稱他是「功高而人樂其成，業廣而敵懷其德」。

《晉書．唐彬列傳》描寫了司馬昭求賢愛才的一則小故事。

（唐）彬忠肅公亮，盡規匡救，不顯諫以自彰，又奉使詣相府計事，於時僚佐皆當世英彥，見彬莫不欽悅，稱之於文帝（指司馬昭），薦為掾屬。

帝（指司馬昭）以問其參軍孔顥，顥忌其能，良久不答。

陳騫在座，斂板而稱曰：「彬之為人，勝騫甚遠。」

帝笑曰：「但能如卿，固未易得，何論於勝。」

因闢彬為鎧曹屬。

帝問曰：「卿何以致闢？」

（唐彬）對曰：「修業陋巷，觀古人之遺跡，言滿天下無口過，行滿天下無怨惡。」

帝顧四座曰：「名不虛行。」

他日，（司馬昭）謂孔顥曰：「近見唐彬，卿受蔽賢之責矣。」

從司馬昭的音容笑貌之間，他「樂善好士」、「忠肅寬明」（摘自《三國志·吳書·毋丘儉傳》）的政治形象可謂躍然紙上、可親可敬。而這樣的司馬昭，才是真實的、全面的、立體的。

但他「行滿天下有怨惡」的遭遇，也引發了我們對這樣一個深層次問題的關注：弒君犯上的司馬昭，赫然將他的篡位之心鬧得「路人皆知」了，為什麼他卻能夠擺脫王莽、董卓等權臣「先謀逆而後失敗」的宿命惡性循環而開基建業、平蜀立晉呢？歷史以深刻的理念內涵、生動的真實故事、明晰的情節告訴了我們：

曹操雖功蓋中夏、威震四海，崇詐杖術，征伐無已，民畏其威，而不懷其德也。（曹）丕、（曹）叡承之，系以慘虐，內興宮室，外懼雄豪，東西馳驅，無歲獲安，彼之失民，為日久矣。司馬懿父

子，自握其柄，累有大功，除其煩苛而布其平惠，為之謀主而救其疾，民心歸之，亦已久矣。（摘自《襄陽耆舊記．張悌傳》）

所以說，司馬昭父子兄弟能夠篡位建國成功，實在是基於他們為「民心所歸」。那麼，魏國朝野的士民究竟是想擁護名義上居於正統而實際上驕奢淫逸、貪穢橫行、腐朽沒落的魏室皇族還是歡迎名義上處於僭越而實際上卻勵精圖治、簡政為民、寬惠清廉的司馬昭兄弟呢？在歷史上，他們已經用實際行動給出了無聲的答案——「淮南三叛而腹心不擾，曹髦之死而四方不動」。

當然，司馬昭在歷史上名譽不彰、功績不顯，多半也是由於《晉書》對他「語焉不詳」而造成的。他被《晉書》如此淡化及處置，亦是自有其背景原因的。

我們來看一下《晉書》中關於司馬懿、司馬師、司馬昭等父子三人的有關記錄。

關於司馬懿的——

帝（指司馬懿）即防（指司馬防）之第二子也。少有奇節，聰明多大略，博學洽聞，伏膺儒教。漢末大亂，常慨然有憂天下心。南陽太守同郡楊俊名知人，見帝，未弱冠，以為非常之器。尚書清河崔琰與帝兄朗善，亦謂朗曰「君弟聰亮明允，剛斷英特，非子所及也」。（摘自《晉書．宣帝紀》）

關於司馬師的——

景皇帝（指司馬師）諱師，字子元，宣帝長子也。雅有風彩，沈毅多大略。少流美譽，與夏侯玄、何晏齊名。晏常稱曰「唯幾也能成天下之務，司馬子元是也」。（摘自《晉書．景帝紀》）

關於司馬昭的——

文皇帝（指司馬昭）諱昭，字子上，景帝之母弟也。魏景初二年（西元238年），封新城鄉侯。（摘自《晉書‧景帝紀》）

大家發現其中的蹊蹺了嗎？《晉書》在人物本傳裡對司馬懿有「少有奇節，聰明多大略，博學洽聞，伏膺儒教」、「非常之器」、「聰亮明允，剛斷英特」等定評記錄，對司馬師有「雅有風彩，沈毅多大略，少流美譽」等定評記錄，唯獨對司馬昭竟然不置一詞、不評一語！

這是為什麼呢？我們知道，《晉書》成書於唐初，是由唐太宗李世民親自過問，房玄齡、褚遂良、許敬宗等高官名士共同編撰而成的。《晉書》的謀篇布局、選材用筆、人物定性等，都深深展現了當時唐朝統治集團的文化意志。

其實，司馬昭之所作所為，在唐初是有一個「典型」人物與之「交相輝映」的。這個「典型」人物不是別人，就是唐太宗李世民。他倆之間有著太多的相似之處：二人俱為有功有為之宗室次子，都是非正常式繼位為嗣的；二人政治生涯上均有重大「瑕疵」，司馬昭於雲龍門外「甘露之變」中負有弒君之嵩名，李世民於玄武門內「兩宮之爭」中有殺兄逼父奪位之「逆舉」；二人皆有不世之功以為根基，司馬昭滅蜀取漢、開基立晉，李世民東征西戰、蕩定中原。不少人士一讀到司馬昭的故事，就會很容易聯想到李世民之所為。李世民和他背後的「智囊團」肯定不想他被人們視為第二個「司馬昭」，於是從史事源頭上對司馬昭輕描淡寫、虛化處置，以求避免引起不必要的政治聯想。

這才是司馬昭在史簡中「面目模糊」、「蓋棺難論」的真正原因。可惜，他的熠熠光芒，終究不是某些人能夠刻意掩蔽的，也終究會綻放在有識之士的洞燭之下。

「戰神」司馬昭是怎樣煉成的

東晉著名史學家習鑿齒是這樣公開評價晉景帝司馬師、晉文帝司馬昭兄弟二人之軍政成就的：

景（晉景帝司馬師）、文（晉文帝司馬昭）繼之，靈武冠世，克伐貳違，以定厥庸，席捲梁益，奄征西極，功格皇天，勳侔古烈。

他在這段評價中，其實最著重誇獎的還是司馬昭。畢竟在司馬氏崛起的歷程中，司馬師御駕親征而行的只有一次大戰役，就是蕩平毋丘儉、文欽之亂而已。在司馬家兩兄弟之中，司馬師通常是坐鎮京都，而唯有司馬昭是在外東征西戰、屢立戰功的。「靈武冠世」四個字，是對司馬昭實至名歸的讚譽。

三國後期群英之中，司馬昭堪稱最為傑出的軍事奇才之一，畢生鮮有敗績，可謂一代「戰神」。那麼，司馬昭是怎樣成為「戰神」型奇才的呢？

第一，他有著深厚的家學本源。司馬昭的父親是司馬懿。司馬懿本身就是一位堪與諸葛亮、陸遜相匹敵的軍事奇才。他在三十歲出仕之前，應該曾和胡奮一樣以白衣領職，隨同父親司馬懿南征北戰，在第一線戰場上經歷了血與火的淬鍊。在此基礎之上，他應該也得到了父親在軍事鬥爭上的言傳身教，並頗有心得，具備了「大將之材」的全部素質。

第二，他在三十歲左右時出任洛陽典農中郎將，得到了將自己的理論知識「實戰化」吸收的機會。典農中郎將是負責軍屯事務的將官。而屯田的農丁又是前線戰士的備份力量，他們的職責是「且耕且練」。既然身為典農中郎將，司馬昭手下必然擁有一支軍隊，數量不一定很多，但也是足夠司馬昭拿來鍛鍊自己的軍事才能了。所以，司馬昭在這個職位上，肯定指揮訓練過部下的屯田兵。這樣一來，他的獨立作戰能力得到了極大的鍛鍊。而且，司馬昭非常善於收服人心，他廢除了約束屯田農丁們的苛細制度，讓他們按時耕作訓練而不亂加賦役，於是「百姓大悅」。

第三，司馬昭在數年後再升一級，出任「徵蜀將軍」之職。他能得到這個職位，其實是曹爽和其父司馬懿進行政治交易而來的：曹爽讓司馬昭參與徵蜀，實際上是意欲換取司馬懿對他徵蜀立功的大力支持，其中也有將司馬昭扣為人質的意味。司馬懿答應派司馬昭參與徵蜀，則是暗中叮囑他在徵蜀之役中伺機而動，發揮阻撓曹爽派系的絕密作用。

司馬昭在徵蜀將軍的位置上，終於可以獨立對敵作戰了，也表現出了鎮定自如、舉重若輕的大將之風。在此期間，蜀將王林率兵前來乘夜偷襲他所負責的營寨。他卻臨危不亂，堅臥不動，按兵不出，以自己高深莫測的「空城計」令王林進退維谷，只得撤走。此後，司馬昭親身實地觀察了四周地形，向主將夏侯玄勸諫道：

費禕已據險拒守，進不獲戰，攻之不可，宜亟旋軍，以為後圖。

夏侯玄、曹爽認可了他的建議，急忙撤退，在半途上果然遭到費禕等蜀軍狙襲伏擊，苦苦死戰才脫離困境。這是司馬昭第一次親自帶兵獨立參戰，表現得可圈可點，在軍界可謂嶄露頭角。

第四，嘉平年間，曹爽集團全軍覆沒，司馬氏獨攬朝綱。此時，司馬昭再度升任安西將軍，持節屯守關中，取得了一系列軍功佳績。《晉書．文帝紀》記載：

蜀將姜維之寇隴右也，征西將軍郭淮自長安距之。進帝（指司馬昭）位安西將軍、持節，屯關中，為諸軍節度。淮攻維別將句安於麴，久而不決。帝乃進據長城，南趣駱谷以疑之。維懼，退保南鄭，（句）安軍絕援，帥眾來降。

這一場戰役中，司馬昭展示了自己精彩異常的作戰手法：「善戰者致人而不致於人」、「出其不意，攻其不備」。相比之下，與他同處雍涼戰場的主將郭淮就顯得在軍事指揮上稍為僵化、有所不及。

第五，嘉平四年（西元252年）之冬，魏吳之間爆發「東興之戰」。司馬昭以安東將軍之職兼任監軍，與徵東將軍胡遵、鎮東將軍諸葛誕一道進攻東興。不料，魏軍竟遭丁奉、呂據等吳將狙襲，亂陣而潰。這是司馬昭平生唯一一次的參戰失利。事後他被兄長司馬師問罪削爵。

但這樣的責罰，於司馬昭是很不公平的。當時他職在監軍，只管軍紀軍風，本官又為安東將軍，居於胡遵的徵東將軍、諸葛誕的鎮東將軍之下，並未在現場指揮部卒作戰。所以，他只是替胡遵、諸葛誕這兩位司馬氏部下的老臣宿將背了「黑鍋」而已。這個敗績，算不到司馬昭的頭上。

不過，司馬昭經歷此事之後，對自己「駕馭不力」的缺點深以為非，轉變為「嚴格執法、令行禁止、鐵腕無情」。後來，他在率眾討伐諸葛誕時，「將軍李廣臨敵不進，泰山太守常時稱疾不出，並斬之以徇」。常時本是他的鄉里舊識，他仍對其執法不貸，可見他對軍風軍紀的極力維護。這也成了司馬昭用兵行陣的一大特色。

第六，司馬昭在東興失利被削爵之後，再度轉任關中，代行征西將軍之職，與蜀軍、叛羌多次作戰，取得纍纍戰功，終於受獎復爵。在關中任上，他漸漸摸清了以姜維為首的蜀軍之策略戰術，例如：

蜀將姜維又寇隴右，揚聲欲攻狄道。以帝（指司馬昭）行征西將軍，次長安。雍州刺史陳泰欲先賊據狄道，帝曰：「姜維攻羌，收其質任，聚谷作邸閣訖，而復轉行至此，正欲了塞外諸羌，為後年之資耳。若實向狄道，安肯宣露，令外人知？今揚聲言出，此欲歸也。」維果燒營而去。（摘自《晉書·文帝紀》）同時，他還有針對性地做出了一系列強而有力的反制，其特點為「出奇制勝、乘虛而攻」。所以，他後來才會自信滿滿地對外宣稱：「取蜀如指掌。」

景元四年（西元263年）之秋，司馬昭已然繼兄執政，大權在握，終於以統攬全域性之魄力，將「聲東擊西、避實就虛、出奇制勝」的十二字方略貫徹到伐蜀之役當中。《三國志·魏書·鍾會傳》記載：

（司馬昭）乃下詔使鄧艾、諸葛緒各統諸軍三萬餘人，（鄧）艾趣甘松、沓中連綴（姜）維，（諸葛）緒趣武街、橋頭，絕（姜）維歸路。（鍾）會統十餘萬眾，分從斜谷、駱谷入。

他的布局有輕有重、有虛有實、有呼有應，非常高明，周密無失，甚至連他的父親司馬懿也略遜一籌。畢竟，曹操、司馬懿都沒有像他這樣遠端遙控指揮作戰過，更談不上「決勝於千里之外」了！

最難能可貴的是，面對意外的戰局變數，司馬昭仍能指揮若定、絕地反擊。在伐蜀之役中，諸葛緒的中路軍未能截住姜維，使蜀軍主力遁回劍閣關；鍾會的東路軍也隨即受阻於蜀山天險之下。滅蜀之戰頓時陷入停滯僵持的階段。在此千鈞一髮之際，司馬昭及時調整策略，力排退兵之眾議，拍板同意了鄧艾提出的「陰平道奇襲」之策，終於取得滅蜀之役的全面勝利，為司馬家代魏而立夯實了無與倫比的功業根基。

亂世之中，唯有以武力才能掃除群雄、一統天下，還百姓一片安寧。司馬昭盡其天賦之才，持節掌兵二十餘年，屢戰屢勝，所向無敵，終於成為三國後期一代「戰神」。他的這一份軍事才華，絲毫不亞於後世的唐太宗李世民。而大晉王朝，也在他的纍纍戰功鋪墊之上雄拔而起，「三國歸一」的曙光至此觸手可及。

司馬兄弟憑何駕馭宿將舊臣

在中國歷史上，許多權臣去世之後，通常都由其子弟繼位掌權，我們對這一群體稱為「權二代」。然而，血緣和家世背景可以傳承，能力和威望卻無法繼承。「權二代」們要想不負所傳並後來居上，實屬極難。例如西漢重臣霍光死後，其子霍禹、其女婿鄧廣漢、其姪孫霍山雖然手握大權，卻仍被漢宣帝一擊而潰，滿門盡滅；再如漢順帝時的輔政大臣梁商死後，其嗣子梁冀繼任大將軍，專橫獨斷，一手遮天，甚至膽敢鴆殺漢質帝，後來也被漢桓帝聯合宦官集團一舉剷除，三族俱夷。所以，「權二代」當中能夠真正掌權傳世並且更上層樓者，堪稱鳳毛麟角。

而司馬師、司馬昭兩兄弟便是將家族權位持續推升直至登峰造極、別開生面的「權二代」佼佼者。

曹魏嘉平三年（西元251年）八月，司馬懿在除掉生前最後一個政敵王凌之後，溘然去世。但他留給司馬師、司馬昭二人的，並不是一副輕鬆的擔子。他倆繼父掌權之際，外有蜀漢、東吳兩大勁敵虎視眈眈，內有曹氏餘黨伺機而動，可謂危機四伏。在此，司馬兄弟著力於整合朝野上下的擁馬派勢力一致對外，便是當務之急。

可是，面對父親留下的宿將舊臣之班底，司馬兄弟暗自忖度之下，也不免有些忐忑：那些宿將舊臣當中，既有資歷深厚的元老派，例如郭淮、王昶、何曾；又有戰功卓著的新秀派，例如鄧艾、王基、石苞、州泰；還有坐擁豪門的故交派，例如鍾毓、鍾會、傅嘏、陳泰。他們個個都是出類拔萃的菁英能臣，或才高氣傲，或居功自負，確是不易順服也不易駕馭。

然而，司馬兄弟採取了明明暗暗一系列的舉措，最終還是做到了「內服群臣、外懾吳蜀」，直至開基建業，亡魏成晉。

那麼，他倆是如何達成這一目標的呢？筆者縱觀史籍，認為他倆的成功之道有三，缺一不可。

第一是司馬兄弟善用扎實的軍功戰績來穩固自身的根基。他倆在父親司馬懿逝世時，俱為四十歲左右，正值壯年，加之二人先前有協助司馬懿平定曹爽之功，所以朝中的擁馬派勢力便以他二人為「周武王」「周公旦」，推戴他倆輔政當國。

基於曹爽一黨的「亂作為、亂改制」而觸怒既得利益集團的前車之鑑，司馬師剛執大權，便堅持對內垂拱而治，並不刻意去攪動朝局。《晉書．景帝紀》裡寫道：

或有請改易制度者，帝（指司馬師）曰：「『不識不知，順帝之則』，詩人之美也。三祖典制，所宜遵奉；自非軍事，不得妄有改革。」

但在對外征伐立功方面，司馬師卻顯得十分熱衷。他和司馬昭都明白：身逢亂世，只有軍功在手，才能真正攬權成功。所以，當吳國太傅諸葛恪前來東興築城建堤以示進犯之際，司馬師急於立威，拒絕了傅嘏「且屯且侵以應東吳」之計，而是傳詔命令諸葛誕、胡遵、王昶等將領三道併發，共擊吳軍。由於諸葛誕是司馬氏的姻親、胡遵是司馬懿在關中時的舊部，故而他倆所領的東路軍算是司馬氏的嫡系部隊。司馬師為防萬無一失，甚至派出司馬昭擔任監軍前去督戰。不料，諸葛誕、胡遵二人所領的東路軍竟在東興之戰中輕敵失利，導致「三道伐吳」之策完全破產。

司馬師不得已，又再令雍州刺史陳泰發兵去討胡立功，結果反而驚反了雁門、新興二郡的胡人。這一連串的軍事受挫，使司馬師的威望幾乎降到了冰點。

在這千鈞一髮之際，蜀漢姜維率師數萬而圍魏之狄道，向魏國發起了挑戰。司馬師急忙起用司馬昭到長安代行「征西將軍」之職，和陳泰一道擋退了姜維。然後司馬昭留在關專科心致志地掃除姜維臨撤之前埋在曹魏西翼的「暗樁」——叛羌之敵。《晉書．文帝紀》裡記載：

「會新平羌胡叛，帝（指司馬昭）擊破之，遂耀兵靈州，北虜震讋，叛者悉降。以功復封新城鄉侯。」司馬昭取得的這一戰績是令人矚目的，以至於後來朝臣們向他勸進晉公時還盛讚道：「前者明公（指司馬昭）西征靈川，北臨沙漠，榆中以西，望風震服，羌戎東馳，回首內向。」

司馬昭的赫赫戰功輝映到廟堂之上，令司馬師的政績也為之增光添彩。他藉此完全穩住了司馬氏在朝廷上下的至高權位。同時，司馬兄弟的分工合作制度就此建立。

內事不決有子元（指司馬師），外事難辨有子上（指司馬昭）。

這也是後來魏少帝曹芳為何要借平樂觀閱兵之際暗殺司馬昭的緣故。只因司馬昭是在外面拱衛司馬師穩坐廟堂的「倚天長劍」，不除他則不足以致勝。

接下來，司馬兄弟平毌丘儉、滅諸葛誕，一時戰功彪炳、聲威大振，完全在軍界擁有了實打實的決策權和遙控權，可以「居重馭輕」、「以內制外」。王昶、鄧艾等宿將舊臣自然是乖乖臣服，不敢不遜。這一點，連魏文帝曹丕這個資歷更老的「權二代」也是比不上他倆的。曹丕好大喜功而又稍輸武略，擁兵數十萬伐吳卻勞而無功，半途中甚至還遭到敵人狙襲而丟了儀仗。依此而論，他又怎能駕馭得了那些宿將虎臣？又談何跨山橫江、一統八荒？

第二是司馬兄弟善用高超的政治手段來籠絡臣下之心。在禮賢下士方面，司馬兄弟可謂屈尊降紆、推心置腹，堪與三顧茅廬、愛才如命的劉備並肩。例如，原征南將軍王昶是司馬懿的得意門生，對司馬氏執政亦有暗助之功。司馬師掌權之初身為「撫軍大將軍」，為安撫資歷深厚的王昶，便借聖旨給了王昶一頂「征南大將軍」的高帽子，讓他的職級與自己持平，以此為「尊老敬賢」之意。

王昶自是對他這一舉動「感恩懷義、奉之終身」。他的兒子王渾、姪兒王沈後來都成了晉朝的開國功臣。

在納諫採言方面，司馬兄弟可謂屈己從理、來者不拒，堪與從善如流、海納百川的唐太宗媲美。當毌丘儉之亂爆發時，司馬師身負眼疾不便出行，但在王肅的勸說下，依然能夠聞警即起、帶病南征，絲毫無滯，明快如風。而老將王基在討伐諸葛誕時，對司馬昭的諫言近乎冒犯，甚至在戰場上違抗司馬昭的謬誤之令而堅持自己的正確意見。

司馬昭對他亦是事之如師，毫無芥蒂，並公開剖白道：

凡處事者，多曲相從順，鮮能確然共盡理實。誠感（王基之）忠愛，每見規示，輒敬依來指。

這是何等博大的政治胸懷！王基既受此寬容禮敬之殊遇，又如何不向司馬兄弟報以忠勤就兢業之實效？

諸葛誕反，（王）基以本官行鎮東將軍。都督揚、豫諸軍事。時大軍在項，以賊兵精，詔基斂軍堅壘。基累啟求進討。

會吳遣朱異來救誕，軍於安城。基又被詔引諸軍轉據北山。基謂諸將曰：「今圍壘轉固，兵馬向集，但當精修守備以待越逸，而更移兵守險，使得放縱，雖有智者不能善後矣。」遂守便宜，上疏曰：「今與賊家對敵，當不動如山。若遷移依險，人心搖盪，於勢大損。諸軍並據深溝高壘，眾心皆定，不可傾動，此御兵之要也。」書奏，報聽。

大將軍司馬文王（指司馬昭）進屯丘頭，分部圍守，各有所統。基督城東城南二十六軍，文王敕軍吏入鎮南部界，一不得有所譴。城中食盡，晝夜攻壘，基輒拒擊，破之。壽春既拔，文王與基書曰：「初議者云云，求移者甚眾，時未臨履，亦謂宜然。將軍深算利害，獨秉固志，上違詔命，下拒眾議，終至制敵擒賊，雖古人所述，不是過也。」（摘自《三國志‧魏書‧王基傳》）

在聚合內外方面，司馬兄弟可謂同甘共苦、重情重義，堪與俠氣逼人的漢高祖劉邦相仿。當曹髦雲龍門之變時，司馬昭的心腹賈充迫不得已指使成濟刺死了魏帝曹髦。當時輿情洶洶、滿朝譁然，連司馬昭平素的至交好友陳泰都逼他交出賈充而殺之以塞天下之公議。但司馬昭勇於擔當，絕不「甩鍋」，絕不退縮，硬是頂住偌大的壓力保住了賈充，並藉此向朝野上下展示了自己亡魏成晉的決心。從維護羽翼鞏固內部而言，司馬昭此舉實在是難能可貴的。比起曹操父子將勸進魏公的孤忠之臣董昭迫於輿論壓力而「雪藏」十餘年來，司馬昭維護並重用賈充的做法更容易換來部下的誓死盡忠。

第三是司馬兄弟善用嚴明的法紀之術來整合上下、務實高效。當年司馬懿遠征遼東，圍敵欲攻，時逢霖雨，久下不止，平地水深數尺。諸軍行走極為不便，紛紛向司馬懿建議移營居安，但司馬懿見到圍壘尚未竣工，若眾將士就此舍勞取逸，則大功難成，於是執意不許，明令諸軍敢言徙者必重懲。都督令史張靜不顧法令仍來勸言，遂被司馬懿當眾斬殺，方才穩定了軍心，取得了最後的勝利。他的這種做法深深影響了司馬師、司馬昭兩兄弟。

司馬師執政之初，從事中郎李憙便評論他「以法見繩」，令人「畏法而至」，不敢不從。他征討毌丘儉時，問計於名士劉陶，發現劉陶答覆之際模稜兩可，企圖在曹、馬之間當騎牆派，遂鐵腕出擊，把劉陶貶官而死。他如此舉動，自是欲以嚴刑重典震懾朝中的中間派而為己所用。

司馬昭繼兄掌權之後，亦是執法如山、毫不寬待。他出兵掃平諸葛誕時，「將軍李廣臨敵不進，泰山太守常時稱疾不出，並斬之以徇」（摘自《晉書．文帝紀》）。在伐蜀的誓師大會上，將軍鄧敦發出「蜀未可討」的雜音，司馬昭仍是毫不手軟地殺之以立威。在他看來，只有以鐵的法紀鍛鍊出來的軍隊，才是最有戰鬥力的。他和父親、兄長一樣，堅持「嚴以正法」，這才使自己的部隊可以「長驅越險、所向披靡」，令吳蜀之敵望而生畏。

綜上所述，司馬師、司馬昭兄弟就是憑著這三大手法輕鬆自如地駕馭住了一大批擁馬派的宿將舊臣，從而成為「青出於藍而勝於藍」的繼承者。而司馬氏代魏立晉的雄圖霸業，也最終在他倆的手上實現了節節攀升、鑄造輝煌！

司馬氏發動「高平陵事變」的底氣

曹魏正始十年（西元249年）正月，少帝曹芳前往拜謁位於高平陵的魏明帝曹叡之墓，輔政大臣、大將軍曹爽及其兄弟皆隨駕同行。

不料，他們前腳剛出京門，司馬懿父子後腳就發動了事變，以永寧宮郭太后的名義發出懿旨，封閉了各個城門，火速占據了武庫，分發各類武器給自己的親信部屬。

同時，令司徒高柔持節代理大將軍之權，控制了原由曹爽所親領的禁軍營地；令太僕王觀代理中領軍之權，控制了原由曹爽之弟曹羲所領的中軍營地。然後，司馬懿派人追奏於曹芳，譴責曹爽「有無君之心」，罷去曹爽兄弟的官職、兵權，「以侯就第，不得逗留，以稽車駕；敢有稽留，便以軍法從事」！奏畢，他攜太尉蔣濟率兵親臨洛水浮橋，以應萬一。

曹爽兄弟聞變，如遭雷擊，在驚疑失措之中，相信了司馬懿的免罪承諾，不顧桓範、魯芝、楊綜等親信和僚屬的勸阻，選擇了束手降服，乖乖認輸。不久，他們連同自己的黨羽，全被司馬氏劾以大逆不道之罪而誅殺，俱夷三族。

司馬懿父子從此獨攬朝綱、權傾天下，再也無人掣肘，邁上了亡魏成晉的霸業之路。

不少人士認為司馬家一夕之間「劍走偏鋒」奪權成功，似乎勝得太過輕易，而曹爽兄弟則完全是被司馬氏「忽悠」住了，所以才會自取其敗。宋代史學家葉適就發出了驚詫之問：

> 嘉平之役，極是異事。曹氏造基立業，雖無兩漢本根之固，然自操至此已五六十年，民志久定；司馬懿再世受遺，信非忠貞，何遂盜奪！而況虛位無權，勢同單庶，一旦人主在外，閉門截橋，擷取事柄，與反何殊？此至愚者所不敢為，懿號有智，而披猖妄作，自取族滅，然竟以勝，一異也。（摘自葉適《習學記言序目》卷二七《魏志》）

但是我們縱觀史籍，周覽本末，認真剖析，就會發現：行事素以「穩、準、狠」見長的司馬懿父子發動這場驚心動魄的事變，實際上是有著周密的籌備和堅實的底氣的。所以，他們才一擊必中、一招制敵，迫使曹爽一派束手認輸、無力反擊。

第一，從正統法理的比較優勢上講，司馬懿比曹爽稍勝一籌。粗粗一看，曹爽手中握有少帝曹芳這張「王牌」，可以「奉天子以討不臣」，似乎占了上風。然而，司馬懿本身是先帝欽定的顧命輔政大臣，有「清君側、除奸佞」的天然職責和權力依據，再加上司馬懿手頭拿到了永寧宮郭太后全力支持他所作所為的鳳詔，能夠「挾太后而抗天子」。而且，郭太后確實是遭遇過曹爽仗勢欺凌的。《晉書．五行志》記載：

魏齊王正始六年（西元 245 年）二月丁卯，南安郡地震。是時，曹爽專政，遷太后於永寧宮，太后與帝相泣而別。連年地震，是其應也。

這些事實其時已為天下士民所共見，曹爽的「無君之心」昭然若揭，郭氏和曹爽矛盾已然公開化。所以，司馬懿取得郭太后鳳詔以「便宜行事」，根本不是脅迫而來，相反正是郭太后自願授權而為之。那麼，曹爽挾少帝以反抗，又有多少人不是認為他竟把少帝當作傀儡了呢？這樣的「挾天子以討司馬氏」，曹爽集團從起先一出手就落了下乘，也不會具有多大的政治感召力。

第二，從中樞群臣的支持度上看，司馬氏是遠超曹爽一派的。由於曹爽先前重用何晏、鄧颺、李勝等浮華空談派，亂改舊典、濫興秕政，且又驕奢淫逸、胡作非為，早已為朝廷的大多數公卿大夫所不滿。例如，大將軍府長史孫禮本是由魏明帝親下遺詔留在曹爽身邊輔佐他的，但曹爽嫌他「亮直不撓」，不便於自己獨斷專行，竟違背先帝遺詔將他外放了出去。又如少府卿王觀掌管內府寶庫，曹爽一派貪得無厭、多有幹求，且又忌憚王觀守法不從，於是把他調任太僕，藉機中飽私囊。曹爽一派種種作為，堪稱「為淵驅魚、為叢驅雀」，引起眾怒，連孫禮都公開請求司馬懿站出來「主持公道」、制衡於他。故而，司馬懿發動高平陵事變時，自太尉蔣濟、司徒高柔等人以下大多數重臣宿士都站到了他這一邊。而曹爽那邊，卻只有一個大司農桓範出於鄉里舊誼而遁出城來幫他，其勢何等之孤！

第三，以四方州鎮之軍方勢力的實際情況而預估，曹爽一派亦是孤掌難鳴，不足以與「出將入相、故吏遍布」的司馬懿相對抗。《資治通鑑》裡寫道，桓範「勸（曹）爽兄弟以天子詣許昌，發四方兵以自輔」。似乎是一條妙計。然而，根據當時的實際情形來分析，曹爽若是真以天子之詔徵發四方州鎮之兵相助，恐怕是「一廂情願」、難有響應。其時四方州鎮大將的名單是這樣的：執掌西翼大軍的是征西將軍夏侯玄；執掌南部諸軍的是征南將軍王昶；執掌東翼大軍的是徵東將軍王淩；執掌北部諸軍的是征北將軍程喜，其下屬的并州刺史是孫禮、冀州刺史是裴徽、幽州刺史是毋丘儉。

在明面上，曹爽唯一可以倚用的助力，只有夏侯玄一人，因為他倆有表親之好、手足之舊。但夏侯玄身邊卻有一位司馬氏的舊部、前將軍郭淮——他在雍涼二州威望極高、人脈極廣，而且與司馬懿關係匪淺。在正始年間曹爽一派擅自發起的徵蜀之役中，郭淮多有異議並以實際行動表示了強烈的抵制，是曹爽一黨的對立派無疑。《三國志·魏書·郭淮傳》記載：

（正始）五年（西元 244 年），夏侯玄伐蜀，（郭）淮督諸軍為前鋒。淮度勢不利，輒拔軍出，故不大敗。

其中「輒拔軍出」四個字，將郭淮的「不合作」態度畢露無遺。夏侯玄有他掣肘，又怎能調動得了關中兵馬東來支援？

征南將軍王昶，則是司馬懿實打實的「死黨」。他目前的一切地位和建樹，幾乎都是司馬懿一手栽培而出的。《三國志．魏書．王昶傳》裡記載：

青龍四年（西元236年），詔「欲得有才智文章，謀慮淵深，料遠若近，視昧而察，籌不虛運，策弗徒發，端一小心，清修密靜，乾乾不解，志尚在公者，無限年齒，勿拘貴賤，卿校以上各舉一人」。太尉司馬宣王以（王）昶應選。正始中，轉在徐州，封武觀亭侯，遷征南將軍。假節都督荊、豫諸軍事。

倘若司馬懿的「清君側」之令一下，王昶必會如影隨形、聞聲而動，北上相助。他在襄陽發兵，比任何一方州鎮都能更快地抵達洛陽或許昌。

徵東將軍王淩，出於太原王氏一脈，與司馬朗、司馬懿有故舊之交，而又門戶背景相同，應該也是傾向於支持司馬懿的。況且，他與曹爽的關係十分僵化，曹爽曾經起用過鄉里舊交文欽來制衡他。《三國志．魏書．文欽傳》記載：

（文欽）後復以淮南東門將，轉為廬江太守、鷹揚將軍。王淩奏欽貪殘，不宜撫邊，求免官治罪，由是徵欽還。曹爽以欽鄉里，厚養待之，不治欽事。復遣還廬江，加冠軍將軍，貴寵逾前。

所以，王淩對曹爽肯定是心懷怨忌，在這一場「高平陵事變」中是不可能站到他同一陣線的，而文欽想幫曹爽抗禦司馬氏，卻也始終飛不過王淩這一關啊！

至於程喜、孫禮、裴徽、毋丘儉四人，均是地處偏遠，手頭兵馬較為稀少，在這場博弈之局中無足輕重、緩不應急。程喜的門戶背景與政治立場在史書中顯得模糊，在此可以不論。但孫禮、裴徽、毋丘儉三人，在高平陵事變當中的「站隊」倒可以淺議一下。孫禮本身就和曹爽積怨已深，曾經向司馬懿當面強烈請求他出來「主持公道」、制約曹爽。所以，他對司馬懿發動「高平陵事變」是絕對支持的。而裴徽與司馬氏同屬名門世族集團，各種利益關係和政治訴求基本趨同，且裴氏一族又與司馬家關係甚佳。裴徽的姪兒裴秀後來成為司馬氏最密切的心腹之一。毋丘儉則在徵燕之役中當過司馬懿的部屬，對司馬懿自是拱服。故而，他倆於「高平陵事變」中的立場至少是中立不倚的，但絕不會主動支持曹爽。三位刺史的政治態度既是如此，身為征北將軍的程喜自然也被掣肘和影響，導致他最有可能的選擇是游移觀望。曹爽從他這裡，依然借不到半分力道。

這樣分析下來，曹爽兄弟在四方州鎮當中可謂是孤立無援，又怎敢採取桓範的建議去「自討苦吃」、「自費力氣」？

第四，從雙方所擁有的嫡系人才資源來比較，司馬氏比曹爽一派更是勝出許多。司馬氏這邊人才濟濟，各有所長：拋開司馬懿、司馬孚和諸位並肩同行的元老重臣們之巨大影響力不論，司馬懿的嗣子司馬師身任中護軍，「雅有風采，沈毅多大略」，一夕之間召集三千死士赴難而作，連何晏都稱讚他「唯幾也能成天下之務，司馬子元是也」；其次子司馬昭「忠肅寬明，樂善好士」，極有人脈，曾經擔任過徵蜀將軍，有處變不驚之武略；其姪兒司馬望曾任平陽郡太守，「寬厚有父風」，而行軍打仗則「威化明肅」……這些司馬氏的壯年新秀，絕非曹爽兄弟這一批不親庶務的「紈褲子弟」所能相比的。他們手頭雖有一個「智囊」桓範，但又如何敵得過司馬家這邊「父明子賢、羽翼豐滿、群英薈萃」？

第五，從實戰鬥爭的手段上看，司馬氏已然掌握先機，隨時可以「收網」，令曹爽一派措手不及。曹爽兄弟此刻僅有屯田兵數千人作為侍衛，戰鬥力較弱。而司馬懿已經控制住洛水浮橋，手中又有數萬禁軍步騎，行動如風，迅捷如電。曹爽一旦有所異動，司馬父子必會雷霆出擊、疾馳而至——屆時，曹爽他們還未趕到許昌，已被司馬氏父子包抄在手、無處遁逃！更何況司馬氏又扣住了曹爽一派的三族親戚作為人質施以要挾，所以曹爽他們很難突破這層層牽絆而決裂反擊！他們只要露出絲毫猶豫，就是司馬氏的絕佳戰機。

從這五個方面而言，曹爽兄弟確實是被司馬懿父子壓制得死死的，所以他們冥思苦想了整整一個夜晚後才認輸投降了。

當然，也有不少人認為，曹爽兄弟如果奮起一搏，勝負猶未可知。而曹爽只是貪戀「棧豆」才自尋死路的。實際上，政治鬥爭具有「你死我活」的殘酷性，曹爽又不是初涉宦海的政治新人，怎麼會不清楚這一點呢？他在幾年前，以太傅之位架空司馬懿、以徵蜀之役謀取大名、逼迫郭太后遷入永寧宮、毀壞中壘中堅營以削弱司馬師的勢力，拳拳有力，招招見血，顯出了他的決斷和魄力。在高平陵事變中，他的智力和膽魄又未下降；依常理而論，他倘若覺得自己還能拼出一線勝機，就絕不會束手降服的。

只不過，司馬懿父子布局周密、處處扎實，真的是令曹爽兄弟感到無隙可乘，所以他們才會就地投降。當局之人以切身之利害而做此決斷，總比我們這些局外之人應該更來得明晰切實一些。換了你我和曹爽易地而處，你認為你會有第二個選擇嗎？後來的王淩不也是落到了和曹爽一模一樣的境地了嗎？他又是如何選擇的？這還需要明說嗎？

司馬氏的「姻親網」及其政治作用

馬克思曾經講過：「人的本質是一切社會關係的總和。」一般而言，大多數的政治權謀家就是依靠編織各種關係、發展各種關係、利用各種關係來達到自己的政治目標的。而姻親關係，則是他們所有的可資利用之社會關係的「重中之重」。例如，歷代皇室通常都要藉助以後族、妃族為主的「國戚」來維護統治；而漢末以來的世家大族則必須憑藉姻親關係來增加自身的政治助力。

同樣，河內司馬氏在以馬代曹、亡魏成晉的過程中，極力拓展姻親範圍，編織出一張巨大而堅韌的「關係網」，使自己的政治勢力如虎添翼、四通八達，可謂立竿見影、效果顯著。在此，筆者對這一問題力作研探，以供引玉賜教。

第一，我們來看司馬懿本人的姻親關係。司馬懿的正妻張春華之門戶背景不詳。她的父親是粟邑縣令，至少應該在庶族之流。河內郡素有以漢桓帝時之司徒張歆為首的張氏一門，堪稱郡望，其孫張範、張承俱為著名高士。張春華與他們同為一姓，似也不乏此種可能。這樣一來，她的家族倒也和當時的司馬氏「門當戶對」。不過，張春華並非以知書達禮見長於世，而是以她的剛毅果決之風甚為司馬懿所倚重。

宣帝（指司馬懿）初辭魏武之命，託以風痹，嘗暴書，遇暴雨，不覺自起收之。家唯有一婢見之，後（指張春華）乃恐事洩致禍，遂手殺之以滅口，而親自執爨。帝由是重之。（摘自《晉書‧後妃列傳》）

世人或許認為張春華行事未免太過冷酷，然而依當時的情勢而斷，她「舍一婢而護全族」亦有不得已之處，不可深責。且張春華嚴於內教，為司馬懿培養出了司馬師、司馬昭兩個「麟兒」，於司馬氏一族實是貢獻巨大。她的外姪山濤後來也成為司馬氏集團的骨幹成員。司馬昭甚至將駐在鄴城監視曹魏宗室的重任交付於他。

司馬懿的妾室伏夫人，出身於漢末的頂級名門——山東伏姓一脈，應是漢獻帝正宮皇后伏壽的同宗之親。伏氏一族與曹操有血海深仇，所以司馬懿在曹操生前是絕不敢納伏夫人為妾的。應該到了黃初年間，曹丕為安撫漢室遺忠而大力推行「漢魏相融」之政策，這時司馬懿才納了伏氏為妾。他納取伏氏，更深層次的用意是和朝中潛伏下來的擁漢派勢力搭上關係，以備未雨綢繆之用。伏氏一門之中，伏完是漢室帝婿，其妻為漢桓帝長女陽安長公主；其女伏壽是漢室皇后，在漢廷上下有著深厚的影響力。司馬懿與伏氏聯姻，定會獲得曲阜孔氏、潁川荀氏等擁漢派名門望族的暗中追隨，成為司馬家堅實的政治後盾。

第二，我們再看司馬懿嗣子司馬師的姻親關係。司馬師的第一任妻子夏侯徽，是魏文帝曹丕「東宮之友」、征南大將軍夏侯尚之女，其母又為曹魏大司馬曹真之妹。司馬師娶到夏侯徽，自然有助於自己順風順水、飛黃騰達。而司馬家憑著這一層姻親關係，至少可以緩衝來自曹魏宗室當權派的疑忌與排擠。所以，司馬懿才能在親家翁夏侯尚死後迅速接掌他生前的征南大將軍之全部軍權，「加督荊、豫二州諸軍事」。換句話說，正是因為有與夏侯家的這層姻親關係，司馬懿才能順利突破魏室「非曹氏、夏侯氏不得執掌方面軍權」的規制束縛而拿到第一份兵權，否則他只能和陳群一樣被困在文官之職上難以抽身。

而夏侯徽本人對司馬家的直接和間接貢獻都是十分巨大的。她「雅有識度，帝（指司馬師）每有所為，必預籌劃」（摘自《晉書．景帝紀》），堪稱司馬師的賢內助。然而，馬、曹之爭剛萌初兆，夏侯徽便被司馬氏鴆殺。《晉書．後妃列傳》裡記載：

> 後（指夏侯徽）知帝（指司馬師）非魏之純臣，而後既魏氏之甥，帝深忌之。青龍二年（西元 234 年），（夏侯徽）遂以鴆崩。

有史學家認為青龍年間夏侯氏一族勢力不小，司馬家是不敢對夏侯徽下此毒手的，所以史書記載有誤。筆者卻認為，在曹魏青龍年間，夏侯家最大的靠山曹真早已死去，其族中嗣子夏侯玄又深為魏明帝曹叡所不喜（《三國志．魏書．夏侯玄傳》記載：「（夏侯玄）嘗進見，與皇后弟毛曾並坐，玄恥之，不悅形之於色。明帝恨之，左遷為羽林監。」），夏侯家的勢力日漸衰弱，司馬家對他們談不上有所忌憚。

而且，我們回到「青龍二年（西元 234 年）」這個時間點上，來看一看當時司馬氏與魏廷內外的互動關係：在青龍二年（西元 234 年）八月，司馬懿終於耗死了蜀相諸葛亮、擋退了蜀軍，大功告成，可謂躊躇滿志。司馬氏的榮耀在這一年秋冬之際攀上了最高峰。

這時，司馬懿的職位為魏室大將軍，又擁有「假黃鉞」之重權，若再加上此番退蜀之功，應當是丞相、郡公一流的重賞才行。然而，司馬懿從內廷的「暗線」那裡探得的消息竟然是：魏明帝曹叡準備將自己從大將軍職務上挪開，遷為虛位無權的太尉（太尉的官級低於大將軍），一步一步使自己淡出軍界，使司馬氏的勢力在關中漸漸削弱。（《資治通鑑》記載：「青龍三年（西元235年）春，正月，戊子，以大將軍司馬懿為太尉。」）

曹叡的這番舉措，在司馬家看來，實屬忘恩負義。司馬懿的長子司馬師肯定也會為之憤憤不平，並一時控制不住，可能在夏侯徽眼前洩漏了出來。夏侯徽沒料到司馬懿父子竟是這般表裡不一的臣子，自然也就為魏室的安危存亡而憂慮不已。

司馬懿父子察覺她的異樣後，為了維護司馬氏表面上為魏廷「盡忠不貳」的政治形象，只得暗暗將她滅口除掉。這，也許才是夏侯徽之死的真相。夏侯徽的死去，一方面令司馬家從此缺少了一部分政治助力，再也不能緩衝與魏室宗親當權派的關係，導致司馬師後來在「浮華太和案」中被波及受貶；另一方面又使司馬家就此斬斷了牽絆，可以放開手腳籌劃代魏大計了。

司馬師的第二任妻子吳氏，是魏文帝曹丕「東宮四友」之振威將軍吳質的女兒。吳質在朝中是司馬懿的堅定同盟派，他曾向曹叡稱讚司馬懿「忠智至公」，乃「社稷之臣」也。但他又指責尚書令陳群「非國相之才，處重任而不親事」，還公開羞辱過曹真和董昭，得罪了不少高官顯貴。所以，吳質死後，竟被朝廷賜謚為「醜侯」。謚法有云：「怙威肆行曰醜。」可見，那些反吳人士對他的貶損實在厲害。司馬師自然不好再因娶嫁吳氏而冒犯那些反吳恨吳的豪門權貴，遂與她離婚。不過，二十年後，司馬師獨掌大權時，還是給自己這位曾經的岳父吳質平了反，改諡他為「威侯」，表達了自己與吳氏那場婚姻「始好不終」的歉意。吳質的兒子吳應也得到司馬氏政權的另眼相待，在易魏入晉後官居尚書。

司馬師的第三任妻子羊徽瑜，是典型的世家名媛。她背後的泰山郡羊氏一族乃是連出九世二千石之高官的豪門，其外祖父為漢末著名高士蔡邕，其後母為大名士孔融之女，具有深厚之極的文化背景。司馬師利用羊氏一族的廣泛影響力，可以在儒林清流中左右逢源、求名得名。而羊徽瑜的胞弟羊祜「博學善屬文」，「忠亮純茂」「經緯文武」，譽流域外、德服江表，後為司馬氏擬定滅吳大計，堪稱曠世逸才。羊祜之堂弟羊琇、羊瑾，均為司馬氏麾下之能臣，替司馬氏立有汗馬功勞。

第三，司馬師的二弟司馬昭之正妻王元姬，亦是出自儒家高第。她本人聰慧明敏，「苟有文義，目所一見，必貫於心」（摘自《晉書．後妃列傳》），對司馬氏集團多有襄助。

> 時鍾會以才能見任，後（指王元姬）每言於帝曰：「會見利忘義，好為事端，寵過必亂，不可大任。」會後果反。（摘自《晉書．後妃列傳》）

她的祖父王朗，位居司徒，「高才博雅」，素為儒林之冠。她的父親王肅足智多謀，實系司馬氏之「智囊」，在平定毌丘儉之亂、輔助司馬昭上位等各種關鍵時刻多次佐弼司馬氏轉危為安。司馬氏為了回報他，甚至將「中領軍」這樣重要的職位交付給他。而且，司馬懿父子發動高平陵事變後，王肅職為太常，第一個站出來主持擁戴司馬懿為丞相，禮儀一如霍光之故典。這對擁馬派勢力造成了重大的引領作用。

另外，在魏明帝年間，司馬氏透過王朗的三公辟舉之權，收攬到了一大批菁英人才。《晉書．鄭袤傳》記載：

司空王朗闢（鄭袤）為掾，（鄭）袤舉高陽許允、扶風魯芝、東萊王基，朗皆命之，後咸至大位，有重名。

這裡面的鄭袤、魯芝、王基，後來全成了司馬氏集團的骨幹之臣。

第四，司馬懿第三子司馬乾的正妻是滿氏，係曹魏名將滿寵的女兒。司馬懿的五子司馬伷之正妻是諸葛氏，為曹魏征東大將軍諸葛誕的女兒。原本司馬氏的軍權根基之地在於關中的雍、涼二州和南翼的荊、豫二州；而東翼的徐、揚二州一直是游離於司馬氏的掌控之外的。司馬氏和主軍淮南的滿寵、諸葛誕雙雙結親聯姻，其用意是不言自明的：司馬家就是意圖藉助他倆在東翼的軍界影響力為自己的代魏大業「保駕護航」。

第五，司馬懿的長女南陽公主嫁給了荀彧的孫子荀霬、次女高陸公主嫁給了杜畿的孫子杜預。荀彧為漢末一代儒宗，又是潁川系世族集團的首領；杜畿為漢宣帝時與霍光同朝輔政的御史大夫杜延年之後裔，家學淵源深厚，是清流事功派的傑出人物。司馬懿與他們結為秦晉之好，顯然是希望汲取他們背後之勢力集團的政治能量為自己所用。而杜預，確實在後來積極參與了晉朝的伐吳之役，並取得了輝煌戰果。

綜上所述，司馬懿父子所建構的「姻親網」，充分實現了曹魏內部各方勢力集團的交融平衡，周密而又堅實；往遠而觀，有京兆杜氏、山東伏氏、潁川荀氏、泰山羊氏等久遠世族；攬近而察，有昌邑滿氏、琅琊諸葛氏、河內張氏等新興名門；以文而論，有山東伏氏、東海王氏等儒林高第；以武而論，有沛郡夏侯氏、琅琊諸葛氏等將苑源流。司馬氏對他們「博採廣納」、「唯才所宜」，利用他們背後所代表的勢力集團，共同拱起了司馬家代魏而立的大業。

第十六章　魏晉嬗代背後的『制度之爭』

唐太宗李世民曾經親筆撰文褒揚晉朝開國建基，是「誕膺天命，握圖御宇，敷化弘道，民以佚而代勞，世以治而易亂。絕絺綸之貢，去雕琢之飾，制奢俗以變約，俾澆風而反淳……通近代之不通，服前王之不服。禎祥顯應，風教肅清，天地之功成矣，霸王之業大矣」。在他看來，晉承魏統、平一三國，是歷史的進步，也是當時士庶百姓之幸事。

而現代不少讀者認為晉朝建立後沒多久便出現了「八王之亂」和「永嘉之亂」，所以對晉朝評價不高，甚至低於曹魏。但是，依據史料而斷，在當時的百姓萬民眼裡，晉朝代魏而立、吞吳滅蜀、總齊八荒，絕對是眾望所歸、無人不服。

王淩之子王廣是司馬氏集團的政敵，當他父親王淩起兵反抗司馬氏之際，他卻是這樣評論司馬氏集團的：

凡舉大事，應本人情。曹爽以驕奢失民，何平叔（指何晏）虛華不治，丁、畢、桓、鄧雖並宿望，皆專競於世。加變易朝典，政令數改，所存雖高而事不下接，民習於舊，眾莫之從，故雖勢傾四海，聲震天下，同日斬戮，名士減半，而百姓安之，莫之或哀，失民故也。今司馬懿情雖難量，事未有逆，而擢用賢能，廣樹勝己，修先朝之政令，副眾心之所求。爽之所以為惡者，彼莫不必改，夙夜匪懈，以恤民為先。父子兄弟，並握兵要，未易亡也。（摘自《資治通鑑》）

從他這段話語中可以看出，自曹魏正始末年司馬懿父子發動「高平陵事變」獲勝並大權在握之後，司馬氏集團改曹魏之「失民」而為己之「恤民」、改曹魏之「亂政」而為己之「惠政」，歷經司馬懿、司馬師、司馬昭三代而與魏室相競，在用人、行政、律法、典制等各方面推陳出新、革弊興利，成效顯著，以優而勝。正基於此，司馬氏方才換取到了士庶百姓的衷心擁戴，直至名正言順、水到渠成地代魏立晉。

司馬氏選賢用人更加精細化

王廣評論司馬氏「擢用賢能，廣樹勝己」，說明司馬氏極端重視人才，也完全繼承了曹操「任人唯賢」「唯才是舉」的用人路線。同時，司馬氏繼往開來，將選賢用人之事務精益求精、更上層樓。

魏國建立之後，朝廷曾經修正了曹操時期「唯才是舉，不論德行」的薦舉制，改為「有本可尋、有據可核」的九品中正制，將官德放在了首位。

但是，如何細化落實官德的標準，自魏文帝、魏明帝而至曹芳時期，魏室的尚書臺選曹及司徒府都始終未能制定出來。而這個重要的問題，直到司馬昭兄弟執政時期方才得到了圓滿解決。

《三國志．魏書．李通傳》注引王隱的《晉書》寫道：

> 昔侍座於先帝（指司馬昭），時有三長吏俱見。臨辭出，上（指司馬昭）曰：「為官長當清、當慎、當勤，修此三者，何患不治乎？」

司馬昭兄弟執政當國，堅持以「清、慎、勤」為取官之「三達德」，樹為朝廷上下推賢進士的具體標準，並深刻影響了後世千百年。宋代學者呂本中就在《官箴》一書裡寫道：

> 當官之法，唯有三事：曰清、曰慎、曰勤。知此三者，可以保祿位，可以遠恥辱，可以得上之知，可以得下之援。

清朝康熙皇帝亦多次親筆御書「清、慎、勤」三字而遍賜京師各部堂及各行省督撫之官以勵之。而在實際庶務中，司馬氏亦是落實了「清、慎、勤」三達德之標準，選拔了李熹、魯芝、山濤、羊祜、劉毅、傅玄等一大批清官能吏，濟濟滿朝，令士庶百姓盡得其惠。

律令施政「副眾心之所求」

曹操立魏當途，一向遵循的是「亂世用重典」的法家手法。《三國志．魏書．武帝紀》注引《曹瞞傳》記載：

太祖（指曹操）初入尉廨，繕治四門。造五色棒，懸門左右，各十餘枚，有犯禁者，不避豪強，皆棒殺之。後數月，靈帝愛幸小黃門蹇碩叔父夜行，即殺之。

讀到這個故事時，當我們在為曹操的「執法嚴明、不阿權貴」而拍手稱快之際，卻不應該忘記這樣一個細節：其實，大權閹蹇碩的叔父僅僅是犯了宵禁，便被曹操斃於杖下，是否未免太過苛酷了？

《史記．李廣列傳》裡寫道：

（李）廣嘗夜從一騎出，從人田間飲。還至霸陵亭。霸陵尉醉，呵止廣。廣騎曰：「故李將軍。」尉曰：「今將軍尚不得夜行，何乃故也！」止廣宿亭下。

依《漢律》，那時的李廣犯了宵禁也只是被扣在亭舍滯留了一個晚上。然而到了曹操手底下，竟成了「杖刑而斃」？由此可見，曹氏重刑過濫、恃強越度，是他固有的行事之風。

而正是在曹操以身作則的帶動和影響之下，曹丕、曹叡等人基本上都堅持了他的法家嚴酷之術，而未做到與時俱進、與民為安。曹丕以私怨而濫殺鮑勳、曹叡以校事而苛察百官，都是曹氏法家嚴酷路線的流弊。所以，明末思想家王夫之才在《讀通鑑論》中評論道：曹操以刻薄寡恩之姿，懲漢失而以申、韓之法鉗網天下；崔琰、毛玠、鍾繇、陳群爭附之，以峻削嚴迫相尚。士困於廷，而衣冠不能自安；民困於野，而寢處不能自容。故終魏之世，兵旅亟興，而無敢為萑葦之寇，乃蘊怒於心，思得一解網羅以優遊卒歲也，其情亟矣。

司馬氏集團當國掌權之後，卻一反前軌，為收攬民心，令賈充、鄭衝、荀顗等大臣在漢律的基礎上修訂法律，他們的具體做法有：「減梟斬族誅從坐之條」，避免濫刑於眾；「省禁錮相告之條」，破除魏室先前密網般的「校事特務統治」；「輕過誤，老、少、女人當罰金、杖罰者，皆令半之」。對犯有輕罪的老人、少年及女性等弱勢群體，施行罰金或杖刑時，一律減半處置；「峻禮教之防，準五服以制罪」，正式以禮教訓導取代了刑名之偏枯，以禮為法，以德治民。當然，司馬氏這些舉措也有時難免會流於形式、流於虛儀，但的確充滿了儒家化的人情味。

> （司馬昭）患前代律令本注煩雜，陳群、劉邵雖經改革，而科網本密，又叔孫、郭、馬、杜諸儒章句，但取鄭氏，又為偏黨，未可承用。於是令賈充定法律，令與太傅鄭衝、司徒荀顗、中書監荀勖、中軍將軍羊祜、中護軍王業、廷尉杜友、守河南尹杜預、散騎侍郎裴楷、潁川太守周雄、齊相郭頎、騎都尉成公綏、尚書郎柳軌及吏部令史榮邵等十四人典其事，就漢九章增十一篇，仍其族類，正其體號，改舊律為《刑名》、《法例》，辨《囚律》為《告劾》、《系訊》、《斷獄》，分《盜律》為《請賕》、《詐偽》、《水火》、《毀亡》，因事類為《衛宮》、《違制》，撰《周官》為《諸侯律》，合二十篇，六百二十條，二萬七千六百五十七言。蠲其苛穢，存其清約，事從中典，歸於益時。（摘自《晉書·刑法志》）

據此，王夫之評論司馬氏集團「用賢恤民，務從寬大，以結天下之心。於是而自縉紳以迄編氓，乃知有生人之樂」。公開肯定了他們的律法條令比曹魏集團更加寬和、更加進步、更加優越。

廢除屯田制，解放屯田客

曹操在漢末擊破「黃巾軍」後，把流民安置起來，大力推行民屯制、軍屯制，以此富國強民，頗有成效。他的這兩大舉措被曹丕、曹叡等一直貫徹了下來，成為魏國的國策。

關於曹魏民屯制的淵源由來，《晉書．食貨志》裡寫得非常清楚。

漢自董卓之亂，百姓流離，穀石至五十餘萬，人多相食。魏武既破黃巾，欲經略四方，而苦軍食不足，羽林監潁川棗祇建置屯田議。魏武乃令曰：「夫定國之術在於強兵足食，秦人以急農兼天下，孝武以屯田定西域，此先世之良式也。」於是以任峻為典農中郎將，募百姓屯田許下，得穀百萬斛。郡國列置田官，數年之中，所在積粟，倉廩皆滿。

關於曹魏軍屯制的淵源由來，《晉書．宣帝紀》中記載分明。

（司馬懿）遷為軍司馬，言於魏武（指曹操）曰：「昔箕子陳謀，以食為首。今天下不耕者蓋二十餘萬，非經國遠籌也。雖戎甲未卷，自宜且耕且守。」魏武納之，於是務農積穀，國用豐贍。

實質上，民屯、軍屯都是曹魏政權對所屯之民、所屯之軍的一種超負荷之剝削。他們在政治身分上比編戶自耕農更為低賤，在賦稅負擔上比編戶自耕農更為沉重；他們只是客居在官田上的佃戶，所以又被稱為「屯田客」。民屯的具體情況是：每五十人為一屯，屯置司馬之官以監管之，其上則置典農都尉、典農校尉、典農中郎將等專職將官，實行軍事化管理制度；其租田收成與官府按比例分成，借用官牛耕地者年終收成為「官取六分而民留四分」，使用私牛耕地者年終收成為官民對分。屯田客是強制性被束縛在所屯之田上的，不能隨便遷移。軍屯的具體情況則是：以州郡所屬的士兵屯田耕作，每六十人為一營，戰時則上陣，閒時則勞作，所獲收成全部交給軍庫。

在曹魏的早期和中期，民屯制、軍屯制仍具有一定的生命力，對國家政權的鞏固也貢獻頗大。魏國東征西戰而無乏糧之憂，皆賴於此。到了曹魏後期，朝廷法紀荒弛、貪腐漸熾，民屯制和軍屯制都已發生了「異化」：屯田客和屯田兵身上的負擔愈來愈重，屯田客收成分配比例竟達「官八民二」，而屯田兵所上繳的收成則大多被將官們中飽私囊。不少地方的屯田客、屯田兵甚至忍無可忍，揭竿而起以為反抗。

同時，隨著司馬氏集團對外擴張的進度越來越順利，以司馬昭為首的明智之士覺得無須再依靠過度壓榨屯田客們及屯田兵們來達到富國強軍的目的。他們對民屯制、軍屯制均做出了適當的修正。例如司馬氏的親信裴潛在典農中郎將任上「奏通貢舉，比之郡國，由是農官進仕路泰」。司馬師、司馬昭也盡量採取措施減輕屯田客、屯田兵的負擔以示寬宏之政。

對司馬氏的這些作為，東吳名相張悌曾經作了精闢的評價：

曹操雖功蓋中夏，威震四海，崇詐杖術，征伐無已，民畏其威，而不懷其德也。（曹）丕、（曹）叡承之，系以慘虐，內興宮室，外懼雄豪，東西馳驅，無歲獲安，彼之失民，為日久矣。司馬懿父子，自握其柄，累有大功，除其煩苛而布其平惠，為之謀主而救其疾，民心歸之，亦已久矣。（摘自《襄陽耆舊記．張悌傳》）到了吞併了蜀漢後的曹魏咸熙元年（西元 264 年）之冬，司馬氏集團終於祭出「大招」：由司馬昭親自主持，「罷屯田客以均政役，諸典農皆為太守，都尉皆為令長」（摘自《三國志．魏書．三少帝紀》）。數十萬家屯田客從此解放為編戶自耕農，分官田而為私田，削重賦而為常稅，耕種積極性重新高漲起來，這才形成了晉朝初期「天下無事，賦稅平均，人咸安其業而樂其事」的盛世局面。

至於軍屯制，待到晉武帝司馬炎一統六合之後，也被徹底廢除。《晉書．山濤傳》寫道：「吳平之後，帝（指司馬炎）詔天下罷軍役，示海內大安，州郡悉去兵，大郡置武吏百人，小郡五十人。」那些屯田兵自然也全部轉為編戶自耕農，得到了較好的安置。

五等封爵，收服士心

漢末三國初期，中原名門世族集團日趨壯大。他們在增進自身政治權力方面的呼聲也愈加高漲。這一點，連以曹操為首的譙沛軍事集團也不敢忽視。曹操亦曾公開表態：「天下雖未悉定，吾當要與賢士大夫共定之；而專饗其勞，吾何以安焉？」

不過，中原名門世族集團已經把持了漢廷和曹魏集團上下各級絕大多數的職位，但他們依然還不夠滿足。因為，再高級的官位，亦是具有流動性的，而且是不可世襲的。唯有爵位，可以傳嗣子孫、代代獲益。

名門世族集團自以為對曹操南征北戰、披荊斬棘做出了特殊的貢獻，所以他們很自然地應當享有特殊的待遇。漢朝政論家賈誼在他的《治安策》一文裡深刻揭示了名門世族集團的這種政治呼聲：「人主之尊譬如堂，群臣如陛，眾庶如地。故陛九級上，廉遠地，則堂高；陛亡級，廉近地，則堂卑。高者難攀，卑者易陵，理勢然也。故古者聖王制為等列，內有公卿、大夫、士，外有公、侯、伯、子、男，然後有官師小吏，延及庶人，等級分明，而天子加焉，故其尊不可及也。裡諺曰：『欲投鼠而忌器。』此善諭也。鼠近於器，尚憚不投，恐傷其器，況於貴臣之近主乎！廉恥節禮以治君子，故有賜死而亡戮辱。是以黥、劓之罪不及大夫，以其離主上不遠也。禮不敢齒君之路馬，蹴其芻者有罰；見君之幾杖則起，遭君之乘車則下，入正門則趨；君之寵臣雖或有過，刑戮之罪不加其身者，尊君之故也。此所以為主上豫遠不敬也，所以體貌大臣而厲其節也。今自王侯三公之貴，皆天子之所改容而禮之也，古天子之所謂伯父、伯舅也，而令與眾庶同黥、劓、髡、刖、笞、棄市之法，然則堂不亡陛乎？」

就在這種政治執念的驅動之下，董昭代表擁曹派世族集團向曹操提出了恢復儒家舊典所載的五等封爵制，並推戴曹操為最高層級的「郡公之爵」，把曹操的「周公」名分徹底坐實。其餘各位卿士大夫則分享侯、伯、子、男等爵位。

五等封爵制的出處，確實都在儒家的經典裡明明白白地寫著。《禮記．王制》記載：「王者之制祿爵，公、侯、伯、子、男五等。」《孟子．萬章下》寫道：「天子一位，公一位，侯一位，伯一位，子男同一位，凡五等也。」從中可以看出，唯王者、天子方可以制祿爵而分五等。而董昭等提出恢復五等封爵制的「明話」就是期望曹操從爵位上給予「從龍之臣」們堅實的保證，而背後的「潛臺詞」則是指受爵之臣們必將一致擁戴曹操為「王者」、「天子」。說白了，這是董昭代表擁曹派世族集團與曹操所做的一場極為重大的政治交易。

在漢朝近四百年歷史上，幾乎沒有一個異姓之臣被封為公爵。即使是漢高祖時期的開國元勛們，蕭何僅為酇侯、張良也僅為留侯。當然，漢朝也有唯一一個被封了公爵的異姓之臣，他就是後來篡漢自立的西漢外戚首領——王莽。他的爵位便是「安漢公」。曹操一旦決定接受公爵之封，他代漢御宇的野心就從此大白於天下了。

曹操也很明智，當時便很委婉地答覆了董昭：「建設五等者，聖人也，又非人臣所制，吾何以堪之？」在他心目中，他還是以為自己暫時沒有這個資格去建設五等封爵制。

董昭和他身後的擁曹派世族集團並不甘心，再一次向曹操發起勸進。他在明面上是這樣勸說曹操的：「明公雖邁威德，明法術，而不定其基，為萬世計猶未至也。定基之本，在地與人，宜稍建立，以自藩衛。」他在暗底下又這樣逼迫以荀彧為首的擁漢派大臣：「今曹公遭海內傾覆，躬擐甲冑，周旋征伐，芟夷群凶，使漢室復存。比之前者數公，若泰山之與丘垤，豈同日而論乎？今徒與列將功臣，並侯一縣，此豈天下所望哉！」

曹操終於答應了董昭及背後擁曹派世族集團的勸進，晉升為魏公，擁十之地為藩域，開啟了以曹代漢的第一步。

但曹操及其子孫後來對董昭及擁曹派世族集團還是大大的食言了。曹操只恢復了一個公爵的爵位，卻沒有相呼應地建立起侯、伯、子、男等其他四等體制。在他的魏國及後來的魏朝，官爵體系仍然是「縣侯、鄉侯、亭侯、關內侯、關中侯、關外侯」等六個層級。而他手下的卿士大夫最多也只是獲得了鄉侯之封。司馬懿西拒諸葛、南定孟達、北平公孫，才得到了一個舞陽縣侯的爵位。擁曹派世族集團期望透過「五等封爵制」來實現「利益均霑」的企圖徹底落空了。他們敢怒不敢言，只把董昭罵得灰溜溜的。這也是後來擁曹派世族集團最終與曹魏政權離心離德，並倒向司馬氏陣營的關鍵原因之一。

到了魏朝少帝曹髦在位時的甘露元年（西元256年）之夏，司馬氏集團坐大成勢、權傾天下。中原名門世族集團意識到一次新的改朝換代之重大機遇已然到來。他們再次向司馬昭提出真正恢復五等封爵制，並推舉司馬昭為高都公，地方七百里，且加禮九錫。

司馬昭自覺威信不足，堅決拒絕，固辭不受。

在兩年後他蕩定淮南諸葛誕之亂時，中原名門世族集團又一次勸進司馬昭升為晉公，擁八郡之地以為藩域。司馬昭再次拒絕。

直到司馬氏集團吞併蜀漢、大功告成之際，司馬昭才終於接受中原名門世族集團對自己關於晉公的勸進，並在三個月後迅速升為晉王。

中原名門世族集團的政治呼聲也終於獲得了司馬昭的回應——（咸熙元年）秋七月，帝（指司馬昭）奏司空荀顗定禮儀，中護軍賈充正法律，尚書僕射裴秀議官制，太保鄭衝總而裁焉。始建五等爵。（摘自《晉書·文帝紀》）司馬昭這樣做，是出於「紹漢自立、比隆周室」的政治追求，將自身政權與中原名門世族集團結成穩固持久的「命運共同體」。因為，除了司馬氏之外，誰也不會拿出如此優厚的條件與名門世族們分享了。

當然，司馬氏集團對此番所建的五等封爵制實施了改進，使其無法威脅到皇權的長治久安：各大世家在獲得五等之爵時，只能擁有相對應的名號和食邑，而毫無臨民治士之實權。

無論如何，在籠絡人心方面，司馬氏還是比曹魏諸帝更為大氣，更為開明的。

中原名門世族集團終於實現了「利益均霑」，並將自身的政治利益和司馬氏政權從此牢牢維繫在了一起，可謂「一榮俱榮、一枯俱枯」。實際上，以西晉、東晉兩朝一百五十餘年氣運而論，司馬氏政權都極少遭到來自名門世族集團的強勢篡奪。真正取代司馬晉的，是以寒士起家的劉裕集團。

結語

綜上所述，司馬氏集團在代魏紹漢、自立新朝的過程中，透過與曹魏展開「制度之爭」，「除其煩苛而布其平惠」，對世族、庶民、軍戶等三大階層全部施以「利益均霑」，同時獲得了他們的一致擁戴，所以能夠順順利利地改朝換代、一統四海。

但司馬氏集團在發表一系列「讓利於下」的寬惠政策之時，並未將根深蒂固的「舊弊」徹底清除：對吏治的寬縱不肅、對奢靡之風的放而不收、對清談之習的馳而不導，使得新朝建立之後卻未實現「隆唯新之化」，隱患四伏，毫不知警。

而晉朝關於「九品中正制」之流弊、關於門閥之危機等另外一些深層次問題，則要等到三百多年後隋唐時代才能真正解決。這一切，終究是晉朝無法跨越的歷史局限性，可悲可嘆之餘卻也無須深責。

第十七章　壽春之役：三國歸一的前奏曲

在前三國歷史中，漢末建安十三年（西元208年）的「赤壁之戰」堪稱三國鼎立的前奏曲：劉備集團和江東孫氏集團聯手擋退了曹操集團，「鐵三角」互制互成的勢力格局逐漸形成，最終定型為了曹魏、蜀漢、東吳三方鼎峙的局面。

而能與「赤壁之戰」如此重大而深遠的策略意義相比的，便是曹魏少帝曹髦時期甘露二年（西元257年）爆發的「壽春之役」。其時，魏將諸葛誕作亂壽春，叛國自立，外聯孫吳，企圖割據一方。而蜀漢姜維又在關中遙相呼應，以求乘隙獲利。但他們全被司馬氏集團一舉蕩定：諸葛誕兵敗遭殺，孫吳「全家軍」、「朱家軍」均受重挫，姜維也勞而無功、鬱鬱而返。這一切，都顯示出了司馬氏集團凌駕於蜀漢、孫吳之上的絕對實力優勢，為即將到來的三國歸一之大勢敲響了有力的晨鐘。

「壽春之役」的起因

很多讀者會認為壽春之役的始作俑者諸葛誕是擁曹反馬之士。其依據乃是《魏末傳》裡的一條史料：

賈充與（諸葛）誕相見，談說時事，因謂誕曰：「洛中諸賢，皆原禪代，君所知也。君以為云何？」誕厲色曰：「卿非賈豫州子？世受魏恩，如何負國，欲以魏室輸人乎？非吾所忍聞。若洛中有難，吾當死之。」充默然。

但裴松之曾言：「《魏末傳》所言，率皆鄙陋。」不足為信。

而實際上，諸葛誕為司馬昭之弟司馬伷的岳父，屬於司馬氏姻親派集團之大佬，先前曾經協助司馬師平定過毌丘儉、文欽之亂，和司馬氏一族關係甚為密切。況且，在司馬師當年廢帝立新、權壓魏室之際，也絲毫未見諸葛誕有任何擁曹反馬之言行。

所以，他起兵反對司馬昭，只能是另有企圖，而絕非擁曹代魏。

《三國志．魏書．諸葛誕傳》裡記載：

甘露元年（西元256年）冬，吳賊欲向徐堨，計（諸葛）誕所督兵馬足以待之，而（諸葛誕）復請十萬眾守壽春，又求臨淮築城以備寇，內欲保有淮南。朝廷微知誕有自疑心，以誕舊臣，欲入度之。

這裡點明了諸葛誕的企圖：「內欲保有淮南。」他為什麼要蓄意「保有淮南」呢？筆者認為，他對司馬昭素來懷有兩大「心結」，所以不得不力求割據自保。

「心結」之一：他當年在與東吳諸葛恪交鋒的東興之戰中因瞎亂指揮而致損兵折將，最後由當時的監軍司馬昭代替自己背了「黑鍋」，而今司馬昭成了司馬氏集團的掌門人，諸葛誕擔心自己會遭到司馬昭的報復清算。

「心結」之二：他在揚州任上「賞賜過度，有犯法者，虧制以活之」「厚養親附及揚州輕俠者數千人為死士」（摘自《三國志・魏書・諸葛誕傳》）。

這種培植私人勢力的極端化做法，已經觸犯了司馬氏集團的政治底線。無論此時的司馬昭，還是先前的司馬師，都不可能容忍他如此「結黨營私」。同樣，諸葛誕心裡也十分明白：自己千萬不能離開壽春，自己一旦被調離壽春，且不說自己今後再也不能安享「土皇帝」的富奢日子，而且必將面臨「人為刀俎，我為魚肉」的嚴峻局面。所以，他也暗暗下定決心：一旦司馬昭有所異動，自己便拉下臉皮興兵自立！

《世語》記載，賈充代司馬昭去壽春城巡察過諸葛誕之後，回稟司馬昭時根本沒有談及諸葛誕忠魏與否，而是重點指明瞭諸葛氏具有割據淮南的實力，不可小覷。

（諸葛）誕再在揚州，有威名，民望所歸。今徵，必不來，禍小事淺；不徵，事遲禍大。

司馬昭這才決定丟擲司空之位，以明升暗降之法把諸葛誕「調虎離山」。他這也是對司馬氏集團內部異己勢力的一次自我「洁洗」，而絕非剪除擁曹代魏之徒。

這還可以從司馬昭後來在討伐諸葛誕時所調遣的諸將情況中看出：他所任用的全部是王基、石苞、州泰、胡烈等異姓將領，司馬氏其他宗親派將領幾乎一個也沒起用。《晉書．文帝紀》記載，他只調了自己的弟弟司馬亮一人而已。而司馬亮隨行出征，也只是因為他官居「東中郎將」，於東線戰場乃職責之所在，不得不相從。

在另一邊，諸葛誕接到司馬昭以詔書形式徵調自己為司空的命令後，知道雙方徹底「攤牌」的關頭已經到來，他的一系列反應是：

（諸葛）誕被詔書，愈恐，遂反。召會諸將，自出攻揚州刺史樂，殺之。斂淮南及淮北郡縣屯田口十餘萬官兵，揚州新附勝兵者四五萬人，聚谷足一年食，閉城自守。遣長史吳綱將小子（諸葛）靚至吳請救。（摘自《三國志．魏書．諸葛誕傳》）從這些舉動可以分析出，諸葛誕其實為預防這一天的到來早已綢繆備至，完全不似王淩、毋丘儉等人那般倉促行事。他「內儲軍糧、外聯吳軍」，以壽春城為據點，以逸待勞，以守伺機，幾乎可謂萬無一失，就準備著讓司馬昭鎩羽而歸。

司馬昭的全盤謀劃

面對諸葛誕在淮南專擅坐大的情況，司馬昭毫無姑息之念。他並非不知道強徵諸葛誕入京的後果，但他依然非常強硬地發出了徵調詔書。這是因為：他早已成竹在胸，要借用諸葛誕的人頭來做自己立威天下的「祭品」。從這一點而言，諸葛誕其實是被司馬昭強行「逼反」的。

當諸葛誕叛亂的消息傳來，《晉書．文帝紀》記載：

> 議者請速伐之，帝（指司馬昭）曰：「誕以毋丘儉輕疾傾覆，今必外連吳寇，此為變大而遲。吾當與四方同力，以全勝制之。」
>
> 乃表曰：「昔黥布叛逆，漢祖親征。隗囂違戾，光武西伐。烈祖明皇帝乘輿仍出，皆所以奮揚赫斯，震耀威武也。陛下宜暫臨戎，使將士得憑天威。今諸軍可五十萬，以眾擊寡，蔑不克矣。」

秋七月，奉天子及皇太后東征，徵兵青、徐、荊、豫，分取關中遊軍，皆會淮北。師次於項，假廷尉何楨節，使淮南，宣慰將士，申明逆順，示以誅賞。

我們從中可以看出，司馬昭對蕩平諸葛誕之役已經有了兩個心理準備：一是打大仗、打硬仗；二是打持久戰、打攻堅戰。既然不能在旦夕之間了結此役，他反而顯得不慌不忙、從容不迫。畢竟，司馬氏集團的綜合實力對諸葛誕一方是具有壓倒性優勢的。有了這樣的底氣，司馬昭準備放開手腳，謀劃著將這一場平叛之戰打出響噹噹的口碑來，並作為展現司馬氏集團超強實力以威懾四海的代表性戰績。

從這個目標出發，司馬昭和他的「謀士團」認真選定了自己的策略性構思藍本。而這個藍本，就是那位「唯深也，故能通天下之志」而曾與司馬師齊名的玄學放達派名士首領夏侯玄所寫的《樂毅論》。雖然夏侯玄先前已經作為司馬家的隱性政敵早被除掉了，但他這篇代表著後三國時代軍事策略思想最高水準的絕妙文章《樂毅論》仍然在魏國上下發揮著深遠影響。司馬昭和他的謀主鍾會，曾經都是夏侯玄的「粉絲」。他倆基本上都是以這篇文章的精神主旨來指揮壽春平叛之役的。

司馬昭和鍾會的選擇是完全正確的，夏侯玄的《樂毅論》確實寫得理明而詞暢、高瞻而遠矚，實為用兵伐敵之至高龜鑑。

世人多以樂毅不時拔莒即墨（為劣是以敘而）論之。夫求古賢之意，宜以大者遠者先之，必迂迴而難通，然後已焉可也。今樂氏之趣，或者其未盡乎？而多劣之。是使前賢失指於將來，不亦惜哉？觀樂生遺燕惠王書，其殆庶乎機，合乎道以終始者與？其喻昭王曰：伊尹放太甲而不疑，太甲受放而不怨，是存大業於至公，而以天下為心者也。夫欲極道之量，務以天下為心者，必致其主於盛隆，合其趣於先王，苟君臣同符，斯大業定矣。

於斯時也，樂生之志，千載一遇也，亦將行千載一隆之道，豈其局跡當時，止於兼併而已哉？夫兼併者，非樂生之所屑；強燕而廢道，又非樂生之所求也。不屑苟得則心無近事；不求小成，斯意兼天下者也。則舉齊之事，所以運其機而動四海也。夫討齊以明燕主之義，此兵不興於為利矣。圍城而害不加於百姓，此仁心著於遐邇矣；舉國不謀其功，除暴不以威力，此至德令於天下矣；邁至德以率列國，則幾於湯武之事矣。

樂生方恢大綱，以縱二城，牧民明信，以待其弊，使即墨莒人，顧仇其上，願釋干戈，賴我猶親，善守之智，無所之施。然則求仁得仁，即墨大夫之義也，任窮則從，微子適周之道也，開彌廣之路，以待田單之徒；長容善之風，以申齊士之志。使夫忠者遂節，通者義著，昭之東海，屬之華裔。我澤如春，下應如草。道光宇宙，賢者託心。鄰國傾慕，四海延頸，思戴燕主，仰望風聲，二城必從，則王業隆矣。雖淹留於兩邑，乃致速於天下。不幸之變，世所不圖，敗於垂成，時運固然。若乃逼之以威，劫之以兵，則攻取之事，求欲速之功，使燕齊之士流血於二城之間，侈殺傷之

> 殘，示四國之人，是縱暴易亂，貪以成私。鄰國望之，其猶犲虎。既大墮稱兵之義，而喪濟弱之仁，虧齊士之節，廢廉善之風，掩宏通之度，棄王德之隆，雖二城幾於可拔，霸王之事，逝其遠矣。然則燕雖兼齊，其與世主何以誅哉？其與鄰敵何以相傾？樂生豈不知拔二城之速了哉？顧城拔而業乖，豈不知不速之致變哉？顧業乖與變同，由是言之，樂生之不屠二城，其亦未可量也。

從後面的戰役情況來看，我們可以發現司馬昭和他的「謀士團」、「戰將團」幾乎完全是遵循著《樂毅論》中「圍城而害不加於百姓」，「舉國不謀其功」、「除暴不以威力」的原則去實施執行的。司馬昭就是要把壽春之役打成一場舉世矚目的「仁義之戰」、「德攻之戰」，令吳、蜀二方為之折服。

確定好《樂毅論》為策略指導思想後，司馬昭便開始著手布局圍剿諸葛誕了。

> 大將軍司馬文王（指司馬昭）督中外諸軍二十六萬眾，臨淮討之。（摘自《三國志・魏書・諸葛誕》）

在他親自出馬之前，麾下大將王基「以本官行鎮東將軍，都督揚、豫諸軍事」，已然率領先鋒部隊搶先趕到壽春城下，結柵設壘，連營立陣，準備圍而攻之。

諸葛誕卻固守城中，並未發兵迎擊——他在等候東吳援軍的大舉到來。

孫吳君臣的內外謀算

在諸葛誕的計畫當中，東吳援軍是一支舉足輕重的助力，可以在危急關頭協助自己守住淮南並割據自立。

然而，在現實中，東吳高層內部微妙而複雜的情勢卻終究令他大失所望了。

此時，東關的頭號權臣是大將軍孫綝。他是由故輔政大臣孫峻臨死前私相授受而掌握大權的。所以，孫綝在吳廷內部一直缺乏足夠的正當性與合法性。本來，諸葛誕來降、曹魏爆發內亂，是孫綝藉助對外立功以鞏固自身權位的一個契機。孫綝如果抓得住並利用好這個契機，於他本人自是大大有利。然而，孫綝本人的文才武略較之先前的孫峻遠遠不及，更談不上是司馬昭的對手——諸葛誕來降這個契機，於他而言，便成了「火中取栗」。

而且，在孫綝的背後，幼帝孫亮聰敏多才，一直謀求親政主事，已然懷有利用此番北援之戰削弱孫綝私人勢力的意圖。孫綝想必對此亦有所察覺，為了自保全全，不願也不敢將自己嫡系的「孫家軍」投入前線虛耗受損。所以，他後來對北援之戰始終是持消極態度的。

就是在這重重謀算之中，面對諸葛誕的緊急求援，孫綝最初只派了以全端、全懌為首的「全家軍」和文欽、唐咨等「外降軍」共三萬人馬北上援助。

全端、全懌、文欽、唐咨等人殺到壽春城外圍之後，正逢司馬氏部將王基在合圍壽春。他們無暇多想，自恃後援必至，遂全部突圍入城，為諸葛誕加油打氣。不料，他們剛進壽春城內，司馬昭親統的二十餘萬大軍便火速趕到。《三國志．魏書．諸葛誕傳》記載：

（司馬昭）使（王）基及安東將軍陳騫等四面合圍，表裡再重，塹壘甚峻。

完全把諸葛誕、全端、全懌、文欽、唐咨等緊困城內，通通「包了餃子」。

在這個千鈞一髮的緊要關頭，東吳方面本應當全力以赴與諸葛誕內外呼應，腹背夾擊司馬氏大軍。可是，孫綝為了保全自己的私人勢力，又只派出以大都督朱異為首的三萬名「朱家軍」再度北援壽春，授予他「解圍退敵」之責。

同時，孫綝自己卻留駐大軍於鑊裡，傍靠巢湖，作壁上觀，分明就是隨時從水路而遁逃回吳的姿態。

《江表傳》記載，吳主孫亮對孫綝此舉甚為不滿，私下斥責道：

孤前敕之（指孫綝）使速上岸，為唐咨等作援，而留湖中，不上岸一步。

孫綝違旨滯留，是擔心孫亮「借刀殺人」。但他亦從此失去了扭轉壽春戰局的絕佳機會。畢竟，朱異再厲害、「朱家軍」再驍勇，僅憑區區三萬人馬，在二十餘萬司馬氏大軍面前，又能折騰得出什麼「浪花」來？

蜀漢集團的呼應及受挫

司馬昭在圍剿諸葛誕時，從關中西翼抽調了一部分兵力東來使用。這一消息被蜀漢主將姜維偵知。他認為如今魏生內亂，有可乘之機，於是率領數萬人馬火速殺出駱谷，直抵魏國沈嶺長城之下。

然而，魏國西線主將司馬望與鄧艾早有防備，亦火速馳援而到，利用沈嶺長城「積穀甚多而城防甚固」的優勢，將姜維大軍牢牢擋住，不能前進帳毫。

姜維多次發起挑戰，而司馬望、鄧艾一如司馬懿當年對付諸葛亮那般，始終堅守不應。雙方一直對峙到諸葛誕最終被破滅之時，姜維方才退兵而去。

姜維的無功而返，從側面證明了司馬氏集團確實實力強大，完全可以兩線作戰、兩線取勝，蜀漢在這一次「諸葛誕之亂」中尚且不能撼動司馬氏集團，長此以往終是自身難保。

司馬昭挑起壽春之役的深層次用意

真正的大謀略家是善於抓住熱點事件「舉一反三」、「隔山打牛」的。司馬昭在這一場壽春之役中也是另有深意的。

首先，他以「壽春之役」為契機，對司馬氏集團能否徹底掌控魏國朝野做了一次大規模的試驗。

他挾天子、太后兩宮親征出行，還一同帶走了尚書臺、中書省等樞要部門，這便是完全抽掉了後方擁曹派人士藉機作亂的政治「底牌」。以此而論，他自是不會落於當年曹爽兄弟拜謁高平陵而致留守無人的窘境。同時，他亦檢測到：在長達近九個月的遠征壽春之過程中，魏廷上下安若磐石，居然沒有爆發一起反馬惡性事件。司馬昭應該滿意了：這說明司馬氏集團對魏室的掌控確實是強而有力的，已經達到了「無懈可擊」的水準。

其次，他借號令四方共討壽春之機，用以及時觀測各地將官對司馬氏的忠誠度，並相應地予以任免賞罰。例如，在他的征戰動員令發出之後，泰山太守常時稱疾不出，將軍李廣臨敵不進，顯然對司馬氏懷有二心。司馬昭也毫不含糊，「並斬之以徇」，拿他倆的人頭來開刀祭旗。

而曾為曹爽府中司馬官的名將、荊州刺史魯芝（其時已歸附司馬氏），卻表現得十分積極。《晉書·魯芝列傳》記載：

諸葛誕以壽春叛，文帝（指司馬昭）奉魏帝出征，徵兵四方，（魯）芝率荊州文武以為先驅。

司馬昭對此看在眼裡，自然會對他投桃報李。後來，壽春之亂平定之後，司馬昭公然將魯芝「進爵武進亭侯，又增邑九百戶」。他賞罰分明、獎懲到位，使司馬氏集團組織內部實現了最大程度的淨化。

最後，司馬昭利用壽春之役作為一個「活」的競技平台，讓部下諸將同臺「比武」，各展所長，各盡所能。而他則中立於外，從戰爭中分辨人才，從戰爭中考驗人才，從戰爭中鍛鍊人才，從戰爭中發掘人才。他自己也由此做到對各位將官、謀士的長短優劣瞭然於胸，今後使用起來也能「才職相符、名實不爽」。

司馬昭集團在戰役中「亮點紛呈」

壽春之役初起，司馬昭雖然在宏觀層面做出了「圍城而下」「不戰而勝」的決策，但他手下大多數部將在執行這一宏觀策略時還是堅持了「具體問題具體分析」，在實戰中處理得比較靈活機動。這一方面做得最好的，便是司馬氏集團的幹將王基。

王基是最先趕到壽春城下布局設圍的魏將。他身處戰場第一線，對戰事的主動權把握得比較到位。司馬昭當時率領大軍還遠在項城，擔心王基因兵力不足而為諸葛誕、文欽、唐咨、全端等人所挫，遂下詔讓他「斂軍堅壘」「不可輕易交鋒」。王基根據實地情況做了兩手準備：一邊在斂軍固守的同時，一邊也在加緊收攬城外的各個策略要塞，始終不讓敵軍有隙可乘。

到了吳將朱異率著大軍馳到安豐城之際，司馬昭並不清楚東吳到底派了多少援軍前來交鋒。為了穩妥起見，他又詔王基率部放棄營壘、轉據北山以藏鋒。王基卻認為：

> 今圍壘轉固，兵馬向集，但當精修守備以待越逸；而更移兵守險，使得放縱，雖有智者，不能善後矣。

決定繼續留守諸處要塞，並上奏給司馬昭。

今與賊家對敵，當不動如山。若遷移依險，人心搖盪，於勢大損。諸軍並據深溝高壘，眾心皆定，不可傾動，此御兵之要也。（摘自《三國志．魏書．王基傳》）司馬昭採納了他的建議，放手任他所為。這一次，他倆都賭對了：東吳果然只派了這三萬吳軍前來續援（文欽、唐咨、全端等人是第一批東吳援軍），孫綝等大部人馬根本沒有上岸尾隨。司馬昭進據丘頭，所率二十六萬大軍各有所統，分部圍守，牢牢地套住了壽春城，然後終於可以從容自若地實施他的「圍而後下、不戰而勝」的大策略了。

在壽春包圍戰的過程中，魏軍強硬派首領石苞、王基等人多次請求強攻猛打。司馬昭都一一拒絕了，他給出的答覆是：

（諸葛）誕之逆謀，非一朝一夕也，聚糧完守，外結吳人，自謂足據淮南。（文）欽既同惡相濟，必不便走。今若急攻之，損遊軍之力。外寇卒至，表裡受敵，此危道也。今三叛相聚於孤城之中，天其或者將使同戮。吾當以長策縻之，但堅守三面。若賊陸道而來，軍糧必少，吾以遊兵輕騎絕其轉輸，可不戰而破外賊。外賊破，欽等必成擒矣。（摘自《晉書．文帝紀》）

在定下這一套計謀之後，司馬昭一方面仍令王基、陳騫等固守營壘，以防諸葛誕、文欽、全端等縱兵突圍；另一方面則令石苞、州泰、胡烈等驍將率輕騎奇兵在外圍專攻吳國的援軍。

《晉書．文帝紀》記載：

吳將朱異帥兵萬餘人，留輜重於都陸，輕兵至黎漿。監軍石苞、兗州刺史州泰御之，異退。泰山太守胡烈以奇兵襲都陸，焚其糧運。苞、泰復進擊異，大破之。異之餘卒餒甚，食葛葉而遁，吳人殺（朱）異。

《三國志·吳書·孫綝傳》寫得更加詳細。

（孫綝）復遣（朱）異率將軍丁奉、黎斐等五萬人攻魏，留輜重於都陸。異屯黎漿，遣將軍任度、張震等募勇敢六千人，於屯西六裡為浮橋夜渡，築偃月壘。為魏監軍石苞及州泰所破，軍卻退就高。異復作車箱圍趨五木城。苞、泰攻異，異敗歸，而魏太山太守胡烈以奇兵五千詭道襲都陸，盡焚異資糧。授兵三萬人使異死戰，異不從，孫綝斬之於鑊裡。

自己懦弱無能，卻「委罪朱異，擅殺功臣」，造成吳軍內部人心大亂、士氣低落，也意味著東吳再無餘力與司馬氏集團硬抗。

朱異被殺的消息傳入司馬昭耳中，他立即極為敏銳地意識到這是壽春之役大轉折的一個關鍵點，並作出了正確研判：

（朱）異不得至壽春，非其罪也，而吳人殺之，適以謝壽春而堅（諸葛）誕意，使其猶望救耳。若其不爾，彼當突圍，決一旦之命。或謂大軍不能久，省食減口，冀有他變。料賊之情，不出此三者。今當多方以亂之，備其越逸，此勝計也。（摘自《晉書·文帝紀》）

為了迷惑壽春城中的敵軍，司馬昭「因命合圍，分遣羸疾就谷淮北，廩軍士大豆，人三升。欽聞之，果喜。帝愈羸形以示之，多縱反間，揚言吳救方至。誕等益寬恣食，俄而城中乏糧」（摘自《晉書·文帝紀》）。

與此同時，司馬昭的謀士鍾會也施展「反間計」，促使壽春城中的敵軍從自身內部分化瓦解。《三國志．魏書．鍾會傳》記載：

初，吳大將全琮，孫權之婚親重臣也。琮子懌、孫靜、從子端、翩、緝等，皆將兵來救（諸葛誕。懌兄子輝、儀留建業，與其家內爭訟，攜其母，將部曲數十家渡江，自歸文王（指司馬昭）。（鍾）會建策，密為輝、儀作書，使輝、儀所親信齎入城告懌等，說吳中怒懌等不能拔壽春，欲盡誅諸將家，故逃來歸命。懌等恐懼，遂將所領開東城門出降，皆蒙封寵，城中由是乖離。

而諸葛誕的部將蔣班、焦彝等人也看透吳軍「外救不至，眾無所恃」，只能是坐困愁城，白白等死，隨即叛變而出，投降了司馬昭。

諸葛誕、文欽等人終於意識到再拖下去只有被活活困死，決定奮死一搏，於甘露三年（西元258年）正月，「誕、欽、咨等大為攻具，晝夜五六日攻南圍，欲決圍而出。圍上諸軍，臨高以發石車火箭逆燒破其攻具，弩矢及石雨下，死傷者蔽地，血流盈塹。復還入城，城內食轉竭，降出者數萬口」（《三國志．魏書．諸葛誕傳》）。

這一次突圍失敗後，諸葛誕和文欽、唐咨等更加窘困。文欽勸說諸葛誕為了節省軍糧而將他的手下北方將士全部遣送出城，只留下來援吳軍一齊死守城池。諸葛誕怎會捨得自剪羽翼？於是與文欽嫌隙日深，一怒之下殺了文欽。文欽之子文鴦、文虎二人不得已只有逃出城來，歸降了司馬昭。

因為文鴦當年在毌丘儉之亂中驚嚇過司馬昭的兄長司馬師並使其目裂而亡，司馬氏幕府中人盡皆建議司馬昭將他二人誅除以復仇。司馬昭卻拋下私怨，決定利用文鴦二人的歸降來示信於敵軍，達到「瓦解敵之軍心」的目的。《三國志．魏書．諸葛誕傳》記載：

大將軍（指司馬昭）令曰：「欽之罪不容誅，其子固應當戮，然鴦、虎以窮歸命，且城未拔，殺之是堅其心也。」乃赦鴦、虎，使將兵數百騎馳巡城，呼語城內云：「文欽之子猶不見殺，其餘何懼？」表鴦、虎為將軍，各賜爵關內侯。城內喜且擾，又日飢困，誕、咨等智力窮。

到了此時刻，司馬昭明白此戰最終對決的關頭已然到來。他親臨一線指揮作戰，「見城上持弓者不發，謂諸將曰：『可攻矣』」。於是，魏軍四面進兵，同時鼓譟登城，壽春城內城外竟是無人反抗。諸葛誕窘急至極，沒料到自己居然落得如此孤立，偷偷丟下唐咨等吳將，單身乘馬，與自己的侍衛隊企圖從小城門突圍而逃。在半途中，他卻遭司馬昭幕府之司馬胡奮率軍截殺，夷其三族。而唐咨等人亦只有棄械而降。

至此，壽春一役，司馬昭及其部屬群策群力，謀無不中，大獲全勝。他以二十六萬之眾徹底擊潰二十餘萬之敵，歷時近九個月，戰爭範圍波及魏、蜀、吳三國，終於以最小的代價贏得了最大的戰績，堪稱光武重生、曹操再世。

他在這場戰役中用兵如神，以王基、陳騫打「攻堅戰」，以石苞、州泰打「游擊戰」，以鍾會打「文宣戰」，以文鴦兄弟打「心理戰」，各種妙計層出不窮、應變無方，展現了後三國時期繽紛多彩的高超戰爭藝術，值得後世引以為鑑。

司馬昭的戰後安置及其深遠影響

曹魏甘露三年（西元258年）二月，司馬昭在拿下壽春城、消滅諸葛誕之後，本想調遣諸將輕兵深入，大舉南下，招迎唐咨等人在吳境的親信子弟，乘隙直取東吳。

這時，王基站出來勸諫。

昔諸葛恪乘東關之勝，竭江表之兵，以圍新城，城既不拔，而眾死者太半。姜維因洮上之利，輕兵深入，糧餉不繼，軍覆上邽。夫大捷之後，上下輕敵，輕敵則慮難不深。今賊新敗於外，又內患未弭，是其修備設慮之時也。且兵出踰年，人有歸志，今俘馘十萬，罪人斯得，自歷代征伐，未有全兵獨克如今之盛者也。武皇帝（指曹操）克袁紹於官渡，自以所獲已多，不復追奔，懼挫威也。（摘自《三國志·魏書·王基傳》）

司馬昭權衡之下，認為他所言可取，再一次聽從了他的建議，休兵不動。

在安置降兵降將方面，司馬昭亦是從寬從仁，毫無苛酷。一是對吳軍的安置，及破壽春，「議者又以為淮南仍為叛逆，吳兵室家在江南，不可縱，宜悉坑之。大將軍以為古之用兵，全國為上，戮其元惡而已。吳兵就得亡還，適可以示中國之弘耳。一無所殺，分布三河近郡以安處之」（摘自《三國志·魏書·諸葛誕傳》）。二是對諸葛誕舊部的安置，「其淮南將吏士民諸為（諸葛）誕所脅略者，唯誅其首逆，餘皆赦之」。三是對各個降將的安置，「拜（唐）咨安遠將軍，其餘裨將咸假號位」。「表（文）鴦、（文）虎為將軍，各賜爵關內侯」。

對司馬昭的種種舉措，後世史學家習鑿齒深為嘆服。

自是天下畏威懷德矣。君子謂司馬大將軍（指司馬昭）於是役也，可謂能以德攻矣。夫建業者異矣，各有所尚，而不能兼併也。故窮武之雄斃於不仁，存義之國喪於懦退。今一征而擒三叛，大虜吳眾，席捲淮浦，俘馘十萬，可謂壯矣。而未及安坐，錶王基之功；種惠吳人，結異類之情；寵鴦葬欽，忘疇昔之隙；不咎誕眾，使揚士懷愧，功高而人樂其成，業廣而敵懷其德，武昭既敷，文算又洽，推此道也，天下其孰能當之哉？

他挾淮南全勝之威回朝，魏帝曹髦只得以晉公之爵、相國之尊、九錫之禮迎賞於他。司馬昭卻堅持「守謙讓之實」，固辭不受。但任何人都清楚，他以晉代魏、一統八荒，只是時間的早晚問題罷了。

其實，我們中立而客觀地來看待這場後三國時期規模最大、影響最深的壽春之役，會發現司馬氏集團也從中暴露出了一些重大的隱患問題：在此役中，王基、石苞、州泰等累有戰功的幹將們絕大多數的年紀都比司馬昭本人還大，基本上都是司馬懿、司馬師時代遺留下來的軍事班底。這顯示出司馬氏集團軍事人才「青黃不接」的問題較為嚴重。司馬昭透過這場大戰役並沒有選拔出多少年富力強的新秀人才。他的弟弟司馬亮在戰爭中竟遭失利免官。只有鍾會一人在出謀劃策方面表現突出，成了他的智囊臂助。但這畢竟掩蓋不了他麾下新秀匱乏的事實。

直到數年後他發動滅蜀之役時，王基、州泰等皆已先後去世，而他所能任用的主要還是鄧艾、諸葛緒這樣的老將。至於杜預、胡烈等軍中新秀，才在那個時候漸漸冒出頭來。

相反，倒是東吳這邊，孫綝、朱異及其他吳將幾乎均遭挫敗，而陸遜之嗣子、「陸家軍」之首領陸抗卻脫穎而出，在區域性戰爭中戰績頗豐。《三國志．吳書．陸抗傳》記載：

（孫吳）太平二年（西元257年），魏將諸葛誕舉壽春降，拜（陸）抗柴桑督，赴壽春，破魏牙門將、偏將軍。

這說明：吳國雖敗，但也不乏新秀俊才。江東的半壁河山，終有陸家軍可以倚為棟梁。司馬氏集團固然兵強馬壯、糧豐械足，但要一舉吞滅吳蜀，亦非一朝一夕而可達成。

但即使如此，司馬昭在「壽春之役」以寬受降、以仁待敵的做法也讓吳、蜀二國的士大夫階層有所感觸。所以，在後來的歲月裡，蜀漢、東吳都在戰敗之後皆因信服司馬氏的寬大為懷而先後舉國降服，而不是死抗到底。

第十八章　文立：由蜀入晉之「第一智臣」

當代知名學者仇鹿鳴在《魏晉之際的政治權力與家族網路》一書中指出：司馬炎開創的晉國高層權力集團是由中原名門世族菁英為主幹的，他們幾乎壟斷了朝廷上下的人事選任大權，而且彼此以血緣、姻親、郡望、鄉誼為紐帶，具有極為強烈的排外性。而鄧艾僅僅是出身寒門庶族，因其立下赫赫戰功而躍居太尉，便遭這些世族菁英聯手絞殺、幾近滅門。

然而，在晉初權力最高層的顯要位置上，卻屹立著一位來自被征服之地域的「異類」——他就是原蜀漢尚書、時任晉國散騎常侍的文立。

文立原籍為蜀漢巴郡臨江縣人氏，是土生土長的益州系士族菁英，在中原一域毫無人脈。和他同仕成都的蜀漢督軍裴越，出自河東郡裴氏一族，其父裴儁為原魏國尚書令裴潛之胞弟，本人為現晉國尚書令裴秀之從弟，他在中原晉廷的人脈背景可比文立雄厚太多了。然而，終裴越之一生，只做到了晉室議郎之職。而文立卻在晉國朝廷一路飛黃騰達，竟做到了散騎常侍、衛尉等上品要職。可見，文立在晉廷的「登龍」之術堪稱運用得爐火純青，甚至突破了門戶背景的制約和降臣身分的限制，實在是難能可貴。

其實，縱觀文立在晉國仕途如此順遂的背後，還是有脈絡可尋的。他首先是擁有一位能在晉國仕途上對他帶來莫大助力的「好老師」：譙周。譙周當年勸說劉禪歸順司馬氏，可謂「通達時務」，司馬氏自然也對他這一份效忠之誠投桃報李——《三國志．蜀書．譙周傳》記載：

時晉文王（指司馬昭）為魏相國，以（譙）周有全國之功，封陽城亭侯。

譙周本人在蜀中曾任「典學從事」「總州之學者」（摘自《三國志．蜀書．譙周傳》），又被陳壽譽為「詞理淵通，為世碩儒，有董（指董鍾舒）、揚（指揚雄）之規」，影響力頗大。而文立正是他門下首徒。《晉書．文立傳》記載：

（文立）師事譙周，門人以（文）立為顏回。陳壽、李虔為游夏，羅憲為子貢。

有了這樣一層師門淵源，司馬氏對文立自會青睞有加。

文立對他這位師父的「資源」開發十分到位。他師父譙周是以「順天應運」而揚名中原的。文立利用這一點，將譙周刻意「神化」以彰顯自己的價值。《三國志．蜀書．譙周傳》記載：

咸熙二年（西元265年）夏，巴郡文立從洛陽還蜀，過見（譙）周。（譙）周語次，因書版示（文）立曰：「典午忽兮，月酉沒兮。」典午者謂司馬也，月酉者謂八月也，至八月而文王（指司馬昭）果崩。

初一看，我們會十分佩服譙周的「未卜先知」，認為他有如「神人」。然而細細一想，這則故事卻十分蹊蹺：譙周本人從未見過司馬昭，怎會突然想起給遠在洛陽的司馬昭「算命」？他「算人之死」，於常人尚且有犯忌諱，何況是司馬昭？而且，他為什麼還要留下手筆刻意炫示於人？筆者以為，真實的情況是這樣的：文立本人於咸熙二年（西元265年）夏天在洛陽親眼觀察過司馬昭，感到他的氣色並不太好，於是返回漢中與師父譙周相見，二人約定聯手上演一幕「大戲」給司馬氏君臣好好看一看。他讓師父譙周裝作口齒不清，然後寫下「典午忽兮，月□沒兮」的「預言」，這個「月□」，可能是「月酉」，可能是「月戌」，也可能是「月亥」，然後待時而奏。果然，司馬昭在當年八月病逝，文立就馬上呈進譙周「典午忽兮，月酉沒兮」這段「讖言」，便有了「先見之明」的美譽。而司馬昭身為蓋世之雄「應運而逝」，亦被魏國上下視為「天命奇譚」，反而不為犯忌。最巧妙的是文立還留了後招：如果讓譙周裝聾作啞，如果晉廷認為此舉犯忌而來追問，譙周則以「啞」而塞責，讓人抓不到把柄；如果晉廷認為此舉不犯忌而反有賞，那麼文立就可以站出來宣傳師父譙周的「奉天知命」「未卜先知」，從而使譙周和他二人大獲其利。幸好，以司馬炎為首的晉室高層集團也需要用譙周師徒編造的這段「讖言」來神化司馬昭為「天定之雄」「命世之英」。所以，司馬氏集團對此大加炫揚，為未來以晉代魏大做輿論鋪墊。而文立和譙周自然也是「造神」有功之臣，引起了司馬炎的高度重視。他這一表態認可，譙周的「失語」之症就突然痊癒了，還和前來探病的陳壽暢談無阻，以「孔子再世」而自命，並一直安安穩穩地活到了晉室泰始六年（西元270年）之冬。

　　不過，這一樁以「讖言」而「造神」司馬昭的事件終局之後，最大的獲益者並不是譙周，而是文立。文立作為譙周門下的「顏回」，如此忠誠於大晉，很快便被司馬炎下詔為梁州首任別駕從事，協助晉廷安撫蜀漢士庶。

再聰明再伶俐的臣子，要想在仕途上實現「跨越式」發展，也是需要合適的機遇的。當時司馬炎剛剛登基即位，缺乏自身的嫡系人事班底，在元老派和宗親派的雙重擠壓下，不得不「循規蹈矩」、低調而為。而且，元老派和宗親派在朝廷各結朋黨，晉國絕大多數的臣僚已然自覺或不自覺地捲入了黨爭。司馬炎肯定不會從涉足黨爭的臣子當中寄予心腹之任，只會「另起爐灶」，選擇幾個「孤臣」來做自己的政治「白手套」——此刻，文立以外來降臣之身應運而出，便被司馬炎納入了視野。他平步青雲的機遇就此到來。

然而，這時的司馬炎對文立的政務能力還不夠了解。為了進一步考察他的真才實學，司馬炎便將文立放到濟陰郡太守的職位上去「以觀成效」。

文立在蜀漢時期已是官拜尚書、掌領機務，區區一個濟陰太守在他手中做來，又有何難哉？一兩年間，文立在濟陰郡任上「政事修明」的美譽便日漸升隆，司馬炎對此甚為滿意，再加上文立在先前「神化」司馬昭一事上的貢獻，於泰始三年（西元267年）將他選為自己嫡嗣司馬衷的太子中庶子。

為了平衡朝中各派勢力，司馬炎先已選了元老派重臣李憙為太子太傅，再以齊王司馬攸為太子少傅，但對太子中庶子一職卻顯然頗費了一番思量。太子中庶子在歷朝歷代都是一個非常敏感的職位。居此職者，一般而言，非親臣子弟，即為國之棟梁。例如曹丕的太子中庶子是司馬懿，孫權嫡嗣孫登的太子中庶子為諸葛恪、張休、顧譚、陳表等。其後，司馬懿、諸葛恪等人都成了本國的顧命輔政大臣。從這一職務的授予，可見司馬炎對文立確是非常器重的。

文立自然也懂得司馬炎挑選自己為太子中庶子，是另有深意的。在西晉初年，司馬炎之太子司馬衷的「不慧」之名已是傳遍朝野上下。而中原本土派的名門世族集團中各個派系也對太子東宮的僚屬可謂是眾目所矚，都想安插自己方面的人手進去探察虛實。在司馬炎看來，倘若司馬衷的東宮僚屬選人不當，向外面「跑風漏氣」、洩密傳謠，豈非「引狼入室」？深思遠慮的司馬炎認為拋開中原本土派名門世族集團的各個派系，從外來降臣當中選擇一個與中原本土派毫無瓜葛而又才能不俗的名士文立出任太子中庶子，應是最為「保險」的。一來，他根基淺薄，只能依附皇權才能立足晉廷，易於控制；二來，他在中原「人生地不熟」，也不易捲入朝中本土派的朋黨「漩渦」。

在明白了這一切之後，文立便留在司馬衷身邊兢兢業業地輔導教誨他，以自己的滿腔學識為司馬衷開發智慧。儘管收效甚微，司馬炎卻發現了他的忠勤不倦，於是稱讚他「仕事東宮，盡輔導之節」，把他視為自己的嫡系親信。

隨著歲月的疾馳，司馬衷的「不令」之跡終難掩蓋，「朝野咸知太子昏愚，不堪為嗣」。同時，齊王司馬攸又素有盛譽，成為可與太子司馬衷奪嗣的最強競爭者。

此情此勢之下，司馬炎開始著手培植司馬衷東宮一系的勢力網路。他認為文立「忠貞清實，有思理器幹」，又不似荀勖、馮等人在朝中囂張跋扈、惹人非議，於是把他提拔到散騎常侍之位上，成為自己的心腹智囊。

文立這時也非常明白自己正是靠了晉廷的齊王攸奪嫡之爭而平步青雲的。他身處朝中多個派系勢力的「環伺」之下，唯有緊附皇權，謹言慎行，如履薄冰，絲毫不敢授人以柄。他行事之小心翼翼，竟達到了這樣的地步：他的至交好友程瓊「雅有德業」，完全可堪舉薦為國之用，而文立為了避嫌，居然無一語以上呈御前。憑著這一舉動，他得到了「廣休（文立字廣休）可謂不黨矣」（摘自《晉書．文立傳》）的公論，更為司馬炎所倚重。司馬炎正是看中了他的「無朋無黨」，才會授予他更大的職權。

隨著文立在司馬炎心目中越來越受信任，他在朝中的話語權也越來越大。司馬炎甚至將一些重要將臣的人事任免問題也拿來諮詢文立，文立通常表現得可圈可點。《晉書．唐彬傳》記載：

益州東接吳寇，監軍位缺，朝議用武陵太守楊宗及（唐）彬。武帝以問散騎常侍文立，立曰：「宗、彬俱不可失。然彬多財慾，而宗好酒，唯陛下裁之。」帝曰：「財慾可足，酒者難改。」遂用彬。

其實，文立早已摸清了司馬炎的心思：唐彬本是先帝司馬昭在世之時所欣賞的名臣，又與太尉陳騫等交好，來歷不凡，司馬炎肯定是要重用他的。而司馬炎此時故意拿出和文立同郡的楊宗與唐彬相提並論，顯然是在考驗文立是否「忠誠孤直」。文立回答得十分巧妙：他並不談論唐、楊二人的長短優劣，而是指出二人不同的嗜慾來請「聖裁」，既不落於「阿順上意」之名，又能模稜兩可留有餘地。果然，司馬炎心領神會，以「財慾可足，而酒者難改」的理由選定了唐彬。實際上，益州監軍主管軍風軍紀，選任一個酒鬼固然不妥，而改任一個貪官又豈能正身肅法？司馬炎和文立的這番君臣對話，只讓後人看到深深的權謀，而毫無啟示價值。

咸寧年間齊王攸的奪嫡之爭達到最激烈的關頭，文立突然被司馬炎抬舉到了衛尉的要職上。衛尉之職，列為九卿之首，執掌皇宮內外警衛之庶務，通常是非宗室、外戚而不可充任的。司馬炎將他如此轉任，顯然是為了在與齊王司馬攸的激戰中以備萬一。而文立以自己的才識竟使得朝野上下對他這一任命毫無異議——「中朝服其賢雅，為時名卿」（摘自《三國志》）。這一點，令人委實嘆服：文立需要表現得多麼圓融練達，才會被晉朝那麼多的勢力集團共同認可啊！

《晉書》記載了這樣一則故事：

時西域獻馬，帝（指司馬炎）問（文）立：「馬何如？」（文立）對曰：「乞問太僕。」帝善之。

這是司馬炎對他應變之才的又一次考試，與漢文帝追問丞相陳平決獄、錢穀之事一樣。陳平當時回答：「陛下即問決獄，責廷尉；問錢穀，責治粟內史。」文立和他的答覆有異曲同工之妙，展現了大臣之風與卿相之器。透過這次考試，司馬炎更加堅定了把文立樹為太子司馬衷之「柱石重臣」的決心。

此時的文立兼任梁、益二州之大中正，「銓衡平當，為士彥所宗」（摘自《華陽國志》），已經成為益州繫世族集團在洛陽晉廷的政治代言人。而他亦正準備著全力協助司馬炎在與齊王攸的謀嗣之爭中取得最後的勝利。然而，那麼聰明圓通的他，那麼左右逢源的他，卻在大決戰的前夕——咸寧末年莫名其妙地暴病身亡了！老天爺輕輕一抹，就將他的一切努力化為烏有，這真是莫大的諷刺啊！

他和那位「典午忽兮，月酉沒兮」的司馬昭一樣，費盡了心機，卻難逃宿命：在抵達了仕途的巔峰之際，也同時衝到了自己人生的盡頭。

文立的驟起與驟亡，說來也並不意外。只可惜，益州系士族們從此便在晉朝的最高權力層中失去了極為重要的一席之地。

三國史中的權謀與角逐：

亂世崛起，三國英豪！從內亂到統一，英雄與奸臣的時代

作　　者：李浩白
發 行 人：黃振庭
出 版 者：崧燁文化事業有限公司
發 行 者：崧燁文化事業有限公司
E-mail：sonbookservice@gmail.com
粉 絲 頁：https://www.facebook.com/sonbookss/
網　　址：https://sonbook.net/
地　　址：台北市中正區重慶南路一段六十一號八樓 815 室
Rm. 815, 8F., No.61, Sec. 1, Chongqing S. Rd., Zhongzheng Dist., Taipei City 100, Taiwan
電　　話：(02)2370-3310
傳　　真：(02)2388-1990
印　　刷：京峯數位服務有限公司
律師顧問：廣華律師事務所 張珮琦律師

定　　價：430 元
發行日期：2024 年 05 月第一版
◎本書以 POD 印製
Design Assets from Freepik.com

國家圖書館出版品預行編目資料

三國史中的權謀與角逐：亂世崛起，三國英豪！從內亂到統一，英雄與奸臣的時代 / 李浩白 著 . -- 第一版 . -- 臺北市：崧燁文化事業有限公司 , 2024.05
面；　公分
POD 版
ISBN 978-626-394-285-1(平裝)
1.CST: 三國史 2.CST: 通俗史話
622.3　113006104

電子書購買

臉書

爽讀 APP